Das Buch

»In der Morgendäm[...]n dichtem Nebel ver[...]n Schichten der aufste[...] drang der laute Ruf, der eulenähnliche, klare, hallende Schrei des weiblichen Borneo-Gibbons. Ich packte die trockenen Socken, Unterhosen, Hosen und Hemd in zwei Plastikbeutel, dann in den feuchten Rucksack und band sie dicht zusammen, um die Ameisen herauszuhalten; die nassen Kleider schüttelte ich aus. Aus den Hosenbeinen schoß eine Doppelportion Insekten. Ich pflückte, soweit sichtbar, die Käfer aus der Hose, bedeckte mich mit SAS-Antipilzpulver, bis meine erogenen Zonen wie panierte Schnitzel aussahen, und zwängte mich in den feuchten Tages-Kampfanzug. Es war ein schlechter Start um fünf Uhr morgens; aber in einer halben Stunde würde der Nebel verschwunden sein, die Sonne gnadenlos brennen und das Flußwasser mich ohnehin durchweichen.« – »Die besten, witzigsten und unterhaltsamsten Abenteuerbücher, die je geschrieben wurden.« (Männer-Vogue) – »Ein Menü aus rauhestem und feinstem Humor, aus Abenteuer, Strapazen und Naturforschung.« (Daily Telegraph)

Der Autor

Redmond O'Hanlon, geboren 1947 in Dorset, ist Professor für englische Literatur in Oxford und erzielte mit seinen Reisebüchern Welterfolge. In ›Redmonds Dschungelbuch‹ (dt. 1992) schildert er den Horrortrip durch den Urwald des Amazonas; die deutsche Übersetzung seines Kongo-Buches ist in Vorbereitung.

Redmond O'Hanlon:
Ins Innere von Borneo

Deutsch von Meinhard Büning

Deutscher
Taschenbuch
Verlag

Von Redmond O'Hanlon
ist im Deutschen Taschenbuch Verlag erschienen:
Redmonds Dschungelbuch (12005)

Für Belinda, meine Frau

Ungekürzte Ausgabe
Januar 1996
Deutscher Taschenbuch Verlag GmbH & Co. KG,
München
© 1984 Redmond O'Hanlon
Titel der englischen Originalausgabe:
›Into the Heart of Borneo‹
(The Salamander Press, Edinburgh)
© 1993 der deutschsprachigen Ausgabe:
Byblos Verlag GmbH, Berlin
ISBN 3-929029-23-5
Umschlaggestaltung: Costanza Puglisi
Satz: KCS GmbH, Buchholz/Hamburg
Druck und Bindung: Presse-Druck Augsburg
Printed in Germany · ISBN 3-423-12130-0

I

> Die Situation in Sarawak ist auch heute noch weitgehend so, wie Haddon sie 1888 erlebte. Er begegnete auf seinem Weg ins Innere der Insel einer geschichteten Abfolge von Rassen – gesellschaftlich nach unten, zeitlich in die Vergangenheit.
> C. D. Darlington,
> ›The Evolution of Man and Society‹, 1969

Als mir ein zweimonatiges Exil im Primärdschungel Borneos drohte, konnte ich als ehemaliger Universitätslehrer und Rezensent naturhistorischer Bücher mit Erstaunen feststellen, wie schnell ein Mensch lesen kann.

So mächtig dein Hang zur Gelehrsamkeit auch sein mag – er ist nichts im Vergleich zu der Besessenheit, die dich packt, wenn du Methoden entdecken mußt, um den Kopf auf den Schultern zu behalten, um dein vorderes Anhängsel an seinem angestammten Platz zu belassen, um 1700 verschiedene Arten parasitischer Würmer abzuwehren und Waglers Grubenviper von dir fernzuhalten; wenn du herausfinden mußt, wie die kleinen, schwarzen Wildschweinzecken, die sich zwischen den Beinen festsaugen, mit geringem Aufwand beseitigt werden können (man benutzt Sellotape); wie man sich ein Perlenhalsband aus Blutegeln erspart; wie man der amöbischen und bazillären Dysenterie aus dem Wege geht, dem Gelb-, dem Schwarzwasser- und dem Denguefieber, der Malaria, der Cholera, dem Typhus, der Tollwut, der Gelbsucht, der Tuberkulose und dem Krokodil (es wird empfohlen, ihm die Daumen in die Augen zu drücken – vorausgesetzt, es bleibt die Zeit dazu).

Ein Gummianzug mit einem Paar stahlverstärkter Wasserstiefel: Das schien die beste Antwort. Aber was ist, wenn die Temperatur auf 35 Grad im Schatten steigt und die Luftfeuchtigkeit 98 Prozent beträgt? Das große zweibändige Meisterwerk von Hose und McDougall, ›The Pagan Tribes of Borneo‹ (1912), Alfred Russell Wallaces ›The Malay Archipelago: the Land of the Orang-Utan and the Bird of Paradise‹ (2 Bände, 1869; das Buch hält sogar noch mehr, als sein Titel verspricht); Odoardo Beccaris ›Wanderings in the Great Forests of Borneo‹ (1904), Hoses ›The Field-Book of a Jungle-Wallah‹ (1929) und Robert Shelfords ›A Naturalist in Borneo‹ (1916) boten keine schnellen Lösungen. Schließlich kam mir mein sanfter, verstorbener, äußerlich wenig eindrucksvoller, stets in Frack und Melone einhergehender Onkel Eggy zu Hilfe.

Als ich Tom Harrissons Erinnerungen an den Krieg gegen die Japaner in Borneo las, ›World within‹ (1959), stieß ich auf den folgenden Absatz. Harrisson, der aus seiner Einheit zu einer geheimen Mission abkommandiert worden ist, steht vor dem Mann, der ihn ausgewählt hat:

In den Resten eines Hotels an der Northumberland Avenue befragte mich Oberst Egerton-Mott ... Mott bot mir Borneo an ... und teilte mir mit, ich wäre so ziemlich ihre letzte Hoffnung. Sie hatten bereits (so sagte er) jeden gefragt, der auch nur ein bißchen über das Land wußte, einschließlich meiner Kollegen von der Oxford-Expedition von 1932. Als ich geradezu gierig auf sein Angebot einging, durchdrang eine Sekunde lang offenkundige Erleichterung seine unbewegliche Kavalleristenmiene. Denn die britischen Streitkräfte suchten – auf ihre diskrete Art – gerade dringend ein paar Leute für einen Borneo-Einsatz, um die Schlappe, die ihnen die Japaner zugefügt hatten, mit gerecktem Kinn wieder wettzumachen.

In den nächsten paar Wochen schlossen meine inzwischen verweichlichten Füße wieder Bekanntschaft mit der Erde. Special Operations Executive ›SOE‹, die britische Abteilung für Mantel- und Degen-Operationen, war eine sehr leistungsfähige Organisation, ganz anders als die üblichen Armee- oder Zivildienststellen. Fallschirmspringen, Codieren, Verkleiden, Verstecken, Suchen, Beschatten, Einbrechen, Züge überfallen, Eisenbahnbrücken sprengen, Taubheit vortäuschen, Syphilis weitergeben, Schmerz ertragen, aus der Hüfte schießen, Briefe fälschen und unterschlagen gehörte zu dem, was man mit äußerster Konzentration erlernen konnte. Im Osten war nichts davon besonders nützlich. Aber der Erwerb so vieler krimineller und tödlicher Fertigkeiten verlieh einen kräftigen Schuß Selbstvertrauen.

So wußte ich endlich, womit mein sanftmütiger Onkel in Wirklichkeit seine Zeit verbracht hatte, die Wahrheit über jenes »Irgendwas in der Stadt« und jene »Angelegenheiten im Osten«, von denen meine Tante so abfällig gesprochen hatte. Gerüstet mit meinem neu entdeckten Vorfahren beschloß ich, Unterstützung von den geistigen Nachfahren der Special Operations Executive zu erbitten.

Das Trainingsgelände der SAS 22 in der Nähe von Hereford ist der beste Platz auf Erden, um eine Reise flußaufwärts in das Herz des Dschungels zu beginnen.

Schließlich war ich einem tropischen Regenwald nur in Oxfords Bodleian Library nahegekommen – in den Büchern der großen Forschungsreisenden des 19. Jahrhunderts, Humboldt, Darwin, Wallace, Bates, Thomas Belt – und in praktischer Übung als Kind bei der Kaninchenjagd in den Wäldern von Wiltshire. Mein Gefährte James Fenton hingegen, der die Idee zu diesem Abenteuer gehabt hatte, gewesener Kriegskorrespondent in Vietnam und Kambodscha, geheimnisvoll, kahl werdend, ein Dschungel in sich selbst, war in diesen Fragen ein weiser alter Mann.

Dennoch war selbst James entnervt, als an einem entlegenen Kontrollpunkt die Tore vom Wachraum aus geöffnet wurden und unser getarnter Landrover den schmalen Weg durch die Felder hinaufkroch. Zerminte Lastwagen und ausgebrannte Fahrzeuge waren über die Landschaft verstreut; ausgerissene Grasbatzen gaben den Blick auf Drähte frei, die in alle Richtungen liefen; hinter steinzeitlich wirkenden Erdwällen war das erstickte Hämmern schallgedämpfter Kleinkaliber zu hören; unglaublich stämmige Hippies in Levis und modischen Sweatern spritzten wie Granatsplitter aus einem Lastwagen und verschwanden im Gras; als wir dann, an künstlichen Hausfronten und brettervernagelten Botschaftsgebäuden vorbei, einen Hügel umkurvt hatten, erschien vor uns ein schmuckes Passagierflugzeug, mitten in einem Weizenfeld.

»Was ist das?« fragte James.

Malcolm und Eddie würdigten ihn keiner Antwort.

Wir hielten neben einem abschreckenden Hinderniskurs (die Wände, die man voller Eifer überwinden soll, ragten empor wie Hafenkräne) und betraten den örtlichen SAS-Dschungel. Abgesehen von dem hohen Drahtzaun, der das Gelände umgab, von den ständig vorbeifahrenden Landrovern, den Hubschraubern über unseren Köpfen und dem Geprassel der Revolverschüsse, abgefeuert von Unsichtbaren aus unbestimmbarer Position, hätte es ein ganz normaler Wald in England sein können.

»Es ist ein Jammer«, sagte Malcolm, »daß ihr nicht mit uns für eine Woche nach Brunei kommen könnt; da drüben könnten wir euch wirklich in Form bringen.«

»Ja, ein Jammer«, stimmte ich zu, während mir bei dem bloßen Gedanken der Schweiß ausbrach.

»Manche Leute können mit dem Dschungel einfach nicht zurechtkommen«, sagte Eddie.

»Nun«, sagte Malcolm und nahm ein kleines grünes Paket aus dem neu entwickelten Bergen-Rucksack, »es ist alles ganz einfach. Ihr sucht euch zwei Bäume in zwei Meter Entfernung voneinander, und zwar an einer Stelle, wo es auf dem Boden keine Anzeichen für Flußsand gibt – die Flüsse können über Nacht sechs Meter ansteigen, und ihr wollt ja wohl nicht in einem feuchten Traum ertrinken. Prüft die Baumstämme auf Termiten. Termiten bedeuten tote Äste, und tote Äste bedeuten früher oder später tote Männer. Wir haben auf diese Art eine ganze Menge Männer verloren, nachts im Sturm. Bindet diese Leinen um die Bäume, setzt diese Metallversteifungen hier auf jedes Ende, so, und dann habt ihr eure Hängematte. Wenn die CTs (Kommunistischen Terroristen) sehr gut sind, können sie euch über die Leinenspuren in der Rinde finden, also bürstet sie am Morgen weg. Nun – hier ist euer Moskitonetz; ihr bindet es einfach über eure Hängematte und spannt diese Schnüre an die umstehenden Büsche, bis es ein fester Behälter wird, ungefähr so – und achtet wirklich gut darauf, denn Malaria-Pillen bieten nur dreißigprozentigen Schutz. Hier ist euer Abdecktuch – nehmt

Klebestreifen mit, falls es an den Löchern ausreißt; das passiert mir immer nach zwei oder drei Monaten – und das wär's dann; da habt ihr euer Heim.«

Über den Brombeerbüschen vor uns hatte sich eine lange grüne Röhre materialisiert, es hatte anscheinend nur ein oder zwei Minuten gedauert.

»Macht gegen drei oder vier Uhr am Nachmittag halt«, sagte Malcolm, »nehmt euch viel Zeit. Benutzt einen dieser rauchlosen Brennstoffblöcke und kocht euch eine Tasse Tee. Und wenn Feinde in der Nähe sind, sitzt ihr bei eurem Baum einfach bis zur Dunkelheit. Also – wer will es ausprobieren?«

Ich sah James scharf an.

James schaute einen Busch scharf an.

Die Hängematte hing etwa 1,50 Meter über dem Boden. Das war es also, Aktion Nummer eins, erster Tag ... Darwin, fiel mir ein, war auf gewaltige Probleme gestoßen, als er in seine Hängematte klettern wollte, aber ich konnte mich einfach nicht erinnern, wie er damit fertig geworden war. Ich holte tief Luft, wie ein Barsch vor dem Sprung, und ließ mich nach hinten fliegen. Netze, Schnüre, Fallschirmkordel, Leinwand und Metallversteifungen fesselten mich von der Kehle bis zu den Knöcheln.

»Nur gut, daß die Bäume jung und stark sind«, sagte Eddie, »sonst hätten wir den ganzen Krempel auf den Kopf gekriegt.«

Im Lagerraum des Quartiermeisters quittierten wir für unsere neue Ausrüstung. Ein Silvakompaß und eine Patentbussole (in ihrer Leinwandgürteltasche schwarz und schwer wie eine kleine Bombe); zwei Parangs – dicke Messer von 45 Zentimetern Länge, die sich ihren Weg durch den indonesischen Krieg von 1962–66 gehauen und gefetzt hatten; Taschenlampen, Gürtel, Gürteltaschen, Insektenpulver, Fallschirmkordel, Wasserflaschen, Wasserreinigungstabletten, Kocher, Brennstoffblöcke, Eßgeschirr, die gesamte Hängemattenausrüstung und genug Proviant (Menu C) für drei Patrouillen zu vier Mann auf drei Wochen.

In Hereford war die Zeit der Abschlußprüfungen – die letzte Woche des Lehrgangs, nach dem die SAS unter den eifrigen Freiwilligen aus anderen Regimentern ihre Wahl trifft, und als wir unsere Beute aufluden, trat ein junger Mann schweigend und mit glasigen Augen herein, legte seinen Kompaß auf die Theke und ging.

»Er hat's gut gemacht«, sagte Malcolm. »Wirklich wahr. Er ist der erste, der heute zurückkommt. 75 Kilometer über die Beacon-Berge, fünfzigpfündiger Rucksack, 12 Pfund Ausrüstung am Gürtel. 18 Pfund Gewehr. Wenn man die Hügel dazurechnet, läuft es auf einen dreifachen Marathon hinaus, so etwa.« Ich war froh, daß wir nur in den Dschungel gingen.

»Alles Gute, Jungens«, sagte Malcolm und schickte uns zu dem Major, der die Ausbildung leitete. »In Borneo haben wir viele Männer verloren – wenn ihr versteht, was ich meine.«

Der Major mit der leisen Stimme, ein Veteran der Special Forces-Einsätze im besetzten Europa während des Zweiten Weltkriegs, des Kriegs in Malaya, von Jebel Akhdar, Aden, Borneo und Dhofar, war ein riesiger Mann. Es war ungeheuer beruhigend, daß sich so viele Muskeln tatsächlich in einen Dschungel quetschen und vollzählig wieder herauskommen konnten. Und sein Büro war ein eindrucksvoller Ort: voller Ehrenzeichen, Special Air Service-Wappen mit dem Motto des Regiments, »Qui ose gagne – Wer wagt, gewinnt«; dazu jede Menge Tabellen mit den Leistungen seiner neuesten Kandidaten; mit gezeichneten Darstellungen aller Fehler beim Verhör; und voller naturgeschichtlicher Werke, ausnahmslos praktischer Art – über eßbare Pilze, über Fallen und Spurenlesen und Wildern, über diverse Rezepte für die Zubereitung von Ratten und Anweisungen zum Schälen von Schaben. Entschlossene junge Männer starrten uns aus den Gruppenfotos der erfolgreichen Bewerber jedes Jahrgangs an. Einige von ihnen, stellte ich fest, waren mit zwei diagonalen Filzstift-Linien ausgestrichen. Allein bei einem Hubschrauberabsturz auf den Falklands waren 18 Männer ertrunken: der größte Verlust des Regiments seit 1945.

»Sie werden entdecken«, sagte der Major, »daß der Höhepunkt des Tages das Zähneputzen ist. Der einzige Körperteil, den Sie sauberhalten können. Rasieren Sie sich nicht im Dschungel, denn die kleinste Wunde entzündet sich sofort. Und nehmen Sie nicht mehr als eine Garnitur Reservekleidung mit, weil Sie das Gewicht Ihres Rucksacks unter 60 Pfund halten müssen. Und erwarten Sie nicht, daß Ihre Iban sie für Sie tragen, denn die haben genug damit zu tun, ihren eigenen Proviant zu schleppen. Also nehmen Sie eine Garnitur trockene Kleidung in einem versiegelten Beutel in Ihrem Rucksack mit. Ziehen Sie die jeden Abend nach dem Essen an. Pudern Sie sich am ganzen Körper mit Zinktalkum und kommen Sie sich nicht albern dabei vor – so können Sie Ausschläge und Fäule und Hautpilz um die Hälfte verringern. Dann schlafen Sie. Dann stehen Sie um halb sechs auf und ziehen Ihre nassen Kleider an. Zuerst ist das unbequem, aber werden Sie nicht schwach, niemals; sonst haben Sie in Nullkommanichts zwei Garnituren nasse Kleider, Sie kommen nicht mehr zum Schlafen und verlieren Kraft, und dann gibt es ein

Unglück. Aber nehmen Sie so viel trockene Socken mit, wie Sie nur können. Stopfen Sie sie in alle Höhlungen Ihres Rucksacks. Und am Morgen weichen Sie das Paar, das Sie tragen wollen, in Autan-Insektenmittel ein, um die Blutegel aus Ihren Stiefeln zu halten. Schmieren Sie es sich auf die Arme und um die Hüfte und ins Genick und ins Haar, wenn Sie schon dabei sind, aber nicht auf die Stirn, weil der Schweiß es in die Augen rinnen läßt, und das brennt. Decken Sie sich nachts zu, gegen die Moskitos. Nehmen Sie die nicht auf die leichte Schulter, denn die Malaria ist etwas Schreckliches, und man kriegt sie schnell, mit oder ohne Pillen.

Beschaffen Sie sich ein Paar Dschungelstiefel, gute dicke Hosen und derbe Hemden. Von Shorts werden Sie nichts mehr wissen wollen, sobald Sie den ersten Blutegel erlebt haben, das können Sie mir glauben. Klimatisieren Sie sich langsam. Die Tropen machen die Leute auf verschiedene Art fertig. Gesunde junge Männer können hier hervorragend abschneiden und in Brunei einfach zusammenbrechen. Sie werden denken, es sei das Ende der Welt. Sie können nicht atmen. Sie können sich nicht bewegen. Aber nach zwei Wochen haben Sie sich dran gewöhnt. Und wenn Sie erst einmal im eigentlichen Dschungel sind, wollen Sie gar nicht mehr heraus.

Es ist ein wunderschönes Land, und die Iban sind ein gutes Volk. Ich selbst war am Baram, aber für Ihre Zwecke werden Sie besser den Rajang und den Baleh hinauffahren. Das ist ein guter Plan. Der Baleh wird flußaufwärts sehr selten befahren, wenn überhaupt, und die Tiban-Berge dürften wirklich sehr wild sein. Auf der Karte wirken sie klein, diese Berge, aber es ist ein hartes Durchkommen. Ein steiler Hang nach dem anderen. Und Sie müssen gut mit einem Kompaß umgehen können. Noch irgendwelche Fragen? Nein. Schön. Alles Gute, Jungs, und auf Wiedersehen.«

James und ich fuhren in geschocktem Schweigen am Wachhaus und Polizeiposten vorbei; hinten im Wagen stapelte sich die bedrohlich wirkende, dunkelgrüne und tarnfarbenbraune Ausrüstung; und wir gingen in die nächste Kneipe. Einige Stunden später fanden wir uns in der Kathedrale wieder und bestaunten stumm die Weltkarte, die Richard of Holdingham um 1300 auf Kalbshaut gezeichnet hatte. Jerusalem gab es, mitten im Zentrum; Borneo war nirgends zu sehen. Aber seine Einwohner, soweit wir und Richard of Holdingham wußten, waren über seine große braune Erdkarte verstreut. Da waren sie: die Philli (»Prüfen die Keuschheit ihrer Frauen, indem sie die neugeborenen Kinder Schlangen vorwerfen«), die Phanesii (»Bedecken sich mit der Haut ihrer Ohren. Ein fledermausähnliches Volk mit riesigen herabhängenden Ohren«) und die Essendones (»Sie pflegen das Begräbnis ihrer Eltern zusammen mit ihren Freunden unter Gesang zu feiern und verschlingen die Leichen«). Sollten wir nicht doch lieber zu Hause bleiben?

2

Nun galt es noch eine offenkundige Autorität zu befragen: John Hatt, den Autor von ›The Tropical Traveler‹ (1982), dem modernen Gegenstück zu Francis Galtons ›The Art of Travel; or, Shifts and Contrivances Available in Wild Countries‹ (1855).

Für einen Mann, der schon überall gewesen war, schien Hatt viel zu jung, bis mir – unter dunklen Vorahnungen für uns selbst – klar wurde, daß die Geschwindigkeit, mit der er sprach und gleichzeitig in seinen Turnschuhen wie ein Tennisball durch den Raum sprang, seiner genetischen Beschaffenheit entsprach; vermutlich würde es ihm keine besonderen Probleme bereiten, einmal pro Woche die Erde im Eilmarsch zu umrunden.

»Wollen mal sehen«, sagte Hatt, stürzte zu seinem Sofa und griff mitten im Flug ein Notizbuch vom Tisch. »Ah ja – nehmt stapelweise Postkarten von der Queen mit, am besten zu Pferde und so, daß man alle vier Beine sieht, weil sie nämlich glauben, daß alles in einem Stück zusammenhängt. Und für die Häuptlinge paketweise Salz und Aginomoto, Sarongs, wasserdichte Digitaluhren. Für euch selbst – Hatts Reisetips – solche verschließbaren durchsichtigen Dokumententaschen, Gummibandagen für jedes eurer anatomischen Teile und außer euren Dschungelstiefeln auch noch Turnschuhe. Denn in den Langhäusern müßt ihr jeden Abend tanzen. Nein sagen dürft ihr einfach nicht. Drei oder vier Mädchen werden sich auf euch stürzen, und dann müßt ihr euch vor dem versammelten Stamm produzieren – nur zwanzig Minuten oder so. Wirklich kein

Problem. Und singen müßt ihr natürlich auch. Warum übt ihr kein Duett ein? Ein Duett wäre gerade richtig, ausgezeichnet. Das Leben dieser primitiven Bauern ist schließlich ziemlich monoton. Sie leben isoliert und einsam in ihren Hütten in den Reisfeldern, und wenn sie in den Langhäusern zusammen sind, nutzen sie jede Gelegenheit zu einer Party. Und ihr seid eine willkommene Gelegenheit. Man wird von euch erwarten, daß ihr sie unterhaltet, so gut ihr nur könnt, und man wird auch erwarten, daß ihr euch gründlich besauft. Reiswein, Tuak, ist trügerisch mild, und Reisschnaps, Arak, ist genauso tödlich, wie er schmeckt. Ausreden gibt es nicht. Selbst wenn ihr schon flach auf dem Boden liegt und die Kopfbündel in ihren Rattan-Netzen sich bewegen und euch zublinzeln, seid ihr noch längst nicht erlöst. Die Mädchen halten euch die Nase zu, und macht ihr den Mund zum Atmen auf, kippen sie noch ein Glas hinein. Dann werdet ihr merken, daß Arak jeden schlimmen Alptraum übertrifft. Ich träumte dann immer, ich würde mit einem Palang aufwachen.«

»Ein Palang?« fragten wir verunsichert.

»Ach, das ist nur eine einfache kleine Operation«, sagte Hatt, »aber natürlich ist die Sepsis immer ein Problem. Sie klemmen den Penis in ein Instrument, das wie ein kleiner Bogen aussieht, und dann treiben sie einen sechszölligen Nagel durch, direkt unter der Eichel.«

»Mach's halblang«, sagte Fenton.

»Nein – das ist völlig wahr«, sagte Hatt und schoß auf sein Bücherregal zu wie ein Eisvogel ins Wasser. »Ich kann euch sogar eine Quelle nennen. Da haben wir's. Was haltet ihr davon? Das ›Sarawak Museum Journal‹, Band VII, Dezember 1956. Es wird beiläufig erwähnt in einem Artikel von Tom Harrisson über das Borneo-Nashorn:

Zu den Ausstellungsstücken, die in unserem Museum das größte Interesse erregen, gehört der Palang. Das ist ein Rohr oder Stab aus Bambus, Knochen, Hartholz etc., mit dem bei vielen Inlandsstämmen das Ende des Penis durchbohrt wird, hauptsächlich bei den indonesischen Kenyahs, aber auch bei vielen anderen – und in letzter Zeit ist diese Sitte sogar zu den Kelabits ins Hochland vorgedrungen. An jedem Ende dieses Mittelstücks können Knoten, Stacheln oder sogar Klingen aus geeignetem Material angebracht sein. Einige Männer haben zwei Palang, die in rechtem Winkel zueinander durch die Penisspitze getrieben wurden.

Das Gebilde soll das sexuelle Vergnügen der Frauen erhöhen, indem es die inneren Wände der Vagina reizt und erweitert. Nach meinen Erfahrungen ist es in dieser Hinsicht überaus wirkungsvoll.

Wir haben auch einen ›natürlichen‹ Palang ausgestellt. Das ist der Penis eines Borneo-Nashorns. Im Normalzustand weist dieses mächtige anatomische Stück etwa zehn Zentimeter hinter der Spitze eine ähnliche Querstange auf, die fast fünf Zentimeter an jeder Seite herausragt. In erigiertem Zustand ergibt das eine ziemlich starre Stange, ähnlich dem menschlichen Palang. Beim Ausstellungsstück unseres Museums hält ein Hartholzstab das Gebilde starr. Solche Dinge gehören zu den Esoterika der Langhäuser im Binnenland, zusammen mit heiligen Steinen, Perlen, eigenartigen Zähnen und anderen magischen Gegenständen, die hauptsächlich bei Zeremonien um Menschenköpfe und Fruchtbarkeit Verwendung finden.

Viele, die dieses Dickhäuter-Instrument in der Hand hatten, konnten nicht glauben, daß es ›echt‹ ist. In unbehandeltem Zustand kann es jedoch noch eindrucksvoller sein. Der Penis eines anderen Männchens (mit noch nicht voll ausgewachsenem Horn) in unserer Sammlung mißt (entspannt) über eineinhalb Fuß und besitzt eine längere Spitze und Querstange als der im Museum gezeigte ...

Nun«, sagte Hatt entgegenkommend, »wenn Harrisson das konnte, sehe ich nicht ein, warum ihr das nicht auch könnt. Und ich wäre euch dankbar, wenn ihr noch zwei andere kleine Ideen von mir testen würdet: Könnte einer von euch jeden Nachmittag, etwa um drei Uhr, eine kräftige Dosis Vitamin B 1 (Thiamin) einnehmen? Und mir dann mitteilen, ob es die Moskitos abhält?«

»Sollen wir die Zahl unserer Stiche vergleichen? Oder sollen wir danach gehen, wer als erster Malaria kriegt?«

»Ja ja – eins von beidem. Und könntet ihr euch vom Apotheker das hier zusammenmischen lassen? Es ist möglicherweise ein neues Insektenmittel.«

Hatt überreichte Fenton eine Seite aus seinem Notizbuch, und darauf stand:

2-Ephyl-1-3-Hexandiol 846.gr/1 und N,N-Diäthyl-M-Tulomid 95/gr/1

»Aber Hatt«, sagte Fenton, »woher wissen wir, daß das kein Dynamit ist?«

3

Im Flughafen von Singapur – meinen Smith & Wesson-Revolver hatte ich schön in einem Karton verpackt – begleitete mich ein malaiischer Polizist durch die luxuriösen Gänge des neuen Flughafengebäudes zum Tresorraum des Zolls.

»Warum reisen Sie mit Revolver?«

»Nun«, sagte ich, »wir wollen versuchen, die Tiban-Berge mitten in Borneo zu erreichen. Den Rajang-Fluß hinauf. Den Baleh hoch bis zu seiner Quelle; und dann marschieren wir durch den Primärdschungel. Dort ist seit Mjoberg 1926 niemand mehr gewesen, und er kam von der anderen Seite. Außerdem gibt es auf den höheren Hängen vielleicht noch ein oder zwei Borneo-Nashörner. Wer weiß?«

»Sie gehen, nur um Nashorn zu sehen?« fragte der Polizist entsetzt. »Aber die essen Menschen dort! Das sind Kannibalen! Blasrohre! Fffftfftt. Sind besser als Revolver. Sie sterben. Ohne einen Laut.«

Das durfte ich James nicht erzählen, der als schwer arbeitender Mann sowieso einen angenehmen Tauch-Urlaub bei den nördlichen Korallenriffen vorgezogen hätte oder eine kleine Besteigung des hübschen Mount Kinabalou in Sabah und einen Besuch auf der östlichen Insel Bum-Bum-Tutu. Von mitleidigen Beamten umgeben, ließ ich den Smith & Wesson für die Nacht dort.

Als ich zurückkam, sprach James mit dem Sicherheitsbeamten des Flughafens.

»Hey, Redmond, mein Freund hier sagt, mitten in Borneo sind alle noch Kannibalen. Wir werden gefressen.«

»Ach, Blödsinn«, sagte ich, »aber wenn, dann wollen wir vorher noch einen trinken.«

Im Hotel Raffles vergnügte ich mich an diesem Abend damit, verstohlen noch einmal die Einführung zu Smythies' großem klassischen Buch ›The Birds of Borneo‹ zu lesen, in der er feststellt, daß »Borneo nach Grönland und Neuguinea die drittgrößte Insel der Welt und fünfmal so groß wie England und Wales ist. Borneo ist ein einziger riesiger Wald. Die Forstbehörden haben nach Luftfotografien geschätzt, daß 75 Prozent der Insel mit Primärwald und weitere 10 bis 15 Prozent mit Sekundärwald bedeckt sind.« Der »Gesamteindruck ... ist der einer zentralen Bergkette oder einer Wirbelsäule, die auf der Mitte der Insel verläuft (in Richtung Nordost-Südwest) und mehrere lange Rippen aussendet. In Richtung Küste gibt es mehrere langgestreckte Ebenen und auch flache Sumpfgebiete, die mit den Deltas der größeren Flüsse verbunden sind ... Vom Mount Murud bis zum Mount Batu-Tibang ist die zentrale Bergkette unbesteigbar und kaum bekannt; Europäer haben sie nur an einigen Punkten erreicht oder überquert; ihre Position auf der Karte ist mit zwanzig Meilen möglicher Abweichung vermerkt, da kein einziger Punkt vermessen ist.«

Wir erreichten den kleinen Flugplatz von Kuching über die sumpfigen und verschlammten Windungen des Sarawak-Flusses; die Mangrovensümpfe und der ausgedehnte Wald wurden nur gelegentlich von ockerfarbenen Felsen durchbrochen. Als wir über den Asphalt zu den Flugplatzgebäuden hinübergingen, traf mich die Hitze des Äquators zum ersten Mal. Sie legte sich um mich wie eine unsichtbare Schlange, preßte die Luft aus den Lungen und bedeckte mich mit schleimigem Schweiß. Fünfzehn Meter reichten mir; eine Meile hätte ich gerade noch geschafft; 500 Meilen waren absurd.

»Wie gefällt's dir?« sagte James.

»Herrlich«, antwortete ich, lächelte unter Druck und versuchte zu atmen.

Durch die Schweißtropfen, die mir von der Stirn und über die Brille liefen, konnte ich an der Wand der Zollbaracke undeutlich ein riesiges Plakat erkennen. »10 000 Jahre« (oder so ähnlich), verkündete es, »für jeden, der einen Smith & Wesson trägt.«

»Warum Sie bringen Revolver?« fragte der malaiische Beamte mit müdem Grinsen.

»Es ist, äh, äh, um Wildschweine zu schießen.«

»Nein, nein. Es ist, weil Sie denken, wir sind gerade von den Bäumen gestiegen. Sie denken, nur England ist zivilisiertes Land.«

»Äh – überhaupt nicht – dies ist ein wunderschönes Land.«

»Sehr wahr, mein Freund. Deshalb Sie brauchen kein Revolver. Ich nehme in Verwahrung. Sie können an British Council schreiben. Sie können ihn wiederhaben – bei Abreise.«

Sehr beschämt sah ich zu, wie mein ölig glänzender, schwarzer Gefährte verschwand.

»Mach dir nichts draus«, sagte James zutiefst erleichtert und mit einer Stimme, die einen Säugling getröstet hätte, dem gerade der Lutscher geklaut worden war, »wir werden für dich etwas ähnlich Häßliches finden. Einen richtig großen Bogen und Pfeile – irgend sowas.«

»Aber kapierst du denn nicht? Das bedeutet, daß wir da reingehen müssen nur mit dem Pimmel in der Hand!«

»Auch gut. Du wirst rundum ruhiger sein, wenn du deinen Pimmel in der Hand hältst.«

Ein malaiischer Taxifahrer erklärte sich bereit, uns in eine billige Pension nach Kuching zu fahren. Selbst in den Vororten war die Natur aggressiv üppig, mit besonders großen Palmen, farnbedeckten Bäumen, Farnen wie Fächer, Farne, die wie Binsen aus jeder Astgabel sprossen. Das Unterholz neben der Straße war mannshoch. Einige der vereinzelten malaiischen Häuser standen auf Stelzen, gelegentlich schaukelte ein Affe faul unter den Häusern. Es war das chinesische Neujahr, und alle Läden in den kleinen Straßen waren verriegelt und verschlossen. Räudige Hunde, ein bißchen wie afrikanische Wildhunde, aber mit hängenden Ohren, lagen im Schatten der Seitenstraßen. Und es gab auch winzige Katzen, anscheinend alle mit kupierten Schwänzen. Robert Shelford, von 1897 bis 1904 Kurator von Radscha Brookes Sarawak-Museum und eine Weltautorität für Blattidae (Kakerlaken), war offensichtlich ein Mann, bei dem man Auskunft über die kleinen Dinge erhielt. Die Borneo-Katze, schreibt er, besitzt »große Ohren und einen so kurzen Körper und so lange Hinterbeine, daß ihr insgesamt die sehnige Anmut fehlt, die selbst der übelsten englischen Straßenmischung zu eigen ist. Der Schwanz ist entweder ein verdrehter Knoten, oder er ist sehr kurz und endet in einem Knubbel; diese Verknotung des Schwanzes wird durch eine natürliche Verrenkung der Rückenwirbel verursacht, die in allen möglichen Winkeln miteinander verwachsen sind.«

Wir nahmen zwei Räume in einer Pension, die in Abwesenheit der chinesischen Besitzer von sehr jungen, sehr verschlafenen, sehr freundlichen Land-Dajaks betrieben wurde. Es war unschwer zu erkennen, warum Radscha Brooke sie als die am wenigsten unternehmungslustigen und harmlosesten aller Völker dieses Gebiets betrachtet hatten. Unsere vier Hotelangestellten lagen friedlich um die winzige Rezeption herum, einer auf dem Boden, einer auf einem Sofa und zwei in Stühlen. Man mußte gähnen, wenn man sie nur ansah. Alles wirkte ruhig, locker und ganz natürlich. Als ich meine Tür schloß, konnte mich eine Kakerlake nicht erschüttern, die groß wie eine Maus und bedeutend schneller auf den Füßen war; sie schoß unter dem Bett hervor, huschte braun über das Linoleum und bog nach rechts durch die Tür des Badezimmers. Als ich ihr folgte, konnte mich auch der Anblick der zahlreichen Köttel auf den Fliesen nicht aus dem Gleichgewicht bringen; offensichtlich stammten sie aus dem Abfluß der Dusch- und Toilettenkombination in der Ecke. Auf diesem Wege mußte die Kakerlake verschwunden sein, also würde vermutlich auch alles andere auf diesem Wege verschwinden. Ein Gecko hatte seinen Spaß irgendwo in einem Überlaufrohr. Gelangweilte Moskitos ließen sich durch das zerbrochene Fenster hinein- und hinaustreiben. Gegenüber wuchsen Palmen, und irgend jemand hatte auf dem Grundstück eines großen, verfallenen Hauses im englischen Kolonialstil eine Hütte mit Wellblechdach errichtet. Der Bewohner baute Mais an, wo sich früher vermutlich ein Rasen bis zur Straße hinab erstreckt hatte. Üppiges, verfilztes Gestrüpp wuchs an den Rändern der kleinen Pflanzung. Während ich hinüberblickte, ließ sich ein Vogel, der wie eine Elster aussah und wie eine Drossel flog, rechts auf einem Baum nieder und begann zu singen wie ein Rotkehlchen. Der Schweiß lief mir den Rücken hinunter. Ich beschloß, mir eine Siesta zu gönnen.

Ich nahm die dritte Auflage von Bertram E. Smythies' ›The Birds of Borneo‹ aus dem Rucksack. Ich fand den schwarz-weiß-blauen Vogel auf Tafel XXXI. Es war ein Elsterrotkehlchen: meine erste positive Identifikation eines Borneo-Vogels. Die Beschreibung, hieß es in der Anmerkung, finden Sie auf Seite 300. Wie ich inzwischen weiß, war aufgrund eines Druckfehlers die Seite mit der Besprechung des Elsterrotkehlchens aus dieser Auflage verschwunden, ersetzt durch einen doppelten Eintrag für den rotschwänzigen Shama, *Copsychus pyrropyga* (Lesson) 1839. Ich beschloß, mich auch von dieser kleinen Merkwürdigkeit nicht stören zu lassen und legte den Smythies beiseite. Auf dem Bett liegend, hörte ich von der Straße hinter der Pension eine Salve chinesischen Feuerwerks, gefolgt von scharfen, einzelnen Knallen, die an Heckenschützen erinnerten.

Ich schloß die Augen und öffnete sie wieder. Ich war verblüfft, am Fußende des Bettes meinen Tutor aus dem ersten Semester in Oxford – vor fünfzehn Jahren – zu erblicken, den gütigen John Jones. Sein großer Kopf war zum Umfang eines Zentnersacks geschwollen, seine Augen traten wie Glühbirnen hervor. Er preßte die Fäuste auf die Matratze und beugte sich vor. »Ja, Redmond«, sagte er in seiner intensiven Art, wobei er jedem Wort eine angemessene Zeit einräumte, »aber was hast du in deinem Leben denn jemals geleistet?«

Ich setzte mich abrupt auf, und mein Tutor verschwand. Das, beschloß ich, störte mich nun wirklich. Ich ging zum Rucksack und holte leise zitternd die Whiskyflasche heraus.

An jenem Abend schlenderten wir durch die verlassenen Straßen Kuchings. An den oberen Fenstern der Häuser konnten wir chinesische Familien sehen, alle Generationen beisammen, die im Schein von Laternen den Anfang des Jahres des Schweins feierten. Gelegentlich lungerte ein sehr alter Mann, unweigerlich in Begleitung eines sehr jungen Enkels, unten in einem Eingang und beschaute unbewegt die gegenüberliegenden Dächer, genoß die Abendluft und warf uns einen Knaller zwischen die Füße, wenn wir vorbeigingen.

Auf den größeren Gebäuden, über den Neonreklamen, schnatterten Glanzkopfsalangane auf jedem Sims. Wir wanderten hinunter zum Ufer, wo kleine Handelsschiffe vertäut lagen, nahe dem Kai, an dem James Brooke zum ersten Mal angelegt hatte.

Brooke, ein ehemaliger Offizier der indischen Armee, ein englischer Gentleman-Abenteurer mit privatem Einkommen und privater Yacht, kam 1839 nach Sarawak, inspiriert von der Karriere von Sir Stamford Raffles, dem Gründer von Singapur. Der einheimische Herrscher, Pengiran Muda Hasim, ein Prinz des Sultanats von Brunei, das nominell über Nordborneo herrschte (die Holländer regierten von ihrer reichen Basis in Java aus den Süden und Südosten der Insel), war hoffnungslos in einen Bürgerkrieg gegen eine Koalition einheimischer Stämme verstrickt: Brooke, mit ebensoviel Mut wie Angeberei, führte Hasims Männer gegen die Rebellen und gewann den Krieg; er forderte und erhielt als Belohnung die Provinz des »eigentlichen Sarawak« (etwa das Gebiet der ersten Provinz des heutigen Staates). Mit anfänglicher Unterstützung der britischen Marine befreite er seine Küsten von den von Malaien geführten See-Dajak-Piraten (traditionell erhielten die Malaien die Beute, die See-Dajaks die Köpfe ihrer Opfer) und weitete seinen Einfluß auf die Oberläufe der größeren Flüsse aus. Danach sträubte sich das Außenministerium gegen eine weitere Unterstützung von Brookes verarmtem Königreich, und 1868 vererbte der verbitterte alte Mann sein privates Reich seinem Neffen und Nachfolger Charles Brooke. Charles – zäh und nüchtern und mit Vorstellungen von seiner Rolle als Radscha, die einerseits von den mühseligen ersten Jahren einer Karriere in gefährlichen Außenposten im Dienst seines Onkels, andererseits von den gesellschaftlichen Einstellungen viktorianischer Gutsbesitzer geprägt waren – regierte Sarawak fünfzig Jahre lang wie ein Landedelmann seinen Besitz. Charles starb 1917; sein Nachfolger wurde sein Sohn, Vyner Brooke, dem zwar sein Rang und seine Privilegien gefielen, weniger jedoch die ihm obliegenden Verwaltungspflichten. Nach Pearl Harbor befreiten ihn die Japaner von beidem; und als der Krieg vorbei war, überließ Vyner Brooke, der sich der Bürde des Wiederaufbaus nicht gewachsen fühlte, seinen Staat der britischen Krone. 1963 schloß sich Sarawak mit Malaya, Singapur und Sabah (in Britisch-Nordborneo) zur Föderation Malaysia zusammen (aus der Singapur 1965 ausgeschlossen wurde).

Die Geschichte der Brookes in Sarawak ist eine Geschichte paternalistischer Herrschaft und protektionistischer Gesetzgebung, überschattet nur durch die häufige Verwendung von See-Dajaks für Strafexpeditionen zur Wahrung des Friedens. Weil ihnen dabei die Kopfjagd erlaubt war, kam es nicht selten zu langanhaltenden Blutfehden. Eine reguläre Armee konnte man sich aus Geldmangel nicht leisten (die Sarawak-Rangers waren eine winzige Einheit). Niemand konnte die weißen Radschas anklagen, sie hätten die Völker ihres Königreichs ausgebeutet – es gab nicht viel auszubeuten.

Vielleicht bewogen die Gedanken an diese Geschichte den taubstummen Malaien, plötzlich aus dem

Schatten eines Lagerhauses hervorzutreten, um uns beiden die Hand zu schütteln. Er gab eigenartige grunzende Geräusche von sich, die so klangen, als wollte er seine verschleimte Kehle freihusten. Wir gingen auf der Uferstraße entlang zu dem Hügel mit dem chinesischen Tempel. Der Taubstumme platschte hinter uns her. In der fast leeren Straße lockte uns eine Leuchtreklame zu einem Haus: »Snackbar Snackbar Snackbar« verkündete sie. James ging die Stufen hinauf, ich folgte, und unser Begleiter wartete auf der Straße.

»Guten Abend«, hörte ich James sagen, als er oben ankam, und dann: »Oh, ich sehe, Sie sind ein Bordell.«

Wir rasten die Stufen hinunter, und der Taubstumme sprang aufgeregt auf und nieder und zeigte auf seinen Penis.

»Jaja, schon gut«, sagte James und zeigte auf seinen Mund, »aber wir haben Hunger.« Alle drei öffneten wir unsere Münder wie Vögel im Nest.

Der Taubstumme führte uns die Straße entlang, vorbei an dem chinesischen Tempel, über eine breite Straße, die der Biegung des Sarawak-Flusses folgte, hin zu einem Bollwerk neuer Betongebäude im Singapur-Stil. Wie eine Beleidigung für den Reisenden, der alle Häßlichkeit hinter sich gelassen zu haben glaubte, und doch zu unserem Entzücken stand dort das Holiday Inn von Kuching. Unser Führer winkte uns zum Abschied und ging zurück in die Stadt.

»James«, sagte ich müde über dem Kognak, »was hast du geträumt? Hast du eine Siesta gehalten? Hast du heute nachmittag geschlafen? Oder etwa nicht?«

»Nur ein bißchen«, sagte James, »ja. Ich hab gepennt. Ich habe ein bißchen gelesen. Ich habe einige Listen geschrieben – wir müssen daran denken, Feuerzeuge mitzunehmen. Und mindestens fünf Stangen Zigaretten.«

»Aber hast du auch geträumt?«

»Ich hatte ein oder zwei Träume. Warum? Was ist los mit dir?«

»Naja – mein alter Tutor hat mich besucht. Ich setzte mich auf, und er verschwand.«

»Oh, das ist einfach«, sagte James und grinste. »Du willst deinen Vater umbringen.«

»Sei nicht albern. Hattest du nicht auch einen Alptraum? Was hast du geträumt?«

»Zufällig«, sagte James, »hat mich ein tückisch schielender Chinese erschreckt. Aber darüber braucht man sich keine Sorgen zu machen. Das ist ganz normal, wenn man zum ersten Mal an den Äquator kommt. Das Gehirn kann einfach nicht glauben, was es sieht. Es sitzt herum und guckt seine Instrumente an und sagt zu sich selbst: ›Moment mal. Soviel Schweiß können wir gar nicht aus den Tanks verloren haben. Und die Temperatur war zu hoch für das Thermometer. Das glaube ich einfach nicht.‹ Und so blockiert es sich selbst, und schon kommt dein alter Tutor zu Besuch. Er hat einen Namen, dein alter Tutor. Man nennt das eine hypnagogische Vision. Aber davon erholst du dich bald.«

Um die hypnagogischen Visionen auszutricksen, hüllte ich mich beim Zubettgehen in SAS-Insektenpulver und las in einem meiner Notizbücher aus Oxford. Unter »Kuching« hatte ich folgende Information aus C. P. Laws Aufsatz ›Chinese Temples in Kuching – II‹ im ›Sarawak Museum Journal‹, Band IX, Juli/Dezember 1959 abgeschrieben: Der Tempel, an dem wir vorbeigekommen waren, gehörte zu

Sea San Ten ... oder Tua Pek Kong Keng ... von der Tschu-Dynastie. Er ist der »Bürgermeister« von Kuching, im spirituellen Sinne der Chinesen, so wie jede Stadt einen Bürgermeister dieser Art besitzt. Wann immer jemand stirbt, kommen die Verwandten hierher, um den Tod anzumelden. Und jedes Grab auf dem Friedhof hat ein Miniaturgrab für den Gott, dem geopfert wird, bevor der Vorfahr geehrt wird. Dieser Gott wurde am zweiten Tage des zweiten Mondes geboren und starb am 15. Tage des achten Mondes. Der Tempel wurde hier vor 83 Jahren errichtet; zunächst war er ein Atap-Schuppen, jetzt ist er ein geschnitztes und geschmücktes kleines Gebäude ... Der zweitälteste Tempel von Kuching steht in der Straße der Zimmerleute und wird gepflegt von der Teochew-Gemeinde. Er wurde vor 62 Jahren gebaut, zu Ehren von Hien Tien Shian Tee ... dem »Gott des Himmels«, geboren am dritten Tage des dritten und gestorben am neunten Tage des neunten Mondes. Auf Erden war er ein kleinerer Heiliger. Er durfte kein Fleisch essen, tat es aber doch. Als der Buddha ihm das vorwarf, stritt er es ab. Der Buddha schlug ihn auf den Rücken, und aus seinem Mund kamen eine Schildkröte und eine Schlange. Daraufhin schnitt er sich mit einem Messer beschämt den Bauch auf und starb. Zur Erinnerung daran werden in einem Betontank im Tempel Schildkröten gehalten, einige schon seit vielen Jahrzehnten.

Nach zwei Tagen erzwungener Ruhe, die wir lesend, schlafend, spazierengehend verbrachten, fand das chinesische Fest sein Ende. Die Stadt erwachte wieder zu Leben; die Rolläden wurden hochgezogen; überall wurden Stände aufgestellt; der Platz auf den Bürgersteigen reduzierte sich wieder auf einen Quadratmeter pro

Person, und an die Stelle der 98prozentigen Luftfeuchtigkeit trat die 98 prozentige Sättigung mit Kochfett aus den zahllosen Cafés am Markt. Land-Dajaks aus dem Hochland breiteten am Marktplatz Tücher aus und boten Bündel unkenntlicher Früchte feil. Wir gingen in den Park und bewunderten die Schneidervögel, die Weißstirnlalagen und einen gemeinen Eisvogel, der über den Zierteich flog. Wir zogen uns zurück in den Schatten und die geordnete Stille des Kuching-Museums und starrten in stummer Sorge auf ausgestopfte Exemplare der Mangroven-Nachtbaumschlange; der grasgrünen Peitschenschlange; der gemeinen malaiischen Zornnatter; der Kobra und der Königskobra; des gelben Bungar; der gestreiften Korallenschlange (lang und dünn wie ein Stück Darm) und drei ebenso unsympathische Exemplare von Waglers Grubenotter. Wir inspizierten den natürlichen Palang des Borneo-Nashorns und den unnatürlichen Palang des Homo sapiens: ein »Palang aus verdrehtem Eisen, eingebettet in einen dreieckigen Keil aus kreideähnlichem Kalzin: 21 Millimeter lang, am hervorstehenden Ende etwas über einen Millimeter im Durchmesser. Gewicht 26 Gramm.« Dieser gewachsene Keil aus kreideähnlichem Kalzin war vom Urinfluß auf dem Palang zurückgeblieben und seinerseits in den Penis eingewachsen; das mußte, wie wir übereinkamen, höchst unbequem gewesen sein. Auf dem Weg nach draußen blieben wir stehen, um uns einen Haarballen anzusehen, der dem Magen eines Krokodils aus dem Sarawak-Fluß entnommen war. Es handelte sich um einen fasrigen Klumpen in der Größe eines Fußballs, und in einer kleinen Delle oben links verkündete eine handgeschriebene Notiz: »Hier wurde eine Zahnprothese gefunden.« Wir machten einen Spaziergang durch den Garten, um uns zu erholen.

4

Am nächsten Morgen, kurz vor der Dämmerung, nahmen wir ein Taxi zum Sibu-Pier und kletterten auf eine chinesische Barkasse voller malaiischer Soldaten, die zu ihrem Regiment zurückkehrten. Die Leinen wurden losgemacht, die Maschine tuckerte langsam durch den steigenden Nebel den Sarawak-Fluß hinab, drehte auf einem kleinen Stück der Südchinasee mit überraschender Kraft und unter ohrenzerfetzendem Lärm auf, und gegen Mittag waren wir an der Mündung des großen Rajang. Mehrere hochseetüchtige Holzschiffe fuhren an uns vorüber, vermutlich auf dem Weg nach Japan. Die flachen, monotonen, weit entfernten Ufer der Mangrovensümpfe schienen stundenlang die gleichen zu sein. Irgendwann am Spätnachmittag, in meinem Sitz zusammengesunken, wachte ich auf und stellte fest, daß wir in Sibu angekommen waren. Die mittlerweile bewaldeten Ufer waren nähergerückt; zur Linken erstreckte sich ein Gewimmel von Betonbauten bis ins Hinterland; Schlepper tummelten sich auf dem Fluß, schoben und zogen Kähne mit Stämmen zum Ufer; an den Molen drängten sich chinesische Flußbarkassen. An jenem Abend beobachteten wir von unseren Zimmern in einem chinesischen Hotel, wie hoch oben unter den Wolken etwa 200 Brahminenweihen als schwarze Silhouetten dahintrieben; sie flogen gemächlich nach Süden und über den Fluß, von ihren Futterplätzen auf den Müllhalden am Stadtrand zu ihren Horsten im Dschungel am anderen Ufer.

Um fünf Uhr morgens besetzten wir die letzten beiden Plätze auf dem Dach eines kleinen chinesischen

Passagierbootes, quetschten uns zwischen die zusammengebundenen leeren Körbe der Iban, die vom Sibu-Markt in ihre Langhäuser zurückkehrten, und am späten Nachmittag, nachdem wir an fast jeder Siedlung gehalten hatten, kamen wir nach Kapit, dem eigentlichen Ausgangspunkt unserer Reise.

Mit unseren Rucksäcken und Beuteln quälten wir uns die Betonstufen der Mole zu dem hohen Ufer empor, auf dem sich Kapit erhebt. Zur Linken lag die kleine Festung, deren Wälle mit einer einzelnen Reihe von Schießscharten gesäumt sind; früher waren sie auch mit einigen Kanonen bewehrt. Kapit, nur eine der Festungen, die eine wichtige Rolle in der Brookeschen Strategie zur Kontrolle der Außenbezirke spielte, ist in einer Hinsicht ungewöhnlich: Die meisten anderen Verteidigungsanlagen (die außerdem einem lokalen Verwaltungsbeamten, einem Residenten, Schutz boten) sollten die Flotten der Iban-Kriegskanus daran hindern, von ihren Heimatflüssen aus an der Küste auf Beute auszuziehen. Kapit dagegen sollte den Iban verwehren, den Rajang und seinen Nebenfluß, den Baleh, hinaufzupaddeln, um außerhalb des Einflusses der Regierung zu siedeln oder bei den weniger aggressiven Reisbauern des Inneren – bei den Melanau, den Kayan, den Kenyah – und bei den halbnomadischen Jägersammler-Stämmen, die weit im Inland an den Quellen der Flüsse im Primärdschungel leben, Köpfe zu jagen.

So lautete jedenfalls die Theorie. In der Praxis schien der Resident am oberen Rajang, F. D. »Minggo« de Rozario, der Sohn von James Brookes portugiesischem Küchenchef im Astana in Kuching, zunächst mehr oder weniger hilflos, wenn er die Kriegshorden der Iban hindern sollte, sich in dieser oder jener Richtung zu bewegen.

Aber Rozario selbst bildete eine Ausnahme unter den höheren Offizieren Charles Brookes. Im allgemeinen wurden für eine Stelle im Dienst des Radschas englische Gentlemen (oder dergleichen) auserwählt; ledig mußten sie sein (mindestens zehn Jahre lang war keine Heirat erlaubt) und jung (unter 25). Weiterhin ging man davon aus, daß sie stark und gefestigt genug waren, um auf Jahre hinaus ohne europäische Freunde im Busch leben zu können, daß sie ausreichend intelligent waren, um die lokalen Sprachen und Gesetze zu erlernen und sich zur Befriedigung ihrer natürlichen Instinkte eine eingeborene Geliebte zu nehmen (aber nicht mit ihr zusammen die Dampfer der Regierung benutzten).

Charles Brooke mischte sich jedoch nicht nur in das Leben seiner unmittelbaren Untergebenen ein; er beeinflußte ständig die Beziehungen unter seinen Untertanenvölkern gemäß seinen eigenen, seltsamen Überzeugungen. Überall um uns herum sahen wir die Zeugnisse, als wir von der Kapit-Festung flußab zum Rajang-Hotel gingen. Nahe bei der Festung drängte sich der chinesische Basar, früher eine einfache Ladenreihe, heute drei Seiten des Platzes und dazu noch einige Straßen einnehmend. Brooke ermutigte die Chinesen zum Handel: Das sollte ihre Aufgabe sein. Er half ihnen, Läden zu gründen (aber kein Chinese durfte direkt in einem Langhaus Handel treiben, wo seine Gewichte nicht überprüft und die Iban betrogen werden konnten); er ließ ihnen die Vorherrschaft im Flußverkehr; er begrüßte sogar die christlichen Einwanderer aus Fuchow und gab ihnen Land zum intensiven Anbau, aber er hütete sich, den Chinesen auch nur die geringste Rolle in der Politik zuzugestehen (und Mitglieder von Geheimgesellschaften wurden bei

Entdeckung sofort hingerichtet). Politik war die Aufgabe der moslemischen Malaien, die, wie Brooke dachte, ans Regieren gewöhnt und auf ihre eigene Art so etwas wie Gentlemen waren. So wurden sie zu einer professionellen Klasse niederer Beamter, durften jedoch ihre Hände nicht mit dem Handel beschmutzen. Die Iban durften genauso weiterleben, wie sie es immer getan hatten, solange sie ihre »Hüttensteuer« von einem Dollar pro Familie und Jahr bezahlten, sich auf Anforderung des Radschas zum Kriegsdienst einfanden, ihre ständigen Wanderungen auf der Suche nach neuem Land einschränkten und im übrigen Frieden hielten.

Unser Weg führte an einigen kümmerlichen Hütten auf niedrigen Stelzen vorbei, über eine hölzerne Brücke und hinauf zu dem Betonblock des Rajang-Hotels und zwei Straßen chinesischer Läden. Glänzende, angeleinte Hähnchen scharrten auf dem Ödland zwischen den Straßen herum. Im Rajang-Hotel wies uns ein unglaublich dünner, kahler, alter Chinese unsere Zimmer an; er litt an einem Sprachfehler und sah aus, als seien seine Knochen leicht verbogen. Wir genossen unsere Siesta ohne Alpträume und beehrten dann das lokale Café rechts neben dem Hoteleingang, das von einer großen, knuddeligen chinesischen Mama geleitet wurde, die James an Ella Fitzgerald erinnerte. Nach einem gemächlichen und ermunternden Frühstück mit Eiern auf Toast und Kaffee mit Dosenmilch schlenderten wir weiter flußabwärts und fanden uns im Kampong der Malaien wieder. Wir bewunderten die hübschen Häuser und Bungalows, alle mit sauberen und gut gepflegten Gärten; und James erzählte vom Krieg in Vietnam und Kambodscha und insbesondere von einem Regiment Kindersoldaten der Bergstämme, die –

umzingelt und ohne Nachschub – alle Vietcong aufaßen, die sie erschossen hatten. Als ihnen ein Offizier später sagte, die Regierung könne ihren rückständigen Sold nicht zahlen, hatten sie auch ihn erschossen. James hatte die Leiche auf dem Boden liegen sehen, mit dem Gesicht nach unten. Kampfanzug und Rücken waren aufgeschnitten, und die Leber war verschwunden.

Auf dem Rückweg kam ein junger Malaie aus seinem Gartentor gerannt und schleppte eine Schlange hinter sich her. Sie war tot, ziemlich dick, etwa fünf Meter lang; ihr Kopf steckte in einer Käfigfalle aus Bambus. Der junge Mann schleppte sie zu einer Betonfläche, von der einige Stufen zu einer Mole hinabführten. Er hievte mit einiger Anstrengung den Körper in den Fluß. Das mußte, vermuteten wir, eine kleine Python gewesen sein.

Wir tranken bei Ella Fitzgerald viel zu viel Bier und gingen früh zu Bett.

Am nächsten Morgen rasierte und duschte ich mich. Ich zog ein weißes Hemd an, eine saubere Hose und band James' Chorknabenschlips aus der Durham Cathedral School um. Den Dichter selbst überredete ich, zu Hause zu bleiben, denn seine Aversion gegenüber den Behörden war bekannt; und dann ging ich den Berg hinauf, um mich mit der Einwanderungsstelle und der Polizei zu messen. In der Hand trug ich meinen Paß und ein gewichtiges Stück Papier, das ich aus der Schutzhülle im Rucksack genommen hatte. Nach hartnäckigem Drängen hatte Christopher Butler, damals erster Proktor in Oxford, uns mit einem Talisman von mittelalterlicher Pracht ausgestattet (das Dokument entzückte mich jedesmal, wenn ich es mir verstohlen ansah). Über dem scharlachrot eingeprägten großen Siegel der Universität verkündete es:

An alle, die es angeht:
Hiermit wird beglaubigt, daß
James Fenton, M.A. (Oxon) F.R.S.L.
und
Redmond O'Hanlon, M.A., M.Phil., D. Phil. (Oxon)
mir persönlich bekannt sind und der Universität Oxford angehören. Sie reisen zu wissenschaftlichen Zwecken in Borneo, und ich wäre für jede Hilfe und Unterstützung dankbar, die ihnen gewährt wird.

Die Regierungsbüros befanden sich in einem großen modernen Gebäude an der Hauptstraße und protzten mit einem eigenen, ausgedehnten Parkplatz. Die Straßen in Kapit sind nur zwei Meilen lang; die Stadt liegt mitten im Dschungel und ist nur über den Fluß oder mit leichten Flugzeugen zu erreichen; jeder Toyota und Ford in der schmucken Straße war einzeln in einem kleinen Handelsboot von Sibu hergebracht und mit einem Kran an Land gehoben worden – ein kleiner Sieg des Vergnügens und des Statusdenkens über den gesunden Menschenverstand.

Ich fand die Einwanderungsstelle und reichte einem jungen Iban hinter der Theke meinen Paß.

»Ich möchte die Erlaubnis, den Baleh bis zu seinen Quellen hinaufzufahren und dann den Mount Tiban zu ersteigen«, sagte ich. »James Fenton und ich wollen das Borneo-Nashorn wiederfinden.«

»Ach, wirklich?« sagte der Angestellte lächelnd. »Ich fürchte, das ist unmöglich. Es kommt gar nicht in Frage. Das ist so weit entfernt, daß wir Ihnen nicht helfen können, wenn Sie in Schwierigkeiten geraten. Es ist sehr, sehr weit. Es ist teuer. Es ist gefährlich. Es gibt keine Landkarten. Wir werden es nicht erlauben. Die Polizei wird es nicht erlauben. Also, wo sonst möchten Sie hingehen?«

Ich breitete das Dokument vor ihm aus. Das Papier bebte leicht im Luftstrom des Deckenventilators. Das rote Wachs des Siegels glühte im Sonnenlicht, das durch die heruntergelassenen Rolläden gefiltert wurde. Der Angestellte griff danach, las es und verschwand in einem Hinterzimmer.

Nach fünf Minuten kehrte er zurück.

»Mein Name ist Bidai«, sagte er. »Wir werden Ihnen die besten Spurensucher von Kapit besorgen. Die beste Bootsmannschaft. Ich werde sie noch heute nacht in Ihr Hotel bringen.«

Bidai kam mit zwei anderen gebildeten Iban aus seiner Abteilung, Siba und Edward.

»Bidai hat unseren Tuai Rumah überredet, mit Ihnen zu gehen«, sagte Siba, als er uns die Hände schüttelte. »Er ist, was Sie einen Häuptling nennen würden. Er genießt hier viel Achtung, der Häuptling aller Iban von Kapit. Früher war er ein großer Soldat. Er kennt die Flüsse. Sie werden in einem Kanu reisen, das er selbst gebaut hat.«

»Was ist mit den anderen?« sagte James. »Wir werden doch mehr als einen brauchen?«

»Unser Tuai Rumah Dana hat zwei junge Männer aus unserem Langhaus ausgewählt«, sagte Edward. »Leon ist sehr stark. Inghai ist sehr klein und ein guter Ausguck im Bug. Er kann sich den ganzen Tag konzentrieren. Sie werden in guten Händen sein. Und wir haben schon alles mit der Polizei geregelt. Morgen können Sie Ihre Pässe abholen.«

»Kommen Sie«, sagte Bidai, »sie warten im Café. Sie

können miteinander reden; dann werden wir uns alle zusammen betrinken. Leon spricht ein bißchen englisch, das wird also in Ordnung gehen. Kommen Sie und kaufen Sie uns viel Bier.«

Dana, gebieterisch, intelligent, voll natürlicher Autorität, hatte Ohrläppchen, die zu hängenden Schlingen erweitert waren, und trug Tätowierungen an Kehle und Händen. Er war in ein T-Shirt und lange Hosen gekleidet; ebenso Leon und Inghai, zwei junge Männer, deren Ohren, wie ich mit geheimer Enttäuschung feststellte, noch den gleichen Zustand wie bei ihrer Geburt aufwiesen; an den Händen waren sie auch nicht tätowiert – auf einer Straße in Oxford hätte ihnen niemand einen zweiten Blick gegönnt.

Mit vielen Ratschlägen und Übersetzungen und Ermutigungen der höheren Angestellten (erster Klasse) der Einwanderungsbehörde von Kapit, Siba und Edward, überwanden wir die scheinbar unlösbaren Probleme, einen gerechten Lohn auszuhandeln. Wir einigten uns auf den Regierungssatz für Mannschaften, die Offiziere zum Besuch von Langhäusern begleiten, plus ein zusätzliches Viertel für das Risiko. Wir rechneten aus, wieviel Benzin wir brauchen würden (im Wert von 600 Dollar); wir machten Listen der Vorräte, die wir in Kapit kaufen würden: Salz, Reis, Aginomoto, Öl zum Kochen, Zwiebeln, Ingwer, Kerzen, Zucker, Zigaretten, Kaffee, Arrak und Patronen.

Am Abend vor unserer geplanten Abfahrt besuchte uns Leon, um uns zu Danas Langhaus mitzunehmen. Er war inzwischen weniger scheu und verlegen, und wenn Bidai, Siba und Edward nicht dabei waren, war er auch bereit, englisch zu sprechen. Als wir das Hotel verließen und den Berg hinaufgingen, nahm er mich beiseite.

»Redmond«, sagte er mit leiser Stimme, »ich hoffe, du und James geht nicht mit Hotelmädchen?«

»Ich hab keine Hotelmädchen gesehen.«

»Im obersten Stockwerk. Sehr ungezogen.«

»Gehst du mit Hotelmädchen?«

»Nein, Redmond«, sagte Leon sehr ernsthaft, »es gibt hier neue Krankheiten. Dein Speer, er geht kaputt. Du gehst ins Krankenhaus, sie sehen nach deinem Speer, du kriegst Medizin. Wir haben ein Wort für diese Krankheit. Das englische Wort kenne ich nicht. Wir Iban, in unserer Sprache, nennen sie Syphilis.«

Die Straße wand sich aus der Stadt heraus, vorbei an einem kleinen Landestreifen und einer Gruppe Regierungshäuser und hinein in den Sekundärdschungel. Wir bogen auf einen Fußpfad ab, der sich an einer Reihe kleiner Hügel entlangzog. Ich trug einen Beutel mit Geschenken für Dana: zwei Flaschen Whisky, eine große Pfeife aus London, eine Dose Balkan-Sobranie und meinen Patronengurt. Von diesem Stück, einem alten englischen, handgenähten, abgetragenen und hochbegehrten Patronengurt, trennte ich mich nur unter Protest. (»Aber Redmond«, hatte James gesagt, »was kann er dir denn jetzt noch nützen, wo du entwaffnet bist? Was soll das heißen – ein glücksbringender Patronengurt, du hast haufenweise Fasanen damit geschossen? Redmond, du bist kein edler Wilder.«)

Der Dschungel um uns herum war Sekundärdschungel, nachgewachsene, dichte Vegetation aus struppigen jungen Bäumen und Büschen und mit Kriechpflanzen auf dem Boden. Vielleicht war der Dschungel vor zehn oder fünfzehn Jahren für die Reisernte eines Jahres gefällt und verbrannt und der Boden gerodet worden. Nach einer Biegung des Pfades sahen wir vor uns einen rabengroßen Vogel mit dunklem, kastanienbraunem

Rücken, gebogenem Schnabel, roten Augen und einem langen schwarzen Schwanz. Er hüpfte vom Zweig eines kleinen Baumes, schlug zweimal mit den Flügeln und glitt dann mit ausgestreckten Flügeln und baumelnden Beinen über eine kleine Lichtung in dichte Büsche hinein, wo er verschwand.

»Was zum Teufel war das, Leon?« sagte ich.

»Bubut«, sagte Leon. »Er ist ein Freund der Iban. Wir lassen ihn in Ruhe. Er hilft uns beim Reisanbau. Er ißt alle Insekten.«

Als ich später im Smythies nach dem kastanienfarbenen Rabengleiter schaute, fand ich eine beeindruckende Identität: Es war ein gemeiner Heckenkuckuck, *Centropus sinensis*, ein Kuckuck, der sein eigenes Nest baut, einen guten, ehrlichen, »gedrungenen Grasball mit seitlichem Schlupfloch«. In seinem Falle wäre es jedoch vielleicht klüger gewesen, seine Eier in andere Nester zu legen, denn:

In Sabah werden die Jungen sowohl dieses Vogels als auch des Kleinen Kuckucks von Eingeborenen und Chinesen gleichermaßen für medizinische Zwecke benutzt. Wenn sie ein Nest finden, beobachten sie es aufmerksam, bis die Jungen geschlüpft sind, und brechen ihnen etwa ein oder zwei Tage später die Beine. Sie glauben, daß die alten Vögel, wenn sie die Jungen verletzt finden, nach heilenden Kräutern suchen, die sie halb verdauen und dann zur Behandlung der gebrochenen Glieder hochwürgen. Die Beine heilen schnell und wachsen wieder zusammen, und die Wirkung der Medizin wird, so glauben sie, über das Blut der Jungen weitergegeben. Die Prozedur kann wiederholt werden; häufig werden die Jungen einige Tage lang von Hand mit gekochtem Reis gefüttert, bevor sie komplett in Brandy oder anderem Alkohol in Flaschen abgefüllt werden. Das entstandene Elixier wird als Heilmittel für alle möglichen Zwecke sowohl intern als auch extern verwendet, besonders bei rheumatischen Beschwerden.

Der Pfad verlief ein Stück geradeaus, und vor uns zeigte sich Danas Langhaus. Es war in eine kleine Lücke zwischen steilen Hügeln gepreßt. Offensichtlich hatte der Platz gefehlt, um das Anwesen in der Länge zu erweitern; deshalb bestand das Langhaus aus zwei Abteilungen, zwei Reihen von Wohnungen auf vielen Stelzen, etwa fünf Meter über dem Boden, und mit einer breiten gemeinsamen Veranda, wobei die Türen der einzelnen Räume sich gegenüberlagen. Hügelaufwärts und mit dem eigentlichen Langhaus durch hölzerne Stufen verbunden, stand das Haus des Häuptlings. Es war zwei Stockwerke hoch, mit Wellblech gedeckt und aus gesägten Brettern gebaut. Bei den demokratischen, gesellschaftlich lockeren Iban unterscheidet sich das Häuptlingshaus von den anderen gewöhnlich nur durch seine zentrale Lage. Dagegen wirkte Danas Haus wie ein Palast.

Aber Dana, so ist mir inzwischen klar, war kein gewöhnlicher Iban. Er muß nach seinem berühmten Vorfahren benannt worden sein, dem großen Piraten und Kopfjäger Orang Kaya Pamancha Dana, einem der wenigen Iban (wie Charles Brooke persönlich in seinen Erinnerungen ›Zehn Jahre in Sarawak‹, 1866, bezeugt), der tatsächlich Malaien in die Schlacht führte, was sonst nur umgekehrt vorkam. Pamancha Dana entstammte einer langen Dynastie von Führern auf den Saribas und war eine Seltenheit unter den Iban: er war ein erblicher Häuptling. Er spezialisierte sich auf Überfälle auf holländisches Gebiet, und seine Kriegsflotten fuhren die Küste hinab bis Pontianak. Aber seine bedeutendste Schlacht war eine Defensivaktion gegen die vereinten Streitkräfte von James Brooke und Kapitän Keppel mit seiner Mannschaft von der HMS Dido im Juni 1843. Bewaffnet mit erbeuteten holländischen Kanonen fügte seine gemischte Armee aus 500 Malaien und 6000 Iban Brookes Expeditionsheer aus drei »gefährlich wirkenden Festungen«, die aus hölzernen Stockaden am Zusammenfluß der Flüsse Padeh und Layar bestanden, schwere Verluste zu, bevor sie sich vor der überlegenen britischen Feuerkraft in den Dschungel zurückzog. James Brooke schloß zwei Jahre später Frieden mit Dana und beschrieb ihre Begegnung in seinem Tagebuch: »Der Orang Kaya Pamancha von Saribas ist jetzt auf meiner Seite – der Gefürchtete und der Tapfere, wie er von den Eingeborenen genannt wird. Er ist klein, sieht einfach aus und ist alt, er hat einen verkrüppelten linken Arm, und sein Körper ist von Speerwunden vernarbt. Er ist mir nicht unsympathisch, und unter allen Häuptlingen dieses Flusses ist er, wie ich glaube, der ehrlichste und geradlinigste.«

Unser Dana führte seine Abstammung auf die Iban vom unteren Baleh zurück, von wo Charles Brooke sie nach Kapit umzuziehen gezwungen hatte; sie waren zuvor aus dem Flußtal des Kapuas in Holländisch Borneo gekommen, wohin sie von den Saribas gezogen waren. So war es vielleicht tatsächlich Danas Vorfahr, der sich einst gerühmt hatte, er werde noch vor der nächsten Reissaat James Brookes Kopf im Korb haben.

Jedenfalls glaubte man es Dana, wenn man auf seine Oberhäuptlingssammlung von Baumwollhosen, Shorts und T-Shirts schaute, die in einer Ecke seines Raumes vom Boden bis zur Decke in sauberen Stapeln auf Brettern geschichtet lagen. Ein paar billige moderne Stühle standen herum, und Zeitschriftenbilder der Königin und des Herzogs von Edinburgh schmückten die Bretterwand.

Dana bedeutete uns, auf dem Boden Platz zu nehmen. Danas Frau brachte Tassen mit Tuak. Ich überreichte Dana die wertvollen Gegenstände aus meinem Beutel, die er wortlos beiseite schob. Siba, Edward und Inghai kamen, etwa zwanzig Männer und Frauen schlenderten herein und ließen sich an den Wänden nieder.

Eine dunkelrotbraune, reich geschmückte Iban-Decke wurde auf dem Boden ausgebreitet. Dana stellte sechs Bündel an ihren Rand, Gebilde verschiedener Größe, die in alte, abgetragene, schmutzige Tücher gewickelt und fest mit ausgefransten Rattan-Fasern zusammengebunden waren. Leon setzte sich neben mich und Siba neben James.

»Wir machen jetzt die Bedara«, sagte Leon. »Das schützt uns vor Schaden auf unserer großen Reise. Wir sorgen dafür, daß die Geister uns behüten.«

Dana saß mit gekreuzten Beinen auf der Decke. Drei hübsche Mädchen, seine Töchter, kamen aus der Küche in den Hauptraum. Sie trugen über ihren Kleidern von den Hüften an bis unmittelbar unter die Brüste eng übereinanderliegende Rattan-Reifen, die mit polierten, glänzenden, klingenden Rondellen gehämmerten Silbers behängt waren. In den Händen hielten sie Tabletts mit kleinen Schüsseln, die sie in drei Reihen vor Dana hinstellten. Am weitesten entfernt von ihm setzten sie acht Schüsseln mit Reiskuchen hin, dann acht Schüsseln mit gepufftem Reis und acht Schüsseln mit klebrigem Reis; drei größere Schüsseln wurden zu seiner Rechten abgestellt; sie enthielten Salz und Reis, Blätter zum Umhüllen von Betelnüssen und kleingeschnittenen Tabak.

Nachdem sie in die Küche zurückgekehrt waren und ihre Tabletts neu beladen hatten, präsentierten die Mädchen Dana eine kleine Tasse mit einer Mischung aus Tuak und geschlagenen Eiern, eine kleine Schüssel mit der gleichen Mischung, ein Glas Tuak, eine große Schüssel mit Eiern, eine große Schüssel mit gepufftem Reis in Bananenblättern und mit klebrigem Reis in Palmblättern und dazu einen leeren Teller. Alle sahen zu, als Dana die kleine Tasse aufhob, aufstand, hinaus auf die Veranda ging und ihren Inhalt durch die Bodenritzen hinab auf die Erde tropfen ließ.

»Zu trinken für Geister«, sagte Leon. »Falls sie durstig sind.«

Dana setzte sich mit gekreuzten Beinen, leerte sein Glas Tuak, ohne Atem zu holen, beugte sich über die verschiedenen Gerichte und konzentrierte sich.

»Er darf keinen Fehler machen«, flüsterte Leon. »Ein Fehler, und die Geister sind uns böse. Wir werden nicht mit euch gehen.«

Sehr sorgfältig legte Dana den Tabak, die Betelblätter, das Salz und den Reis in die Mitte des leeren Tellers. An den Rändern arrangierte er sorgsam die Reiskuchen, den klebrigen Reis, den gepufften Reis.

Leon stieß mich an. »Redmond, aufpassen«, zischte er mir ins Ohr, »du und James müßt das auch tun. Dann wissen wir, ob wir alle sicher sind oder nicht. Ihr müßt es richtig machen.«

»Um Gottes willen, James, wie sollen wir das alles behalten?« flüsterte ich.

»Meiner Meinung nach sitzen wir bis zum Hals in

der Scheiße«, sagte James, »und das ohne Netz und doppelten Boden.«

Siba hörte das und grinste. »Mach dir keine Sorgen«, sagte er und legte seine Hand auf James' Knie, »ich werde euch helfen.«

Dana griff nach den Eiern und balancierte das erste mit der Spitze nach oben in die Mitte. Die übrigen legte er im Kreis darum herum. Dann verteilte er, bei jeder Bewegung kurz innehaltend, den klebrigen Reis in Palmblättern, den gepufften Reis in Bananenblättern und die kleine Schüssel mit geschlagenen Eiern und Tuak in dem Kreis.

Von irgendwo neben der Tür wurde ein weißes Hähnchen von Hand zu Hand weitergereicht, bis es zum Nebenmann von Dana gelangte.

Der Vogel, den jeder fest um die gefalteten Flügel gehalten hatte, war in prächtiger Verfassung, jede Feder glänzend an ihrem Ort, der Kamm tiefrot, die Augen hell.

Dana stand auf, und der Mann, der das Hähnchen hielt, streckte ihm den Vogel entgegen. Mit einer flinken Bewegung der rechten Hand rupfte Dana eine kleine Schwanzfeder aus.

»Waark!« sagte das Hähnchen.

Am Federkiel zeigte sich ein kleiner Tropfen Blut. Dana legte die Feder zwischen die Handflächen und preßte sie zusammen; dann strich er sie über die rechten Hände von Leon und Inghai und anschließend über unsere.

Mit dem Hähnchen in der Hand – die Beine und Flügel hingen schlaff und widerstandslos herab – beschrieb Dana einen Kreis über den Opfergaben und anschließend über den Köpfen von Leon, Inghai und uns, wobei er eine Art Gebet wiederholte.

Der Vogel wurde auf dem gleichen Weg zurückgeschickt, den er gekommen war, und mit einer Rattanschlinge am Bein an den Türpfosten gebunden. Er stand ruhig, legte seinen Kopf auf die eine und dann auf die andere Seite, blinzelte und schaute auf den Puffreis, der auf dem heiligen Teller lag.

Dana räusperte sich und begann in seiner energischen, emphatischen Art auf Iban zu sprechen.

»Er begrüßt euch«, flüsterte Leon. »Er sagt, ihr seid weither gekommen, aus dem Land unserer alten Radschas. Und jetzt gehen wir mit euch auf eine große Reise zum Bukit Batu Tiban, wo wir noch nie waren. Aber Dana kennt ihn. Er sagt, er wird dorthin gehen, weil die Geister euch mögen. Er sagt, ihr werdet nicht bis zur Spitze gehen wollen. James ist sehr, sehr alt, denn er hat kein Haar; aber du bist jung. Er sagt, wenn du lange bleibst, wirst du seine Tochter heiraten. Er sagt, ihr seid beide sehr stark und Riesen. Aber er sagt, wir erinnern uns, vor langer, langer Zeit, bevor unser Volk nach Borneo kam, da waren wir auch alle weiß und Riesen: Orang puteh.«

Dann hielt Dana kurz die Whiskyflaschen hoch.

»Er dankt euch für den Whisky. Wir betrinken uns jetzt alle«, sagte Leon.

Dana hielt Pfeife und Tabak hoch.

»Er sagt, er behält es, bis er stirbt.«

Dana nahm den Patronengurt, hob ihn über den Kopf, zeigte ihn in alle vier Ecken des Raums. Er ließ seine Finger über die 25 ölfleckigen Schlingen für Patronen vom Kaliber Zwölf gleiten. Er schnallte ihn über seinen nackten und muskulösen Bauch. Vorne hing er bis fast zu seinen Knien herab.

»Er sagt, er hat nie zuvor so einen Gürtel gesehen«, sagte Leon, »in seinem ganzen Leben nicht. Er ist so schön. Er ist in England gemacht. Er ist oft in England zur Jagd gegangen. Er kann auf ihm die Zeichen vieler Reisen, vieler Jagden sehen. Er ist so schön, daß er uns allen gehört. Er bringt allen Iban viel Glück, wenn wir das Schwein jagen. Unser Tuai Rumah, er sagt, er wird diesen Abend nicht vergessen, weil wir jetzt ein neues Glück haben neben unseren anderen Glücksbringern. Morgen wird er es in ein Tuch wickeln. Dann, Redmond, können nur noch die Geister hineinsehen.«

Dana ging zur Verandaseite des Raums, löste den Gürtel und legte ihn in einen Gong, der umgekehrt von einem Dachbalken hing.

»Er tut es in das Geisterhaus«, sagte Leon.

Die eingewickelten Bündel folgten, danach, andächtig getragen, die Opferschale.

Alle klatschten. Die Whiskyflaschen wurden geöffnet. Die Mädchen füllten unsere Gläser mit Tuak. Wir begannen uns zu betrinken.

Später gingen wir hinab zum eigentlichen Langhaus und wiederholten mit Unterstützung von Siba die ganze Zeremonie auf der mit Bambus ausgelegten Veranda vor den Zimmern der Familien von Leon und Inghai. James, als Dichter, erfand das England-Gebet, das man von uns verlangte.

»Wir beten zu den Geistern des Dschungels«, sagte er, »für guten Erfolg, gute Jagd und eine sichere Rückkehr.«

Später, als wir, angefüllt mit Tuak, auf dem federnden, gespaltenen Bambus lagen, ließ James sich noch einmal vernehmen. »Redmond«, sagte er, »meiner Meinung nach, und es ist mir klar, daß du vielleicht ganz anderer Ansicht bist, und das ist ja auch völlig in Ordnung, ganz wie du magst, also ich glaube, es ist höchste

Zeit, daß wir uns ein bißchen von dem unschuldigen Schlaf verschaffen, der Macbeth mordet.«

»So stimmt es nicht«, sagte ich.

»Kleine Wette?« sagte James.

Wir stolperten den ganzen Weg nach Kapit zurück.

5

Im letzten Langhaus der See-Dajaks flußaufwärts am Baleh, in Rumah Pengulu-Jimbun, hingen viele Köpfe in Rattannetzen an den Querbalken des Daches. Ich nahm sie sorgfältig in Augenschein. Die Zähne waren fast gleichmäßig abgeschliffen, und sie hatten keine Plomben, was mich beruhigte. In allen Köpfen herrschte ein geschäftiges Treiben – nicht der Gehirne, sondern der Grabwespen. Da die Insekten zu groß waren, um durch die Sehnervöffnungen in den Augenhöhlen zu krabbeln, hatten sie sich Zutritt an der Schädelbasis verschafft, wo die Köpfe von der Wirbelsäule abgetrennt worden waren.

»Sehr alt«, sagte Leon, unser Spurensucher und Übersetzer, der in solchen Momenten hervorragend Gedanken lesen konnte. »Einige gehören vielleicht Japanern.«

»Na, bestimmt gibt es heute auch noch ein bißchen Kopfjagd, oder?« fragte ich. »Nur so zum Spaß, wenn gerade keiner guckt?«

»Nein, nein – absolut nicht!« sagte Leon mit seinem breiten braunen Grinsen. »Aber wenn wir einen treffen, den wir nicht mögen, so ganz allein im Dschungel, dann nennt man das Mord, und das ist etwas ganz anderes. Und dann wäre es doch eine Verschwendung, wenn man seinen Kopf nicht nehmen würde, oder?«

»Ihr habt viele Köpfe von den Japanern genommen, stimmt's?« sagte ich und dachte an Tom Harrissons Zehn-Schilling-pro-Kopf-Kampagne während des Krieges.

»Wir haben sie alle genommen, jeden einzelnen«,

versicherte Leon sehr ernsthaft. »Frag die alten Männer, frag Dana. Direkt nach der Flußbiegung dort, bei den Stromschnellen hinter den Inseln, war eine der großen Schlachten des Zweiten Weltkriegs. Da kamen acht Japaner, alle mit Gewehren, in einem Boot, das sie uns gestohlen hatten. Und wir hatten zweihundert Krieger von uns mit Speeren und Blasrohren am linken Ufer versteckt und zweihundert Krieger aus zwei anderen Langhäusern am rechten, und sie haben alle Japaner getötet. Da waren dann acht Köpfe, aber es gab drei Häuptlinge, und die kämpften anschließend miteinander, weil sie die Köpfe nicht gerecht aufteilen konnten. Du hast vom Zweiten Weltkrieg gehört?«

»Ein bißchen«, sagte ich.

»Nun – ein Teil der Japaner kam nach Borneo, um uns den Reis wegzunehmen. Und der andere Teil blieb zu Hause. Und die Japaner waren so grausam zu den Iban, daß die Engländer es nicht mehr ertragen konnten. Deshalb kamen sie uns zu Hilfe. Aber es gab nicht genug Engländer, um alle Japaner an beiden Orten zu töten, deshalb baten sie die Amerikaner um Hilfe. Also bombardierten die Amerikaner die Langhäuser in Hiroshima und Nagasaki, und die Engländer halfen uns, allen Japanern in Borneo die Köpfe zu nehmen, und das war das Ende des Zweiten Weltkriegs.«

»Und das war gut so«, sagte ich.

Zustimmend nickte ein alter Mann (alt für Borneo), der, anscheinend blind, im Schatten auf dem Fußboden aus gespaltenem Bambus saß. Eine Krankheit hatte die Pigmente seiner Haut zerstört und weiße Flecken auf ihr hinterlassen.

Gegen Mittag verabschiedeten wir uns vom Häuptling und von den 30 bis 40 Kindern und ebenso vielen Hunden, die sich am Ufer versammelt hatten, kletterten in unseren Einbaum und machten uns auf den Weg flußaufwärts ins Innere, wo weder Dana noch Leon noch Inghai – unser jüngster Spurensucher und Ausguck im Bug – je gewesen waren. Für uns hatte das Unbekannte schon an der Küste begonnen, im Delta des großen Flusses Rajang; für sie begann das Unbekannte jetzt.

Nach etwa zehn Meilen machten die Reisfelder von Rumah Pengulu-Jimbun einem kräftig gewachsenen Sekundärwald Platz, der seit etwa fünfzig Jahren dastand, ohne für eine einzige Reisernte gefällt, verbrannt und gerodet worden zu sein. Und dann begann der richtige Dschungel. Die Flußufer schienen näher zu rücken; 70 Meter hohe Bäume drängten sich an den Hängen bis hinab zum Wasser, ein anscheinend endloses Chaos verschiedener Baumarten, die in allen Grünschattierungen prangten, selbst unter dem gleichförmigen Gleißen der Tropensonne; parasitische Gewächse wucherten überall, Farne wuchsen aus jeder Astgabel, schenkeldicke Kletterpflanzen umklammerten einander, reichten in Knäueln bis in den Fluß hinab und ließen ihre Ranken in der Strömung wedeln wie Wasserpflanzen.

Der Fluß selbst begann sich zu biegen und zu winden, die Ufer hinter uns verschmolzen zu einem undurchdringlichen Dickicht, von hinten waren wir eingeschlossen, während vor uns die Bäume ein paar Schritte zur Seite wichen, um uns den Fluß entgegenzuschicken. Der Außenbordmotor, befestigt an einem speziellen Holzrahmen am Heck des Kanus und bedient von Leon, schob uns an sprudelnden kleinen Nebenflüssen vorbei, an Inselchen und Sandbänken, die von großen abgeschliffenen Felsbrocken übersät waren, an halbverborgenen Buchten, ausgehöhlt von

Strudeln. Hier, jenseits der letzten Holzfällerlager, wo die Erde mit Bulldozern ins Wasser geschoben wird und die Unterläufe der Flüsse von Borneo braun färbt, war der Baleh sauber und tiefgrün unter den Bäumen. Wir fuhren buchstäblich bergauf – zuerst hielt ich es für eine optische Täuschung, aber das Kanu kletterte tatsächlich das Wasser hinauf, das einen sichtbaren Steigungswinkel aufwies, selbst auf den ruhigen Strecken zwischen den zerklüfteten Stromschnellen.

Wo kleinere Bäche sich in den Fluß ergossen, waren kleine Landzungen entstanden; Treibholz hatte sich angehäuft, Berge von Hartholz, glattgeschliffen von der Flut und gebleicht von der Sonne. Wir hielten an einem solchen Haufen, um einen Benzinkanister zu verstecken. Ein Waran, auf die Vorderbeine gestemmt, starrte uns aus Saurieraugen an und huschte dann durch die Äste davon. Ein Brahminenweih, der so niedrig flog, daß wir seine Schwingenfedern pfeifen hören konnten und seinen braungefleckten Bauch in der Sonne leuchten sahen, kreiste über uns und beobachtete uns, bis er mit einem schrillen Bussardruf davonschwebte.

Weiter flußauf wurden die Stromschnellen zahlreicher und turbulenter, und wenn Leon das Kanu mit voller Kraft auf die Mittelkaskade des Flusses zusteuerte und Dana und Inghai mit geballten Rückenmuskeln den Bug links oder rechts an den Felsen vorbei stakten, schwappten schwere Wellen in das Boot. James saß mir gegenüber auf den mittleren Sitzbrettern in Fahrtrichtung und las in Pat Rogers neuer Ausgabe der Gedichte Swifts, einen Strohhut auf seinem kahlen Kopf, sein weißes Hemd an Hals und Handgelenken zugeknöpft.

»Einige dieser Frühwerke sind ziemlich schwach«, murmelte James unzufrieden vor sich hin.

»Ganz bestimmt. Aber – äh – James?«
»Ja?«
»Stromschnelle 583/2, Schnellenstärke sechs in der zehnstufigen Skala, direkt vor uns.«

Nach kurzem Zögern klappte James dann sein Buch zu, markierte die Seite mit einem Zweig, schob es seelenruhig unter die Plane, ließ seine linke Hinterbacke darauf nieder, schloß die Augen, ließ sich durchnässen, machte die Augen wieder auf, strich sich mit der rechten Hand das Wasser aus dem Bart, nahm sein Buch wieder auf und las weiter.

Etwa alle fünfhundert Meter erschien ein Braunschwanzseeadler vor uns, der uns aus gelben Augen musterte – zunächst reglos, die grauen Fänge in seinen Lieblingsast über dem Fluß gekrallt – und erst abhob, wenn wir ihn fast erreicht hatten. Er flog gemächlich vor dem Kanu her, bis an die Grenze seines Reviers, und kehrte dann um. Es gab auch Graukopfseeadler, größer und plumper, der Schwanzansatz eher weiß als graubraun. Es war eigenartig, so zu reisen – mit Adlern als Herolden.

Die erste Begegnung mit den Borneo-Eisvögeln war ebenso verblüffend. Der Kappenliest (tatsächlich ein Insektenfresser), leuchtender, als je ein Bild es zeigen könnte, strahlte vor dem grünen Hintergrund an Bauch und Rücken ein so intensives Blau und Orange aus, daß er viermal größer wirkte, als er wirklich war, sein großer, durchscheinender Schnabel karminrot in der Sonne. Er war häufig so zahm, daß er sich nicht die Mühe machte, davonzufliegen, sondern wippend auf seinem Zweig sitzen blieb und laut und schrill, wütend über die Störung, vor sich hin tschiktschikte. Der Storchschnabel jedoch, viel größer und vorn der Spitze einer Rakete ähnlich, flog immer schreiend davon, das seidige Hellblau seines Federkleids flink und flach über dem Wasser, bis er in seinem Baumversteck verschwand.

Der Grünreiher, schiefergrau und scheu, drückte sich am Flußufer herum, auf den Sandbänken oder zwischen dem gestrandeten Treibholz; und unser heimischer Flußuferläufer, immer allein (außer in der Abenddämmerung, wenn wir drei oder vier von ihnen flach über dem Wasser dahingleiten sehen konnten), schien mit Vorliebe auf treibenden Ästen zu reiten und dann durch den Schlamm oder über die Sandbänke zu hüpfen.

Als ich einem zusah, so klein und braun, so agil und elegant und freundlich, als beobachtete ich ihn in Poole Harbour, dachte ich an Beccaris Bericht über seine Eßgewohnheiten: »Wenn die Krokodile mit offenen Rachen daliegen, klettern kleine Ufervögel, besonders Watvögel von der Gattung der Uferläufer, die immer auf Nahrungssuche sind, in das Maul der riesigen Reptilien, um sich die kleinen Happen zu holen, die zwischen den Zähnen oder in den Hautfalten des Schlundes verborgen sind. Wenn ich mich recht entsinne, habe ich das selbst gesehen; aber während ich es niederschreibe, werde ich unsicher, ob das nicht doch nur eine der vielen Geschichten war, die mir meine Männer erzählten.«

James hatte seinen riesigen Kopf an den Haufen unserer Ausrüstung unter der Zeltbahn gelehnt und machte eines seiner Fünf-Minuten-Nickerchen. Seine rechte Schläfenader war geschwollen, ein sicheres Zeichen, daß sein Kleinhirn mit Extra-Sauerstoff versorgt wurde und daß es etwas ausbrütete, was für die Produktion eines zukünftigen Gedichts von Bedeutung war.

»James!«

Ein Auge öffnete sich. »Was ist los?«

»Nur dies – wenn du ein Stück Holz flußauf treiben siehst, sag mir Bescheid.«

»Krokodile?«

»Na ja, nicht das Mündungskrokodil, das wirklich scharf auf dich ist. Nicht hier oben. Aber Tweedy und Harrisson meinen, wir könnten den Süßwasser-Gharial sehen. Den fünf Meter langen mit eineinhalb Metern Schnauze und den vielen Zähnen.«

»Wirklich, Redmond«, sagte James, stützte sich auf den Ellbogen und blickte um sich, »du bist absurd. Du lebst im 19. Jahrhundert. Alles hat sich geändert, auch wenn du es nicht zu merken scheinst. Heutzutage fällt es nicht mehr schwer, ein Krokodil zu erkennen. Das weiß doch jeder – sie kommen mit einem Außenbordmotor hintendran und einem Kenwood-Mixer vorneweg.«

Ich setzte mich auf den Hosenboden. Wenn die Temperatur bei 42 Grad und die Luftfeuchtigkeit bei 98 Prozent liegen, wenn du triefend naß bist und zwischen den Beinen ein bißchen vor dich hinfaulst, dann wirken selbst die armseligsten Witze umwerfend komisch.

Um fünf Uhr nachmittags gelangten wir an ein breiteres Flußstück, in das ein Nebenfluß einmündete und wo sich inmitten des Wasserlaufs eine Reihe flacher Sandbänke gebildet hatte. Dana beschloß zu lagern.

»Gutes Fischen. Sehr gut«, sagte Leon und schaute auf das schäumende weiße Wasser, auf die gestürzten Bäume und die Strudel am anderen Ufer.

Wir zogen das Kanu weit genug aus dem Wasser und banden die Leine hoch an einen Baumstamm, falls das Wasser in der Nacht steigen sollte, dann legten wir uns auf dem Sand zur Rast. Schmetterlinge begannen sich zu sammeln. Hunderte von Schmetterlingen, die in jeder Höhe und Geschwindigkeit dahinschwebten, ungeschickt mit den Flügeln klappten oder wie Fledermäuse flatterten, durcheinander wuselten und schaukelten, während andere schnell und gerade flogen wie ein Zaunkönig in Nöten. Hunderte von Schmetterlingen bahnten sich ihren Weg und ließen sich auf unseren Stiefeln und Hosen nieder, klebten zuhauf an unseren Hemden, saugten den Schweiß von unseren Armen. Es gab weiße, gelbe und blaue; Schwalbenschwänze, schwarz, gestreift oder blaugrün gefleckt und – direkt neben dem Gedränge kleiner Schmetterlinge – jene wunderbare Art, die Alfred Russell Wallace nach James Brooke benannt hatte, *Troides brookiana,* der Vogelfalter des Radscha Brooke.

Während die Schmetterlinge mit ihren fadendünnen Rüsseln an Kleidern und Haut saugten, sonderten sie aus ihren Analöffnungen eine klebrigweiße Flüssigkeit auf uns ab. Ich stand auf und wischte die Schmetterlinge so sanft wie möglich fort und entfernte mich dann die obligatorischen paar Meter von meinen Gefährten, um selber zu pissen. Während die Urinlache im schlammigen Sand noch leicht dampfte, flogen die männlichen Falter von Radscha Brooke (die Weibchen, völlig mit dem Eierlegen in den Dschungelbäumen beschäftigt, sind selten zu sehen) herüber und schubsten sich beiseite, schoben und drängelten, um an die Flüssigkeit heranzukommen. Die leuchtend grünen, federförmigen Zeichnungen auf ihren schwarzen Flügeln bebten leicht, als sie tranken. Ich begann, ein wenig voreilig, mich eins mit den Dingen zu fühlen.

Tatsächlich empfand ich, nachdem ich zum Kanu gerannt war, die stoßfeste, wasserfeste, mehr oder weniger allesfeste Fuji-Kamera (leider hatte sie auch ein festes Objektiv) gegriffen hatte und bäuchlings auf die wimmelnden Insekten zukroch, einen mehr als nur flüchtigen Stolz auf die Qualität meiner Opfergabe. Schließlich sah ich hier, kaum 35 Zentimeter vor meiner Nase und immer näher, genau den Schmetterling, den Wallace 1855 beschrieben hatte:

> *Ornithoptera brookiana,* eine der elegantesten unter den bekannten Arten. Dieses wunderschöne Geschöpf hat sehr lange und spitz zulaufende Flügel und ähnelt in der Form fast einem Sphinx-Schwärmer. Er ist tief samtschwarz, mit einem geschwungenen Fleckenband von leuchtend metallisch grüner Farbe, das quer über die Flügel verläuft, wobei jeder Fleck wie eine kleine dreieckige Feder geformt ist, was denselben Effekt erzeugt wie eine Reihe von Flügelfedern des mexikanischen Trojon auf schwarzem Samt. Die einzigen anderen Zeichnungen sind ein breites Halsband von lebhaftem Scharlachrot und ein paar zarte weiße Tupfer an den Außenrändern der Hinterflügel. Diese Art, die damals noch unbekannt war und die ich nach Sir James Brooke benannte, war sehr selten. Gelegentlich konnte man sie schnell über die Lichtungen fliegen sehen, oder wenn sie sich für einen Moment an Pfützen und feuchten Stellen niederließ, so daß ich nur zwei oder drei Exemplare fangen konnte.

Als ich diesen Schmetterling fotografierte (mit einem festen Weitwinkelobjektiv, von dem mir klar war, daß es ein enttäuschendes Ergebnis bringen würde), der uns später am Baleh bis hinauf zur Quelle häufig wiederbegegnete, empfand ich jene Erregung, die Wallace beim Fang des nahen Verwandten *Ornithoptera croesus* verspürte: »Schöne Exemplare des Männchens messen über die Flügel mehr als 18 Zentimeter, sie sind samtschwarz und hellorange, wobei die letztere Farbe das Grün der verwandten Arten ersetzt. Die Schönheit und der Glanz dieses Insekts sind unbeschreiblich, und nur ein Naturforscher kann meine intensive Erregung verstehen, als ich ihn endlich fing ... mein Herz begann heftig zu schlagen, das Blut stieg mir zu Kopf, und ich fühlte mich einer Ohnmacht näher, als ich es aus unmittelbarer Lebensgefahr kannte. Ich hatte den ganzen Tag Kopfweh, so stark war die Erregung, die das ausgelöst hatte, was die meisten als einen sehr unangemessenen Anlaß empfinden werden.«

Auch ich hatte für den Rest des Tages Kopfweh, aber es lag vielleicht an der Sonne oder auch nur am Gedanken an unsere Angelausrüstung. Denn nachdem alle einen tiefen Zug aus dem ehemaligen Benzinkanister mit fünf Gallonen Arrak-Reisbrandy genommen hatten, zogen Dana, Leon und Inghai ihre Parangs aus den holzgeschnitzten Scheiden und machten sich daran, die Stämmchen für unsere Betten zu fällen; und ich beschloß, es sei an der Zeit, daß James und ich ihnen beibrachten, wie man höchst wirkungsvoll angelt, so wie es die Engländer tun. Aber vorher würden wir ein bißchen üben müssen.

Ich zog mich leise hinter ein dichtes Felsgewirr zurück, schön außer Sicht, und packte unsere kostbare Ladung aus. Zwei neue Teleskopruten, die stärksten in der Stadt. Hundert Yards schwere Schnur. Ein dicker Beutel mit einem Sortiment Bleigewichte. Ein ganzer Dornbusch aus Haken. Fünfzig verschiedene Blinker, ihre Löffel blitzten in der Sonne, alle Formen und Größen für jede Art von Fischen in jeder Art von Süßwasser.

»Der Haken an der Sache ist«, sagte James, als er die Rute in der Hand hielt und zusah, wie sich die einzelnen Abschnitte in das Blau des Himmels teleskopierten, »der Angler in unserer Familie war mein älterer Bruder. Das war sein Ding, weißt du, und deshalb mußte ich so tun, als wäre es langweilig, und ich habe es nie gelernt.«

»Was? Du hast nie geangelt?«

»Nein, nie. Und wie ist es mit dir?«

»Na ja, mein älterer Bruder ging angeln.«

»Du kannst es also auch nicht?«

»Nicht richtig. Nicht mit einer Rute. Ich hab immer Makrelen gefischt mit einer Schnur.«

»Makrelen gefischt! Was du nicht sagst!« meinte James und sah wirklich sehr erregt aus, während er eine hellorangefarbene Libelle von seinem Hut scheuchte. »Trotzdem«, sagte er und beruhigte sich wieder, »wenn die das konnten, kann es doch nicht so schwierig sein, oder?«

»Natürlich nicht – man steckt einfach den Blinker und die Haken und Gewichte ans Ende und schwingt es durch die Luft.«

Die Hitze war unerträglich. Das Gefummel war unerträglich. Die Schnur verwickelte sich, die Haken stachen uns in die Finger, das Knotendiagramm hätte Baden-Powell einen Blutstau im Gehirn verschafft. Dann kriegten wir alles hin und vergaßen die häßlichen kleinen Gewichte. Und schließlich waren wir bereit, Fische umzubringen.

»Die von der SAS sagen, es wäre einfacher, wenn man eine Handgranate hineinwirft.«

»Sie haben recht«, sagte James.

»Aber der Major sagte, man bräuchte nur den Pimmel ins Wasser zu halten und könnte ihn mit Fischen dran wieder rausziehen.«

»Warum hältst du deinen Pimmel nicht hinein?« sagte James.

James hatte sich fest und gerade hingestellt und warf den Blinker in den Fluß. Er landete im Wasser direkt unter dem Ende der Rute. Klonk. James zog. Die Schnur riß. Wir wiederholten das ganze blöde Getue – mit neuen Haken, Gewichten und Blinkern.

»Versuch's nochmal. Wirf sie ein bißchen weiter.«

James holte weit aus und schwang die Rute zur Seite und nach vorn, als wollte er einen Baum umhauen. Und genau in diesem Moment muß die Borneo-Hornisse, *Vesta tropica*, ihren Stachel in meine rechte Hinterbacke gebohrt haben.

»Verdammt!« schrie ich.

Sie war riesig und gelenkig, diese Hornisse, und blitzte rot-silbrig in der Sonne.

»Du hast angebissen«, sagte James beiläufig. »Du hast einen Blinker am Hintern.«

Hinter uns ertönte ein eigenartig gurgelnder Dschungellaut. Dana, Leon und Inghai lehnten an den Felsen. Wenn die Iban beschließen, daß irgend etwas wirklich lustig ist, und wenn sie wissen, daß sie nun lange lachen werden, legen sie sich erst einmal hin.

Dana, Leon und Inghai legten sich hin. »Ihr solltet es mit Harpunen versuchen!« kreischte Leon, hilflos vor Lachen.

Mit großem Zeremoniell überreichten wir unsere Angelruten Dana und Leon, und dem kleinen Inghai eine zusätzliche Ladung an Gewichten und Blinkern. Und mit angemessener Würde nahmen die Iban die nutzlosen Gaben in Empfang, wickelten sie in Tücher und legten sie auf den Boden des Kanus.

Unsere Betten waren fachmännisch aufgestellt: Zwei Stangen, geschoben durch die speziell entworfenen Hohlnähte der SAS-Zeltbahnen, bildeten eine Bahre, die ihrerseits auf einem rechteckigen, mit Rattanstreifen zusammengebundenen Rahmen auf vier Pfosten ruhte und nur noch auf Moskitonetz und Decktuch wartete. Als Netz und Leinwanddach mit Fallschirmkordel an die umstehenden Bäume geknüpft waren, materialisierte sich im Dschungel eine kleine insektenfreie Sicherheitszone von der Länge eines Bettes. Im Feld erprobt – alles paßte, war gut verknotet, überlappte sich, saß fest.

Dana und Leon waren mit dem Bau ihres eigenen Schutzes fast fertig. Sie hatten etwa sechzig Zentimeter über dem Dschungelboden eine Plattform gebaut und stellten nun aus einem Flechtwerk aus Zweigen ein abfallendes Dach her.

Inghai brachte Bündel enorm großer Palmblätter vom Hügel, und das Gerüst war fertig. Wenn man drinnen auf einem Blätterbett lag, die Füße in Richtung der knapp metergroßen Öffnung über dem Fluß, das Dach in einem hellgrünen Winkel direkt über dem Kopf, dann wirkte es wie das Kindheitsbaumhaus par excellence.

Dana begann ein eigenes kleines Haus zu bauen. Einen Meter achtzig hoch, sechzig Zentimeter im Quadrat, mit einem konventionellen Giebeldach und einer kleinen Plattform auf halber Höhe – der Zweck war nicht klar. Für die Geister? Für Köpfe, die ihm über den Weg laufen mochten?

»Für Fische«, sagte Leon, »um Fische zu räuchern. Jetzt zeigen wir euch, wie die Iban fischen.«

Leon und Inghai holten ihre hölzernen Harpunen aus dem Kanu und verschwanden unter Wasser wie ein paar große Haubentaucher. Volle vierzig Sekunden später schossen sie wieder hoch, gerade drüben am anderen Ufer. Leon reckte sich hoch und hielt einen riesigen Fisch über den Kopf, durch die Flanke harpuniert; Inghai hatte, wie es seiner Größe entsprach, einen kleineren. Man hörte viel Geschrei auf Iban. Dana, offensichtlich herausgefordert, zog ein großes Netz mit Gewichten aus dem Kanu, ein Jala, und arbeitete sich flußauf zu den Sandbänken vor. Er schwenkte das Netz in beiden Händen und warf es aus; ein leise surrender Kreis aus weißen Maschen ließ sich auf das Wasser nieder und versank. Er sprang hinterher und griff um sich, um die unteren Enden des Netzes zu fassen, dann raffte er es zusammen – mit drei Welsen darin. Sie schauten uns kummervoll an. Von ihren Mäulern hing zu jeder Seite ein unglaublich langes Barthaar herab: ihre Fühler. Dana löste die Fische mit größter Sorgfalt aus dem Netz, mied ihre vermutlich giftigen Bauch- und Rückenflossen und warf sie auf die Sandbank.

Leon und Inghai kehrten mit sechs Fischen derselben Art zurück, Sebarau, hübsch, stromlinienförmig und im Gegensatz zu dem glatten und schleimbedeckten Wels mit großen silbernen Schuppen gepanzert und einem kühnen schwarzen Balken auf jeder Seite geziert.

Inghai sammelte Treibholz und machte zwei Feuer, eins am Ufer und das andere unter dem Räuchergestell. Leon nahm die Fische aus, schnitt sie in Stücke, legte einige in einen Teller mit Salz, einige auf das Räuchergestell und einige in einen wassergefüllten Kochtopf. Zwei antike Kessel, an einem hohen Holzrahmen hängend, brodelten über dem Feuer: einer voller Fischstücke und der andere voll mit klebrigem Reis. Dana kam zum Essen, nachdem er ein größeres Netz teilweise über die Strömung gespannt hatte; es war mit Schnur an einem überhängenden Ast befestigt und wurde von weißen Polystirenschwimmern getragen.

Die Dämmerung brach plötzlich herein, und ebenso plötzlich erschienen Nachtschwalben auf Insektenjagd, die fledermausähnlich zwischen den Baumwipfeln über den Ufern hin und her schossen und, halb durchsichtig und gewichtslos in ihrer geisterhaften Behendigkeit, an Falken erinnerten, die wie durch einen Zauber ihrer Masse und Stoßkraft beraubt waren. Und sie pfiffen einander zu.

Nach etwa zehn Minuten verschwanden sie. Das war nur gut, denn mir war klar geworden, daß der Fisch und der Reis in meinem Eßgeschirr alle Aufmerksamkeit beanspruchten. Der Sebarau war fade, das war nicht schlimm; aber er war auch voller Gräten, und das war schlimmer. Er glich einer in Fett gebackenen Haarbürste. James hatte die gleiche Entdeckung gemacht.

»Redmond, mach dir nichts draus«, flüsterte er, »wenn du eine Tracheotomie brauchst – ich hab eine Biro-Röhre im Gepäck.«

Es war Zeit, schlafen zu gehen. Wir spülten unser Eßgeschirr im Fluß, traten das Feuer am Ufer aus und fütterten das Feuer unter dem Räuchergestell mit weiteren nassen Scheiten. Ich hängte meine triefenden Kleider mit Fallschirmkordel in einen Baum, rieb mich mit einem nassen Handtuch ab und öffnete nackt meinen Rucksack, um mein trockenes Zeug für die Nacht herauszuholen. Jede Falte, jede Höhlung im Beutel steckte voll riesiger Ameisen. Ich kam zu dem Schluß, solch enorme Viecher müßten Elefantenameisen und nicht Feuerameisen sein, deren Stich wie der einer

Wespe brennt, und deshalb wischte ich die erste Welle von meinen Unterhosen. Ich blickte auf und entdeckte erstaunt, daß auch meine nassen Kleider voll von Ameisen waren. Eine Prozession dunkler Ameisen strömte an der einen Seite des Seils hinauf und auf der anderen hinab, und überall auf meinen nassen Hosen atzten sich Hunderte verschiedenartiger Motten. Die Dunkelheit stieg aus dem Moder des Waldbodens auf, und ich wühlte schnell in der äußeren Rucksacktasche nach meiner Stablampe. Als ich sie in der Hand hielt, schlossen sich lauter kleine Finger um meinen Arm. Ich zog ihn schnell heraus und knipste die Lampe an: Elefantenameisen, dieses Mal mit gewaltigen Zangen, hingen am Arm, von der Hand bis zum Ellbogen. Die Soldaten waren gekommen. Ich streifte sie ab und vernahm voller Dankbarkeit Schreie aus James' Zelt. Es war gut zu wissen, daß sie auch hinter Dichtern her waren.

Nachdem ich unter mein Moskitonetz geschlüpft war, wühlte ich mich in die dunkelgrüne SAS-Tarnröhre. Es war überaus gemütlich in ihr; man mußte ausgestreckt schlafen wie ein Gewehr. Aber die Ameisen, die um die Stangen schwärmten und sich auf der Suche nach Einlaß auf die Hinterbeine stellten, und die Moskitos, die draußen die Melodien ihrer Gattung in die schwarz dahintreibenden Wolken wimmerten und sangen, hatten keine Chance.

»Iiiiiii – aaiiii – jakjakjak!« Irgend etwas schrie mir mit hirnzerfetzender Kraft ins Ohr. Und dann stimmte alles ein.

»Iiiiiii – aaaiii – jakjakjak tijuuuuu!« antwortete jedes andere Riesenzikadenmännchen und ließ manisch die Schrillmembranen vibrieren, die Trommelfelle in ihren Verstärkerhöhlen, die eingebauten Megaphone.

»Halt's Maul!« rief ich.

»Wa wa wa wa wa!« sangen viertausend Frösche.

»Ruhe, aber sofort!« schrie James.

»Klipper klipper klapper« machten unsere Eßgeschirre auf dem Kies, als sie von Spitzhörnchen saubergeleckt wurden.

Die Iban lachten. Der Fluß belebte sich geräuschvoll in der Dunkelheit. Irgend etwas tutete, irgend etwas schrie, weiter entfernt und sehr ernsthaft. Irgend etwas schuffelte und schnuffelte um die weggeworfenen Reis- und Fischstücke herum, die wir von unseren Tellern in einen Busch geschüttet hatten. Ein Stachelschwein? Eine Zibetkatze? Ein Erdhörnchen? Die langschwänzige Riesenratte? Warum nicht eine Bengalkatze? Oder das einzige wirklich gefährliche Säugetier auf Borneo, der Malaienbär mit den langen Klauen und dem kurz angebundenen Temperament?

Ich knipste die Taschenlampe aus und versuchte zu schlafen. Aber es ging nicht. Der Lärmpegel überstieg bei weitem die Schmerzgrenze, die in Diskotheken erlaubt ist. Und außerdem knipsten die Glühwürmchen ständig ihre eigenen Lampen an und aus, und irgendein phosphoreszierender Pilz glühte in der Dunkelheit wie eine 40-Watt-Birne.

Ich knipste die Lampe wieder an, klemmte sie an mein Hemd und machte es mir bequem für eine gemütliche Lesestunde mit Hose und McDougall. Über die Kriege der Kayan erzählt Hose:

Wenn die angegriffene Partei den Feind dabei überrascht, wie er sich durch eine Stromschnelle müht, und besonders, wenn einige seiner Boote gekentert sind oder er auf irgendeine andere Weise in Schwierigkeiten steckt, fallen sie im offenen

Flußbett über ihn her, und es kommt zu dem vergleichsweise seltenen Ereignis eines offenen Kampfes. Wie im Heldenzeitalter spielt sich dieser hauptsächlich in Form von Nahkampfduellen ab. Die Krieger wählen sich ihre Gegner und nähern sich vorsichtig; sie rufen einander beim Namen, überschütten sich mit Schmähungen und rühmen sich im heroischen Stil. Jeder schmäht die Eltern des anderen und droht, die Haut des Gegners als Kriegsmantel oder seinen Hodensack als Tabaksbeutel zu benutzen, ihm den Kopf abzuschneiden und mit seinem Haar den Griff seines Parang zu schmücken; oder er bezweifelt die Manneskraft des Gegners. Während dieser Austausch von Komplimenten fortwährt, suchen die Krieger nach günstigen Positionen, kauern sich nieder, strecken das linke Bein vor, decken sich so vollständig wie möglich mit ihrem langen Schild und springen ständig vor und zurück. Die kurzen Wurfspeere und Spieße werden geworfen und geschickt mit Speer und Schild pariert. Wenn ein Mann seinen Vorrat an Wurfspießen aufgebraucht und seinen Speer geworfen hat, geht er mit seinem Parang zum Nahkampf über. Sein Feind versucht den Schlag des Parang mit dem Schild so aufzufangen, daß die Spitze im Holz steckenbleibt. Finten und Ausweichmanöver sind üblich: Ein Mann streckt das linke Bein vor, um den anderen zu einem Schlag zu verleiten, so daß er dabei seinen Kopf entblößt. Wenn es gelingt, den Parang des Feindes im eigenen Schild festzuhalten, wirft er den Schild nieder und stürzt sich auf seinen nun waffenlosen Feind, der die Flucht ergreift, seinen Schild fortwirft und sich nur auf die Schnelligkeit seiner Füße verläßt. Wird einer niedergeschlagen, so springt der andere auf ihn und ergreift ihn bei seinem langen Haar und trennt den Kopf mit einem oder zwei Schlägen seines Parang unter Triumphgeschrei ab.

Es war eindeutig Zeit zu schlafen.

6

In der Morgendämmerung war der Dschungel von dichtem Nebel verhüllt, und durch die wolkigen Schichten der aufsteigenden Feuchtigkeit drang der laute Ruf, der eulenähnliche, klare, hallende Schrei des weiblichen Borneo-Gibbons.

Ich packte die trockenen Socken, Unterhosen, Hosen und Hemd in zwei Plastikbeutel, dann in den feuchten Rucksack und band sie dicht zusammen, um die Ameisen herauszuhalten; die nassen Kleider schüttelte ich aus. Aus den Hosenbeinen schoß eine Doppelportion Insekten. Ich pflückte, soweit sichtbar, die Käfer aus den Hosen, bedeckte mich mit SAS-Antipilzpulver, bis meine erogenen Zonen wie panierte Schnitzel aussahen, und zwängte mich in den feuchten Tages-Kampfanzug. Es war ein schlechter Start um fünf Uhr morgens; aber in einer halben Stunde würde der Nebel verschwunden sein, die Sonne gnadenlos brennen und das Flußwasser mich ohnehin durchweichen.

In jedem Busch schien ein unsichtbarer Vogel zu sitzen, und alle sangen sie aus voller Kehle. Rundum sangen die Amseln und Drosseln, Nachtigallen und Waldsänger nach Noten, und noch drängender, mächtiger und gnadenloser tönten die Fortissimo-Rufe der Staffelschwänze und Timalien und Lalagen.

Nach einem Frühstück aus Fisch und Reis beluden wir aufs neue den Einbaum und fuhren weiter flußauf. Die Gibbons schwiegen, nachdem sie die Grenzen ihres Reviers proklamiert hatten. Die Welt änderte ihre Farbe von einem wäßrigen Dunkelblau zu Malvenfarben, zu Sepia, zu Rosa, und dann ging, überaus schnell, die Sonne auf.

Inghai setzte seine Schirmmütze auf, um die Augen vor der Sonne zu schützen, während er im Bug saß und die turbulenten Wasser vor uns nach Felsen und Baumstämmen absuchte; Dana, im Stil eines Häuptlings, trug seinen runden Hut, groß und reich gemustert wie ein Spieltisch, und Leon, der seinem Außenbordmotor stolz Vollgas gab, schmückte sich mit einer hybriden Kreuzung aus Schlapphut und Homburg. James rückte seinen Strohhut zurecht, streckte die Beine auf seiner Hälfte des Sitzes aus und vertiefte sich wieder in seinen Swift.

Irgend etwas Großes flappte vor uns über den Fluß. Ein Vogel, der sich als Blattskelett tarnte? Eine Tagfledermaus im Kostüm eines Haarnetzes? Oder schob sich eine Abordnung tropischer Würmer über meinen Augapfel? Sehr träge und gleichgültig flatterte und taumelte das Etwas direkt über das Boot, und es war tatsächlich eine seltsame Idee, *Hestia idea,* ein Schmetterling mit grauen und weißen Flügeln wie durchsichtige Gaze, überaus giftig und deshalb von Räubern unbehelligt. In einem der reichsten tropischen Regenwälder, in einer Gegend mit mehr Schmetterlings- und Mottenarten als in allen anderen Lebensräumen der Welt zusammen, war es auf lächerliche Weise beglückend, wieder eine Art identifiziert zu haben, auch wenn es, wie ich schließlich gegenüber James zugeben mußte, eine unschwer zu erkennende war.

James nahm für einen Augenblick seinen kritischen Blick von Swifts zuweilen mangelhafter Prosa und richtete ihn auf den uns umgebenden Dschungel. Seine erstklassigen Augen stehen so weit auseinander, daß er, was dies betrifft, einem Hammerhai ähnelt. Sein nun folgender Satz wurde später zur stehenden Wendung und für die Iban (ein bißchen auch für mich) zur Beschwörungsformel eines uralten, unermeßlich weisen Schamanen, der die Geister des Waldes zum Tanz ruft: »Redmond, gleich werde ich etwas Wundervolles sehen.«

Das Kanu umrundete die nächste Biegung und dort, majestätisch auf einem toten Ast über einer Bucht, thronte ein Schlangenweih.

»Nicht übel, was?« sagte James.

Der Weih war stämmig, schwarz und braun und grau, sein Bauch leicht gefleckt, der Kopf flach gefiedert. James setzte sich aufrecht, mit Strohhut und schwarzem Bart, mit glänzend weißem Hemd. Er fixierte den Weih. Der Weih fixierte ihn. Der Weih beschloß, für Halluzinationen sei es noch zu früh am Morgen; verwirrt flog er in den Dschungel davon.

Allmählich wurden die Stromschnellen häufiger, und es wurde schwieriger, sie zu überwinden. Leon lenkte das Boot sorgfältig auf die tiefen Wasserlöcher unterhalb der Stromschnellen, gab volle Kraft voraus, schaltete den Motor aus und hob die Schraube aus dem Wasser, sobald wir die erste Welle weißen Schaums erreichten, schnappte sich seine Stange, wenn Inghai und Dana die ihren griffen, und dann stakten alle drei das Kanu in wildem Rhythmus aufwärts.

Sie waren mager, gesund und stark von einem Leben unaufhörlichen Trainings, ihre Muskeln streckten und ballten sich und waren so deutlich ausgeprägt wie die auf Jan van Calcars Illustrationen zu ›De humani corporis fabrica‹. Aber ihr freundlich irriges Bild von uns barg auch einen Nachteil für uns; im alten Mythos ihrer mündlichen Überlieferung waren die Vorfahren ihrer Rasse weiß und riesig, stark und mutig, und das mußten folgerichtig auch wir sein.

Der massive Kiel des ausgehöhlten Einbaums begann die Felsen unter den Wasserkaskaden zu streifen, zunächst leicht, mit fortschreitendem Tag dann mit besorgniserregender Gewalt. Bei jeder Stromschnelle mußten wir hinausspringen, nach der langen Leine greifen, über die Steine am Rand den Wasserfall erklettern, in die tiefe Strömung darüber waten und ziehen. Das Wasser schubste uns wahllos an der Hüfte und in den Kniekehlen, umfing uns manchmal wie ein Sukkubus (nach einjähriger Gefangenschaft), versuchte gelegentlich einen Rugby-Angriff, hielt ab und zu unsere Knöchel in einer hydrolastischen Falle gefangen; niemals verhielt es sich ganz freundlich. Mit gestauchten Wirbelsäulen und verklemmten Knorpeln stemmten wir uns gegen den großen Wasserstrom auf seinem Weg ins Südchinesische Meer, gegen den Zug des Seils; das Seil selbst spannte sich und wurde wieder locker, wenn das Boot sich verkeilte oder einen Ruck nach vorne tat.

Gerade rechtzeitig, an einem tiefen Wasserloch, in einem von zwei großen gestürzten Hartholzbäumen gebildeten Hafen, beschloß Dana, jetzt sei Mittag und wir hätten Hunger. Das Boot wurde angebunden, wir ließen uns fallen, und Leon ging fischen.

James und ich breiteten unsere nassen Kleider auf dem brennend heißen Felsen aus und gingen schwimmen und uns waschen. Das klare, seichte Wasser war von kleinen Fischen gefleckt, von umherschießenden Scharen aus Orange und Silber, schwebenden Schwärmen aus Schwarz und Rot; es gab mattfarbene Winzlinge, wie Elritzen, und glänzende Fische mit schleppenden Schwänzen, deren kleine Flossen in der Strömung fächelten; sie sammelten sich um unsere Füße, starrten mit ihren winzigen Augen auf unsere Zehen, jagten in der Strömung wirbelnde Seifenflocken.

Dana wusch sein glänzendes schwarzes Haar und spülte es dann, indem er sehr schnell unter Wasser den Teich durchschwamm. Ein vorwärtsschießendes V auf der Oberfläche markierte seinen Weg durch Wirbel und Strudel. Als er an Land watete, glänzten sogar seine dunkelblauen Tätowierungen in der Sonne. In Kreisen und Rosetten, Windungen und Linien (Ruß von einem Kochtopf, mit gesüßtem Wasser verrührt und mit einem Bambusstab und einem kleinen Hammer in die Haut geschlagen) zeugte die große Tätowierung auf seiner Kehle – was besonders schmerzhaft und wegen möglicher Blutvergiftungen gefährlich ist – von seinem Mut; auf seiner Hüfte verkündete ein verwickeltes Muster stilisierter Rhinozerosvogelköpfe seinen Häuptlingsstatus, und an den obersten Fingergelenken gab eine Reihe von Punkten und Kreuzen davon Zeugnis, daß er im Kampf Köpfe genommen hatte, wahrscheinlich von angreifenden indonesischen Soldaten, die in den Auseinandersetzungen von 1962 bis 1966 von der SAS, bei der er manchmal als Spurensucher gedient hatte, getötet worden waren. Würdevoll, intelligent, voll natürlicher Autorität, in den Augen seines Stammes mit Vierzig ein alter Mann, war er das Gesetz und der Hüter der Sitte, er sagte, wann gesät und wann geerntet werden mußte, und vor allem war er der oberste Wahrsager seines Volkes, der Dolmetscher der Götterboten und der Vögel.

Er betrachtete uns amüsiert und gönnerhaft. Wir waren wie die weißen Männer, die er im Kriege traf, hatte uns Leon flüsternd erzählt, wir waren in seinem Langhaus gewesen und hatten uns wie Gäste benommen, denen er vertrauen konnte, wir hatten nicht gegen die Sitten verstoßen und uns als Männer mit Manieren gezeigt. James und ich hingegen einigten uns darauf, daß Tuai Rumah Dana ein Lord, ein Beowulf oder besser noch ein homerischer Kriegerkönig sei und in jedem Fall all unsere früheren Vorstände, Dekane und Rektoren in den Schatten stellte.

Leon tauchte am anderen Ufer wieder auf, kaum zu sehen zwischen dem aus dem Wasser aufsteigenden Wurzelwerk eines riesigen Baumes, und offenbar war er aufs äußerste erregt. »Labi-labi!« schrie er heftig zu Dana und Inghai hinüber, sein Harpunenseil mit beiden Händen umklammernd, und für uns schrie er: »Fisch! Runder Fisch! Großer runder Fisch!«

Dana und Inghai sprangen in den Einbaum und paddelten hastig durch die Strömung – eine Menge Aufregung um einen Fisch, mochte er noch so groß und rund sein.

Dana schnitt zwei Enden von unserer Fallschirmkordel ab, eine für sich und eine für Inghai, und nachdem er das Boot an einen Ast gebunden hatte, sprang er ins Wasser. Irgend etwas platschte und schlug um sich und wühlte das Wasser zwischen den dreien auf. Dana warf die Kordel mit einer Schlinge aus, zog sie fest und band sie ans Heck des Einbaums. Dann paddelten alle drei zurück – mit irgend etwas im Schlepptau. Als das Boot an Land war, zogen sie die Fallschirmschnur ein. Langsam kam ein glänzender, olivfarbener Buckel zum Vorschein, fast rund und etwa einen Meter im Durchmesser. Zwei Paar dicke, schwimmhäutige Klauen peitschten das Wasser, vorne und hinten. Die Iban zogen das Tier rückwärts an Land, schnitten zwei Löcher ins hintere Ende des Panzers und fädelten eine Rattanschnur hindurch. Es war eine große Schlammschildkröte, *Trionyx cartilagineus,* zu deren besonderen Kennzeichen eben jene Löcher im Panzer gehörten – jedenfalls nach dem Befund eines der sogenannten Schreibtischforscher im Britischen Museum des 19. Jahrhunderts, wie Wallace gerne erzählte.

Für einen Moment sich selbst überlassen, schob die Schildkröte ihren Kopf aus den Falten ihres teleskopartigen Halses hervor. Sie hatte eine rüsselförmige Nase, ledrig grüne Haut und traurige, wäßrige Augen. Danas Parang fuhr mit Wucht herab, verfehlte den Kopf, prallte am Knorpelpanzer ab, ließ Wasser und Kiesel aufspritzen. Der Kopf zog sich zurück. Dana kauerte wartend davor. Zehn Minuten später begann die Schildkröte erneut vorsichtig nach einer Fluchtmöglichkeit auszuschauen. Zentimeter für Zentimeter schob sich der Kopf heraus. Mit einem Schlag durchtrennte Dana den Hals. Der Kopf rollte ein kleines Stück über den Sand.

Nach einem Frühstück mit Reis und Sebarau drehten Dana und Leon die Schildkröte auf den Rücken, schlitzten ihren weißen Bauch auf und warfen die Eingeweide den Fischen vor. Das Fleisch wurde in Streifen geschnitten, gesalzen und in einem Korb im Boot verstaut. Die leere Schale, mit trocknendem Blut, ließen wir auf der Sandbank zurück.

Der Fluß bog und wand sich und wurde schmaler; die großen Schlingpflanzen, die sich aus 70 Metern Höhe üppig niederrankten, rückten näher. Ab und zu passierten wir Knäuel von Flußmüll, Blätter, Äste und tote Farne, die anscheinend bei Flutwasser in den Lianen hängengeblieben waren – gut zwölf Meter über dem gegenwärtigen Wasserspiegel. Warum aber zeigten die hohen Ufer nicht mehr Anzeichen von Überschwemmungen? Als wir die Muße hatten, eins dieser Knäuel näher zu betrachten – Leon hatte das Boot ans Ufer gelenkt, um die nächste Stromschnelle zu nehmen –, löste sich das Geheimnis. Ein plumper Vogel von der Größe einer Drossel, der blau-gelbe Schnabel von Stoppeln umrahmt, der Rücken schwarz, scharlachrot am Bauch, schoß aus einer seitlichen Öffnung hervor: Die Bündel waren die Nester des Kellenschnabels.

Die Stromschnellen und Wasserfälle wurden häufiger. Wir mußten immer öfter in den Fluß springen, manchmal bis zur Hüfte, manchmal bis zu den Achseln, wenn wir den Einbaum durch die seitlichen Rinnsale am Wassersturz vorbeischoben.

»Saytu, dua, tiga – bata!« sang Dana, was selbst wir als »eins, zwei, drei – und los!« übersetzen konnten.

Die Iban hielten sich mit ihren muskulösen, spatelförmigen, verhornten Zehen mühelos auf den runden, algenbedeckten Steinen des Flußbetts. Unsere Stiefel verhakten sich in Spalten, rutschten in der Strömung weg und drohten uns Beinbrüche an. Man konnte nur wirklich fest schieben, wenn das Boot still und verkeilt lag, und dann schrie Direktor Dana: »Badas!« – »Gut gemacht!« Aber der willkommenste Ruf wurde »Npan! Npan!« – die Aufforderung, schnell wieder einzusteigen.

Als wir eins der Wasserlöcher überquerten, im Boot zusammengesunken, den Motor wieder in Betrieb, starrten wir einem riesigen Bartschwein ins Auge, das seelenruhig auf seinen Hinterbeinen am Ufer saß. Es war völlig weiß, ein altes und einsames Männchen, und schaute uns mit seinen Schweinsäuglein an. Dana warf seine Stake ins Boot und schnappte sich sein Schrotgewehr; Leon ließ das Ruder im Stich und tat das gleiche. Inghai stieß einen Warnruf aus, der Einbaum trieb seitlich in die Strömung ab, die Gewehre wurden weggelegt, das Boot wieder auf Kurs gebracht, und das Schwein, nicht mehr neugierig, trottete zurück in den

Dschungel, während seine enormen Hoden hin und her schlenkerten.

Wir kamen zu einer weiten Strecke schäumenden Wassers. Die kurzen, unruhigen Wellen hatten das Ufer ausgehöhlt und auf beiden Seiten Hunderte Meter lange Überhänge zurückgelassen. Vor uns waren bedrohliche Wildwassergeräusche zu hören. Die Anzeichen einer Stromschnelle – das weiße Wasser, die kreisenden Wirbel, der Lärm vor uns – kamen früher und waren lauter, als es hätte sein dürfen.

Im heftig schwankenden Kanu umrundeten wir eine Biegung, und der Grund für die Erregung des Flusses, das ungewöhnliche Brüllen, wurde deutlich. Der grüne Schwall vor uns war viel höher als jeder andere bisher. Der gewaltige Wasserfall kam von links über eine Felskante, rechts war der Weg blockiert von aufgetürmten Stämmen und von Baumwurzeln, die die Strömung gegen die Felsen geworfen hatte. Immerhin gab es eine kleine Durchfahrt, eine seichtere Stromschnelle, in gefährlicher Nähe des Hauptwasserfalls, aber überwindbar, von der Strömung durch drei riesige Felsbrocken getrennt.

Leon hielt sich sorgsam vom großen Strudel unter dem Wasserfall fern und brachte das Boot, von Inghai mit fachmännischen Gesten eingewiesen, zur Basis dieser harmloseren Stromschnelle. Dana, James und ich arbeiteten uns vorsichtig mit der Bugleine hoch, während Leon und Inghai das Kanu geradehielten. Dana hatte die Führung am Seil; ich stand hinter ihm, James hinter mir. Wir zogen, Leon und Inghai schoben. Das Boot bewegte sich etwa fünf Meter voran, dann saß es fest. Leon und Inghai arbeiteten sich die Schnelle hinauf, kniend, geduckt und schiebend, sie rollten kleine Felsbrocken beiseite, um eine Durchfahrt freizuräumen. Wir warteten oben, bis zu den Hüften im Wasser, hielten das Boot mit dem Seil gerade, damit es nicht zur Seite kippte, zunehmend erschöpft vom zerrenden Sog der Strömung. Endlich waren Leon und Inghai fertig. Aber der Kanal, den sie gemacht hatten, verlief ein wenig weiter rechts und ein wenig näher am Wasserfall. Um gerade ziehen zu können, mußten wir uns nach rechts bewegen. Dana wies uns auf den neuen Standort. Es waren nur ein oder zwei Schritt. Aber das Flußbett vertiefte sich plötzlich, denn es war vom Sog der Hauptströmung ausgehöhlt. James verlor den Halt, und beim Versuch, sich zu fangen, ließ er das Seil fahren. Ich machte einen Schritt zurück, um ihn festzuhalten. Meine rechte Hand griff seine linke, das Seil war um mein linkes Handgelenk gewunden. Seine Beine verhakten sich mit meinen, und dann flog er frei in die Strömung, gewichtslos, als sei ein Teil von ihm in den Weltraum geschossen worden. Sein Hut flog an seinen Schuhen vorbei, drehte sich in einem Strudel und verschwand im Wasserfall.

Seine Finger waren sehr weiß und schlüpfrig. Da er an den Nägeln kaut, konnte er sie nicht in meine Handfläche graben. Er sah schlicht überrascht aus; sein Kopf schien sehr weit von mir entfernt. Sein freier Arm tastete unter Wasser herum und machte den hoffnungslosen Versuch, an den schlüpfrigen Steinen Halt zu finden, auf Steinen, die seit Jahrhunderten von Tonnen unablässig donnernden Wassers glattpoliert waren.

Seine Finger gaben nach, rutschten langsam aus den meinen heraus, Stunde um Stunde, so kam es mir vor, aber es können lediglich Sekunden gewesen sein. Sein Arm war starr, seine Fingerspitzen rutschten aus meiner Faust. Er drehte sich in der Strömung mit ausgebreiteten Armen und Beinen. Noch immer drehte er sich, aber nun viel schneller, und wurde hinabgezogen; sein rechter Knöchel und Schuh ragten grotesk aus dem Wasser; er tauchte noch einmal auf, ein Kleiderbündel ohne klare Umrisse, und dann war er verschwunden.

»Boot! Boot!« rief Dana und ließ das Seil fahren, sprang geduckt die Felsen der Seitenschnelle hinab und ruderte mit den Armen wie ein Pavian.

»Haltet das Boot! Haltet das Boot!« schrie Leon.

James' kahler Kopf, weiß und zerbrechlich wie ein Ei, kreiselte unten durch den Strudel, im tobenden Wasser auf und nieder tanzend, und bei jeder Umdrehung trieb es ihn nur wenige Zentimeter an der schwarzen Felskante vorbei.

Leon sprang ins Boot, kletterte zu dem hochgezogenen Außenbordmotorgestell, duckte sich und warf sich mit einem langgezogenen, jodelnden Schrei in großem Bogen in die Mitte des Malstroms. Er verschwand, kam wieder hoch, schüttelte den Kopf, erblickte James, tauchte wieder und erwischte ihn. Auch Inghai war im Wasser, aber als er die beiden gerade erreicht hatte, schwankte er, wurde überwältigt und flußab geschwemmt. Leon hielt James fest, drehte sich einmal im Strudel, bis er, wie eine Schildkröte um sich schlagend, den Auslaß erreichte, und dann folgten sie Inghai flußab, indem sie sich Meter um Meter ans Ufer herankämpften.

Jedem Zeichen Danas gehorchend, half ich ihm, das Boot auf eine Sandbank unter dem Wall aus Baumstämmen zu bugsieren. Als wir hinuntergingen, saß James auf einem Stein und Leon neben ihm, einen Arm um seine Schultern.

»Bald geht es dir wieder besser, mein Freund«, sagte Leon, »bald geht es dir wieder besser, mein bester Freund. Bald bist du so glücklich.«

James, triefnaß und sehr krank aussehend, die weißen Lippen wie ein großes O in seinem schwarzen Bart, hyperventilierte gefährlich und sog rhythmisch große Portionen Sauerstoff ein. Er zitterte am ganzen Körper.

»Du wirst okay sein«, sagte Leon. »Ich laß dich nicht sterben, mein alter Freund.«

Dann erschien voller Stolz der kleine Inghai und hielt einen sehr nassen Strohhut in der Hand.

»Ich Hut retten!« sagte Inghai, »Jams! Jams! Ich Hut retten!«

James sah hoch, lächelte, und damit hörten seine schrecklichen Atemkrämpfe auf. Er würde wirklich wieder auf die Beine kommen.

Plötzlich erschien alles komisch, wahnsinnig komisch. »Inghai hat den Hut gerettet!« Wir lachten und lachten und rollten über die Sandbank. »Inghai hat den Hut gerettet! Ingy-pingy hat den Hut gerettet!« Es war, ich muß es beschämt gestehen, der erste und hoffentlich auch der letzte Anfall einer echten, medizinisch belegbaren Hysterie, der mir je widerfahren war.

Dana schaute James an und verkündete, wir würden hier lagern. Wir fanden eine ebene Fläche ein Stück über den Flutmarken auf dem Ufer hinter uns, und bald waren Stangenhütte und Stangenbetten gebaut. Ich seifte mich ab und schwamm, rieb mir wieder eine Schicht superstarke SAS-Insektenmittel auf und seidiges Anti-Pilzpuder zwischen die Beine, füllte unsere Wasserflaschen aus dem Fluß und versorgte sie mit Wasserreinigungspillen, nahm auch selbst eine Handvoll Vitaminpillen, zwang James und die Iban, ihre tägliche Portion einzunehmen, und dann machte ich es mir an einem Felsen bequem – mit meiner Pfeife (um die Moskitos zu entmutigen), einem Becher voll Arrak und der dritten Auflage von Smythies' ›Die Vögel Borneos‹.

James, von Schmetterlingen bedeckt, las ›Die Elenden‹ und sah auch selbst ein bißchen elend aus.

»Wie geht es dir?«

»Nicht besonders, Redmond. Ich kriege dieses Herzklopfen zu allen möglichen Zeiten, schon seit Oxford. Ich nehme ein paar besondere Pillen dagegen, aber sie sind keine große Hilfe. Eigentlich hilft nur eins: mich ein bißchen hinzulegen und dann so bald als möglich zu kotzen.«

»Kann ich etwas tun?«

»Nein«, sagte James, zog an seiner x-ten Zigarette und widmete sich erneut Victor Hugo.

Er war, fand ich, ein noch viel tapfereres altes Wrack, als ich gedacht hatte. Ich betrachtete zärtlich seinen großen Kahlkopf und war recht froh, daß sich Leon um die Zukunft der englischen Literatur verdient gemacht hatte, indem er den Zerfall all dieser Gehirnzellen verhindert und den abertausend kleinen, bunten Fischen im seichten Wasser die Chance genommen hatte, an zerfetztem Hirngewebe zu knabbern oder sich Synapsen einzuverleiben, die einstmals von den Impulsen gespeicherten literarischen Wissens auf Griechisch und Lateinisch, auf Deutsch und Französisch, auf Spanisch und Italienisch durchströmt worden waren. Und doch fragte ich mich, was wir tun würden, wenn wir weit im Innern einen Unfall hätten, Wochen von jedem Krankenhaus entfernt, jenseits der Quellen des Baleh, im Dschungel der Tiban-Berge, sogar von den Vorräten im Boot getrennt?

Dana ergriff seine einläufige Schrotflinte, die mit Draht und Rattanstreifen zusammengehalten wurde, und machte sich auf die Suche nach einem Wildschwein.

Leon und Inghai gingen mit ihren Harpunen fischen.

Mein Balkan-Sobranie Tabak, so neunzigprozentig naß wie alles andere auch, schmeckte schwer und feucht wie eine gute Soße, und je mehr Arrak ich trank, desto weniger schmeckte er wie vergorener Latexsaft. Und dann bescherte er mir tatsächlich Visionen.

Ein langer, weißer Streifen Seidenchiffon löste sich aus dem tumultuösen Grün der Bäume und Schlingpflanzen am anderen Ufer und wallte, so langsam, wie ein Neunauge einen See durchzieht, quer über den Strom flußab. Es war eine sehr weibliche Erscheinung, umwittert von allem, was mir zu fehlen begann – seidig knisternde Spitzenhöschen, geheimnisvoll verschlungene Strapse, lange weiche weiße Seidenstrümpfe neben dem Bett. Ich betrachtete den Arrak mit erhöhtem Respekt und nahm noch einen Schluck.

Eine Frage formte sich mit großer Bedächtigkeit. Was wäre, nur mal für einen Moment angenommen, wenn es kein Strapsgurt war, sondern ein Schmetterling? Schließlich flogen auf Borneo verrücktere Dinge umher als Strapsgurte. Da war zum Beispiel – und in der Nähe des Mount Tiban erwartete ich sie zu sehen – eine Eule, *Glaucidium borneense,* die Hose als »etwa so groß wie ein Daumen« beschrieben hatte und die »pup-ti-pup-pup« ruft, »und auch ein winziger Falke, *Microhierax,* der ein großes weißes Ei legt, fast so groß wie er selbst«. Die Vögel der Hochgebirgsmooswälder »nisten auf den toten Bäumen; und da diese von beachtlicher Höhe sind, wirken sie wie Insekten, und tatsächlich sind sie viel kleiner als einige der großen Schmetterlinge«.

War es in Wirklichkeit vielleicht ein Vogel? Konnte ich ihn im Smythies finden und mußte meinen immer bequemeren Felsen nicht verlassen, um in der kleinen

Bücherei in meinem Rucksack herumzustöbern, in der Heimat der Ameisen?

Da war er – unverkennbar, der männliche Paradiesschnäpper, mit zwei langen weißen Schwanzfedern, jede 45 Zentimeter lang. Sein Ruf ist »ork ork, sehr ähnlich dem eines Frosches (Banks). Einer der lautesten Rufe im Walde – von beiden Geschlechtern (Harrisson)«. Es war also ein Vogel, der wie ein Schmetterling aussah, wie ein Strapsgurt flog und wie ein Frosch sang. Ich fiel in einen tiefen Schlaf.

Leon weckte mich zum Essen und gab mir einen Teller mit Sebarau und Reis. Dana kam zurück, an seinen Beinen lief Blut herab.

»Was zum Teufel ist mit ihm passiert, Leon?«

»Es ist nichts! Das ist – wie sagt ihr dazu? Egel?«

Dana wusch seine Beine im Fluß und kam zu uns, als wir um Inghais Feuer saßen. Ärgerlich gestikulierend gab er mir ein paar Patronen. Der Bolzen hatte die Zündkapseln eingedrückt, aber die Hauptpulverladung war nicht explodiert. Ich legte sie vorsichtig unter einen Felsen. »Sie müssen naß geworden sein.«

»Nein«, sagte Leon. »Dana sagt, malaiische Patronen und chinesische Patronen sind nicht gut. Englische Patronen gehen immer los, bumm! Er kriecht an zwei Schweine. Klick. Überhaupt nichts. Er legt eine andere rein. Klick. Die Schweine hören ihn. Pfuff. Sie rennen weg. Also kein Babi, kein Röstbabi in einem Topf. Nur Fischsuppe.«

»Leon«, sagte ich, »warum hast du so geschrien, als du James das Leben gerettet hast?«

»Nun«, sagte Leon und zog seine nackten Füße durch den Sand, »wir sind Christen wie ihr, natürlich, aber trotzdem achten wir den Fluß. Der Fluß mag James. Der Fluß nimmt James mit. Deshalb sagen wir

Entschuldigung zum Fluß, weil wir ihn zurückgenommen haben.«

James stocherte an seinem knochigen Fisch auf dem Teller herum und schob den Reis beiseite.

»Entschuldigt mich«, sagte er, stand auf, schwankte ein bißchen und kotzte schrecklich in einen Busch.

»Jetzt geht es dir besser, mein bester Freund«, sagte Leon. »Jetzt gebe ich dir mehr Reis. Makai! Iß auf! Makai, James!«

Der Himmel wurde plötzlich schwarz. Ein eigenartiger Wind kam auf. Alles – Insekten, Affen, Vögel, Frösche – wurde still. Dana, Leon und Inghai rannten zum Einbaum, zogen ihn auf die Sandbank und banden ihn vorn und hinten mit langen Seilen an den Bäumen des Hochufers fest. Große Wasserkügelchen begannen herabzufallen und platschten in sternförmigen Mustern auf die trockenen, heißen Felsen am Ufer. Wir stürzten zu den Hütten, zogen uns schnell um und schlüpften hinein. Der Regen zerplatzte auf dem Baumdach etwa siebzig Meter über uns, ein flüsterndes Geräusch, das eintöniger wurde und lauter, bis es einem leisen Trommeln glich. Tropfen trafen unser Leinwanddach und prallten ab; ein feiner Sprühregen drang seitlich durch das Moskitonetz. Der Wind wurde stärker, und wir hörten weit entfernt im Walde den ersten Baum langsam niederkrachen. Donnern näherte sich, und alle paar Sekunden wurden die Baumstämme, die wir durch die dreieckige Öffnung unmittelbar vor uns erblicken konnten, von Blitzen erhellt. Die reflektierte Energie des gezackten Lichts beleuchtete die Flechten auf der Rinde erstaunlich deutlich, so daß die Pilzfäden und die Stengel der Sporenkörper wie Köpfe mit ungekämmtem Haar hervortraten.

Ich schlief ein und träumte von James' Schwester

Chotty. Sie ging mit einem Messer auf mich los, das sie immer für ihr Rindfleisch und ihre Fasanenpastete benutzt. »Schon gut«, sagte sie. »Jetzt, wo er ertrunken ist. Du brauchst dich nicht zu entschuldigen. Ich will deine Erklärungen nicht hören.«

7

Am Morgen war die Welt durchweicht und in dicken Nebel eingehüllt, der Fluß war um fast zwei Meter gestiegen. Nach einem Frühstück mit Reis und Fisch kletterte ich mit James das Hochufer hinauf, und Dana, Leon und Inghai brachten das Boot mit Leichtigkeit über das inzwischen tiefere Wasser der seitlichen Stromschnellen.

Das Wasser war voll von abgebrochenen Ästen und altem Holz, das die Flut aus den Anschwemmungen gelöst hatte, Farnen, Blättern, Schlingpflanzen und Schlamm. Ein toter grüner Vogel, einem Sittich ähnlich, trieb vorbei, vielleicht war es ein Smaragdbreitrachen.

Dana ließ James im Boot sitzen; wir anderen mußten vor einer Stromschnelle aussteigen, sie umklettern und wurden oberhalb wieder aufgenommen. Auf jeden Fall erleichterte der nächtliche Anstieg des Wasserspiegels die Fahrt, einige Schnellen standen völlig unter Wasser, an anderen Stellen hatten sich Kanäle gefüllt. Wir hatten uns beinahe schon an die Eisvögel, Reiher und Fischadler gewöhnt, die uns wie eine Vorhut eskortierten. Aber ein Vogel verblüffte mich, ein neues Adlermodell, das gelegentlich über uns kreiste und immer wieder seinen schrillen Schrei ausstieß. Manchmal war der Vogel, der zu dem Schrei gehörte, schwarz; manchmal war er weiß mit braunen Streifen unter den Flügeln. Ohne jenen Schrei hätte einer von ihnen ein Traueradler sein können. Wie ich Smythies entnahm, war es wahrscheinlich der Haubenadler, eine eigenartige Spezies, in der die beiden Federkleider – etwas entgegen Darwins Gesetzen der natürlichen Zuchtwahl – willkürlich verteilt sind, ohne Bezug auf Männchen oder Weibchen, Alter oder Lebensraum.

Wir kamen gut voran, manövrierten und kurvten uns den immer enger werdenden Fluß Meile um Meile hinauf. Als sich der Fluß einmal bei einer Insel teilte, standen sich die Bäume auf beiden Ufern so dicht gegenüber, daß sich ihre Äste berührten und über unseren Köpfen ein Rudel Schweinsaffen auf allen vieren hinüberwechselte, die gebogenen Schwänze in die Höhe gestreckt – wie bei Katzen, die sich wohl fühlen. Sie beäugten uns einen Moment und turnten von dannen, in Deckung.

Weiter oben, in einem eichenähnlichen Baum mit klobigem Stamm, saß etwas Großes und Pelziges, den Kopf von Blättern verdeckt, Rücken und Flanken von tiefem Mahagonirot. Einen Moment lang dachte ich, es könne ein Orang Utan sein, aber dann mußte ich mir eingestehen, daß das kaum möglich war; wahrscheinlich hatten wir einen Maronenlangur gesehen, Hoses Maronenlangur.

Jedenfalls versprach James in eben jenem Augenblick, er werde etwas Wunderbares sehen, obwohl er es, wie ich glaube, bereits gesehen hatte. Weit oben, an einem Himmel, der mit seinem Augustblau und seinen Wolkensträhnen zu dieser Tageszeit fast englisch aussah, kreisten zwei riesige Adler, teerschwarz mit überraschend langen Schwänzen: Malaienadler.

Als der Tag voranschritt, wurde der Fluß seichter, und wieder mußten wir das Boot fast ständig schieben. Es war eine ermüdende Arbeit, dieses Schieben gegen den Strom, das Stolpern über die Steine im Flußbett. Die Iban waren so fit, wie Männer es nur sein können; aber sie mußten auch von einer zusätzlichen Energiequelle zehren: Ob das einfach der Reis war, den sie zu jeder Mahlzeit aßen, zwölfmal so viel wie wir, zwölfmal mehr, als man für möglich hielt? Ich beschloß, mich in jeder Hinsicht an Leons Speiseplan zu halten.

Zur Mittagszeit harpunierte Leon eine Flußschildkröte, etwa 45 Zentimeter lang, mit einem schlammigen schwarzen Panzer, das Brustbein war flach und gelbschwarz gefleckt. Sie wurde unter den Bilgenbrettern des Kanus verstaut. Inghai fing noch mehr Sebarau, und wir rösteten sie über einem offenen Feuer. Obwohl ich jeden Augenblick damit rechnete, umzufallen und ekelerregend zwischen den Felsen zu zerplatzen, zwang ich mich, ebensoviel klebrigen, an den Fingern pappenden Reis wie Leon zu essen – unter begeisterter Zustimmung der Iban und zum Entsetzen von James. Das Leben war noch schöner geworden, und viel runder.

Als wir an diesem Abend die Hütten aufstellten, hörte ich einen Laut wie von Schwanenflügeln über den Bäumen.

»Nashornvögel, Nashornvögel!«

»Tadjai! Tadjai!« rief Dana und griff nach seinem Gewehr.

»Nein, nein, Leon. Sag ihm, er soll nicht schießen!«

Die zwei gewaltigen Vögel, größer als Schwäne, flogen schwerfällig über den Fluß und ließen sich von unserem Geschrei nicht stören. Ihre langen Schwanzfedern schleppten hinter ihnen her, ihre Flügel machten bei jedem Schlag ein wuschendes Geräusch. Sie ließen sich in die obersten Zweige eines toten Baumes am anderen Ufer gleiten. Von weißen Kotspritzern übersät, mußte der offensichtlich einer ihrer Stammplätze sein. Ich beobachtete sie durch das Fernglas, durch den kleinen klaren Linsenfleck, der dem alles überwuchernden Pilz noch nicht zum Opfer gefallen war.

Ihre Hälse waren orange gefiedert; die soliden Elfenbeinhauben, kantige Erhebungen auf ihren Schnäbeln, waren rot und gelb. Mit gesträubten Federn blickten sie zu uns herüber und flogen außer Sicht unter das Baumdach. Aber nach einigen Augenblicken begannen sie mit ihrem außergewöhnlichen Ruf, einem Getute, das immer lauter und aufgeregter wurde und in einem dreckigen Lachen endete: kack-kack-kack-kackel. Andere Vögel fielen ein. Und dann hörten wir etwas anderes, eine laute Folge bellender, röhrender Rufe.

»Kenyalang!« sagte Dana strahlend. »Badas!«

»Das ist gutes Glück«, sagte Leon, »das ist unser Gawai-Vogel. Sehr wichtiger Vogel für uns Iban.«

Dana ließ einen tiefen Rabenruf erschallen, und der Vogel antwortete.

»Wir haben sehr viel Glück, und jetzt kochen wir die Schildkröte«, sagte Leon.

Die Nashornvögel riefen weiter, so daß ich ihren Klang mit den Angaben Smythies' vergleichen konnte. Kenyalang war der Nashornvogel, ein wichtiger Vogel für das Ritual der Iban, Tadjai dagegen der Schildschnabel, dessen Elfenbein früher wertvoller war als Jade und mit Sicherheit zur Zeit der ersten Ming-Kaiser, wahrscheinlich aber schon weit früher, von Borneo nach China gebracht wurde. Was die Zeremonien um den Nashornvogel anging, so war ich entschlossen, die anthropologischen Geheimnisse, wenn es denn überhaupt welche gab, später aus Leon herauszuquetschen.

Schildkrötenfleisch war eine große Verbesserung gegenüber dem faden Sebarau-Fleisch und den starken Sebarau-Gräten, aber die festen, kräftigen Muskeln waren äußerst zäh: Wrigley's Kaugummikröte mit Schlammgeschmack. Zwei Stunden später, immer noch an meinem Streifen *Trionyx subplanus* herumkauend, ging ich zu Bett und las über die Hornvögel nach. Hose, so fand ich, hatte im ›Field-Book of a Jungle-Wallah‹ die beste Beschreibung ihrer Brutgewohnheiten geliefert.

Alle Arten bauen ihr Nest zum Schutz in einem hohlen Baum, wobei die Kommunikation mit der Außenwelt durch einen Schlitz oder ein Loch erfolgt. Wenn diese Öffnung nicht in der richtigen Höhe über dem Nestboden liegt, füllen die Vögel das Innere mit Blättern und Zweigen, bis der Muttervogel bequem auf den Eiern sitzen kann, so daß der Schnabel hervorragt und Nahrung empfangen kann. Nachdem dies zur Zufriedenheit erledigt ist, breitet die Henne eine dünne Schicht ihrer eigenen Federn auf dem Boden aus und wird dann vom Männchen vollständig eingemauert, das die Öffnung mit einer gummiartigen Substanz bepflastert, die es in seinem Magen absondert; diese Substanz wird hart, wenn sie der Luft ausgesetzt wird, und schließt das Weibchen ein, bis nur noch der Schnabel sichtbar ist. In dieser unbequemen Lage bleibt es gefangen, bis ihre Jungen zwei bis drei Wochen alt sind, und in der Zwischenzeit wird es vom Männchen mit Insekten, Obst, Samen und Teilen von Fröschen und Eidechsen gefüttert, das alles zu einer Art Packung zusammenrollt und in den erwartungsvollen Schnabel seiner Gefährtin wirft. Wenn der Hahn das Weibchen füttert, klammert er sich an die Baumrinde oder sitzt auf einem passenden Ast und schleudert die Nahrung in den Schnabel seines Weibchens. Ich kannte einen Fall, in dem der Hahn von Jägern erschossen worden war und andere Männchen die

Witwe ernährten. Während des Prozesses der Fütterung und Gefangenschaft werden natürlich einige Samen von der Henne verloren und gehen auf; die Eingeborenen können aus der Beobachtung ihres Wachstums auf das Alter der Jungvögel schließen, ohne sie zu sehen.

Die Eingeborenen-Methode zum Fangen des Muttervogels während der Gefangenschaft ist ziemlich brutal. Der Baum wird erstiegen und der Eingang aufgebrochen; der erschreckte Vogel flattert den hohlen Baum empor, ein dorniger Stock wird jedoch so lange hinter ihm hergestoßen, bis er sich in ihm verfangen hat.

Hornvögel sind vergnügliche und interessante Haustiere, denn sie werden ziemlich zahm und folgen ihrem Eigentümer wie ein Hund. Ich hatte einen in Claudetown, der sehr geschickt ihm zugeworfene Bananen fangen konnte. Als mich der inzwischen verstorbene Radscha besuchte, wurde er bei seinem Frühstück von meinem Haustier überrascht, das in aller Ruhe auf dem Geländer der Veranda hockte. Von der grotesken Kreatur verblüfft, suchte er einen Gegenstand, um nach ihr zu werfen; aber als er für eine Sekunde den Kopf abwandte, war ein sirrendes Geräusch zu hören, und sein Frühstück war verschwunden.

Ich schlief ein, und die Alpträume kehrten zurück. Ich lag eingekeilt auf dem dunklen Grund eines Hornvogellochs in irgendeinem freudschen Baum, vollgefressen mit Inghais klebrigem Reis und weiß vom SAS-Antipilzpulver. Über meinem Kopf war ein Krachen zu hören, und die Öffnung brach auf. Unter großer Anstrengung, meinen faltigen Vogelhals an die Rinde gepreßt, blickte ich nach oben. Chotty erweiterte die Öffnung mit einem Fleischerhammer. Sie schaute hinein, einen Dornenstock in der anderen Hand. »Jetzt, wo er ertrunken ist, spielt es ja keine Rolle mehr«, sagte sie, »aber du hättest hinter ihm am Seil stehen sollen.«

8

Am nächsten Tag wurde der Fluß noch schwieriger: eine endlose Folge von Stromschnellen, Baumstämmen und Felsen. Das Kanu schien mit jeder Meile schwerer zu werden; 50 Grad Hitze, die herabstrahlte und sich an der Wasseroberfläche brach, war nicht mehr so leicht zu bewältigen, selbst wenn einem das warme Wasser bis zum Hals stand. Zwei Handtücher, die ich mir um den Kopf gewunden hatte, konnten den Schweiß nicht aus meinen Augen und von meinen Brillengläsern fernhalten.

Das Lachen zur Mittagsrast auf der Sandbank wurde seltener. Der Fluß ist zu niedrig, sagte Dana, es geht zu schwer. Wir hätten jetzt zwei kleine Kanus gebraucht statt eines großen. Nur Leon, unglaublich stark, fröhlich und zutraulich, war unbeeindruckt. Er war offensichtlich auch ein meisterhafter Flußjäger: Während wir erschöpft im Schatten einer Dschungelkastanie lagen, verschwand er unter Wasser in einem Nebenbach. Eine Stunde später kam er zurück und zog eine neue Trophäe hinter sich her, die viel länger als er selbst war: ein großer Waran, ein schwarz-gelber prähistorischer Drache mit einer langen gegabelten Zunge, die hervorschaute wie bei einer Schlange. Dana und Leon hievten die Beute an Land. Der Waran stand auf allen vieren und zischte und schlug mit seinem langen Schwanz, während die Harpune noch in seiner Flanke steckte. Dana zog seinen Parang und tötete ihn mit einem Hieb auf den Kopf.

Nachdem er im Kanu verstaut war, machten wir uns wieder auf den Weg. Es war zu anstrengend, als daß man viel hätte wahrnehmen können – Stunde um Stunde sah ich nur noch das wirbelnde Wasser und den Bootsrand, den ich halten mußte. Aber dann öffnete sich die Landschaft, die großen Bäume traten vom Ufer zurück; wellige Hügel, nur mit jungem Dschungel bedeckt, erstreckten sich bis zum waldigen Horizont. Die Iban schauten sich beklommen um. Nichts davon war auf unseren geheimen Regierungskarten vermerkt.

Wir setzten unseren Weg etwa eine Meile fort, und dann, als ich aufsah, schaute ich in die großen braunen Augen eines Mädchens am Ufer neben uns. Sie stand in einem lichten Bambusdickicht, ihr feines schwarzes Haar fiel über ihre bloßen Schultern und Brüste.

»Kayan?« rief Dana.

Das Mädchen drehte sich um und floh.

Ein Stück weiter warfen vier Männer in zwei kleinen Kanus Netze aus.

»Kayan?« wiederholte Dana.

»Kenyah!« riefen die Männer tief beleidigt. Sie schrien Anweisungen, die den Lärm des Wassers übertönten und zeigten flußauf.

»Kannst du sie verstehen, Leon?«

»Nein«, sagte Leon ungewöhnlich ruhig. »Das sind nicht unsere Leute.«

Der Fluß mäanderte, wurde breiter und seichter und öffnete sich dann zu einer sehr langen geraden Strecke. Ein Paradies tat sich auf. Ein Inlandskönigreich aus Reisfeldern und Bananenbäumen, Palmen und Kokosnüssen lag, von Dschungelhöhen umgeben, fast völlig abgeschlossen in seinem eigenen breiten Tal. Ein riesiges Langhaus, dessen Atap-Dach sich in die Landschaft fügte, stand etwa drei Meilen entfernt am linken Flußufer; ein paar Urwaldgiganten waren hier und da stehen geblieben, und auf einem von ihnen saß ein Paar

Brahminenweihen, die Vögel von Singalang Burong, dem König der Götter.

Von vergnügten Männern in leichten Fischerkanus und von Familien auf ihren Feldern am Ufer angefeuert, brauchten wir zwei Stunden, um den schweren Einbaum bis zum Langhaus hochzustaken.

Als wir an Land waten wollten, hielt mich Dana emphatisch zurück und wies mich auf meinen Platz auf den Bilgenbrettern.

»Wir müssen warten«, sagte Leon. »Dies ist nicht unser Land.«

Etwa sechzig Kinder schauten uns schweigend vom Ufer aus zu. Einige ihrer Mütter, deren Ohrläppchen von Kupferringen beschwert bis auf die Schultern hingen, schauten ebenfalls. Nach etwa einer Viertelstunde und einigem Hin und Her erschien der Sohn des Häuptlings und lud uns formell ein, das Stammesgebiet zu betreten.

Wir nahmen die Rucksäcke auf und folgten ihm zum Langhaus über ein Netz von Pfaden, die zwischen den auf Stelzen stehenden Reislagerhütten hindurchführten; jede mit eigener Leiter und einem genau eingepaßten Holzkragen an jeder Stelze gegen die Ratten. Die Siedlung war offensichtlich groß und gut organisiert. Selbst die Hunde wirkten jung und gesund. Und als wir das Langhaus erreichten, erwies es sich als etwas Besonderes. Solide gebaut auf Pfeilern aus Baumstämmen und einem Wäldchen dünnerer Pfosten, war es fast hundert Meter lang, und die Hauptetage lag fünf Meter über dem Boden. Dunkle, haarige Schweine, den wilden Bartschweinen des Dschungels zum Verwechseln ähnlich, grunzten und wühlten im Abfall zwischen den Pfosten; Hühner scharrten zwischen den Schweinen herum, und die Hähne sahen so prächtig aus wie das

Urgeflügel im Dschungel; die Lieblingshunde, auf den Veranden ausgestreckt, ließen die Köpfe über den Rand der Bambusplattform hängen und verfolgten unsere Ankunft mit mäßigem Interesse.

Es ist nicht leicht, einen schlüpfrigen, eingekerbten Baumstamm zu einem Langhaus hinaufzuklettern, wenn man einen sechzigpfündigen Rucksack auf dem Rücken trägt. Ich nahm den schlammigen Stamm fast auf allen vieren und hielt mich mit beiden Händen fest. Die Iban und der Sohn des Häuptlings warteten, während James und ich unsere Schuhe auszogen; dann überquerten wir die äußere Plattform und die überdachte Veranda und wurden in die Wohnung des Häuptlings gebeten. Der Raum erstreckte sich in rechtem Winkel zur Längsseite des Langhauses und war etwa dreißig Meter lang. Mit seinem Balkengewirr unter dem Giebeldach sah er aus wie eine Scheune, wobei die riesigen Balken ineinander gefügt und mit Rattan verbunden waren. Es gab mehrere Schlafplattformen auf der einen Seite des Raumes, einige mit Vorhängen, einige mit Bambuswänden. Der Sohn des Häuptlings, kleiner und mit hellerer Haut als die Iban, aber ebenso muskulös und genauso würdevoll, wies auf einen Platz am Boden, wo wir schlafen könnten. Dana und er begannen zum gegenseitigen Entzücken miteinander zu sprechen, wenn auch nicht sehr fließend.

»Sind sehr kluge Männer«, sagte Leon, »sprechen beide Kayan.«

»Kannst du Kayan sprechen?«

Leon grinste. »Nur sehr schmutzige Worte. Ein Mädchen hat sie mir gesagt. Ein sehr dummes Kayanmädchen. Aber ich spreche englisch.«

»Nun, du mußt alles übersetzen. Du mußt uns helfen. Frag Dana, was sie sagen.«

Leon und Dana sprachen schnell auf Iban miteinander.

»Der Sohn des Häuptlings sagt, tut ihm sehr leid. Fast alle Leute sind auf den Feldern, aber sie kommen heute abend zurück. Der Häuptling ist fort auf dem Mahakam.«

»Der Mahakam?«

»Diese Leute kommen von dort. Vor fünfzehn Jahren. Dies ist ein gutes Land, sehr gut.«

Sie waren also über die Berge aus dem großen Mahakam-Becken aus Indonesien gekommen, von dem Fluß, der nach Südosten in die Makassar-Enge floß.

»Heute abend gibt's Spaß«, sagte Leon.

Ich erwachte sogleich aus einem kurzen Tagtraum – mir war klar geworden, daß wir dem Zentrum Borneos nahe sein mußten, vielleicht schon in Reichweite der wilden Nomadenvölker, der Ukit, der einzigen Menschen, die uns sagen konnten, ob das Borneo-Nashorn noch zu finden war.

»He, Leon«, sagte ich ein bißchen zu eifrig, »komm eine Minute mit hinaus, ja? Ich muß dir etwas sehr Wichtiges sagen.«

»He?«

»Komm schon.«

Draußen auf der Veranda ergriff ich seinen tätowierten Arm.

»Hör zu – sag nichts davon zu James, weil ihm das nicht gefallen würde, er ist so bescheiden. Aber in England ist er sehr berühmt. Er ist der Dichter des ganzen Stammes, der Dichterhäuptling von ganz England. Sein ganzes Leben macht er nichts als Lieder. Das tut er den ganzen Tag. Verstehst du? Er singt Lieder. Und er tanzt. Er kennt alle Tänze.«

Leon war wirklich aufgeregt und überaus beeindruckt.

»Also paß auf, Leon, bis heute abend mußt du jedem sagen – sonst sitzt James einfach nur da – du sagst jedem, mit Danas Hilfe, daß James der größte Dichter in ganz England ist, und wenn wir dran sind mit Tanzen und Singen, müssen sie James auffordern. Okay? Wirst du das tun?«

»Er ist ein sehr großer Mann«, sagte Leon, »sehr alt. Sehr ernsthafter Mann. Ich sage es Dana.«

Wir packten aus, und um uns begann sich eine Menge zu versammeln. Die älteste Frau, die ich bisher in Borneo gesehen hatte, kauerte auf dem Boden, ihre faltigen Brüste und ihre Ohrläppchen hingen herab, und mit einer Haltung übertriebenen Kummers berührte sie abwechselnd mit der einen Hand mein Bein und hielt sie sich theatralisch über die Augen. Ich hatte gute Gründe zu der Annahme, sie empfände meinen Anblick als unerträglich und wolle, daß dieser weiße Tramp sich so schnell wie möglich aus ihrem Eßzimmer schere. Schließlich war ich mit meinem Dreitagebart, meinem flußwasser- und schweißdurchtränkten Hemd, meinen ausgefransten und durchweichten Hosen und Socken und dem überwältigend fauligsüßen Verwesungsgeruch des Dschungels noch ungenießbarer, als ich es normalerweise bin. Aber plötzlich wurde mir klar, daß sie um Hilfe bat. Ihre alten Augen waren blutunterlaufen, ihre Lider geschwollen. Ich fühlte mich nützlich und gebraucht, zog meinen Medizinkasten hervor und fand die antibiotischen Augentropfen. Mit breitem Grinsen zeigte sie ihren Gaumen. Kein Zahn war zu sehen. Ich drückte ein paar Tropfen in ihre Augen, und sie klatschte in die Hände.

Eine Mutter drängte sich vor und wies auf den Arm ihres Babys. Dort zeigte sich eine heftig rote Infektion, unmittelbar unter dem Schultergelenk. Vielleicht war es der Ringwurm, über den Harrisson geschrieben hatte.

»Kurap?« fragte ich.

Sie nickte ungeduldig. Ich schmierte Savlon und eine Salbe auf die Wunde und bedeckte die Haut, die wie eine überreife Tomate geplatzt war und genauso näßte. Es bildete sich eine Schlange aus Müttern und Kindern; wir behandelten Hunderte entzündeter Schnittwunden, kleiner Geschwüre, Hautpilze, Ausschläge. Und dann kamen auch die Männer. Geschmeidig, mit einer tänzerischen Grazie, die Nijinski beeindruckt hätte, mimten sie unerträgliche, quälende Rückenschmerzen; mit Augen, so groß und glänzend wie die eines Fuchses, der in der Dämmerung jagt, machten sie deutlich, daß sie unter Kopfschmerzen litten, wie sie bei einer Gehirnerschütterung auftreten; mit Verrenkungen, die Houdini zerrissen hätten, demonstrierten sie, daß ihre Mägen nicht mehr funktionierten oder daß sie fast hoffnungslos verkrüppelt waren.

»Multivit«, verkündete ich feierlich.

»Alka Seltzer«, sagte James als Praktiker.

In jede ausgestreckte Handfläche legte ich zwei orangefarbene Pillen; einige schluckten sie herunter, einige kauten sie. Alle waren glücklich.

Die acht Alka Seltzer, weiß, rund und zauberkräftig wie in Scheibchen zersägte Eberzähne, lagen auf dem Grund von James' Trinkbecher. Aus seiner Trinkflasche gurgelte das Wasser, und die Scheibchen wirbelten und tanzten und flüsterten miteinander und wurden dünn wie aus den Schwanzfedern eines Hornvogels ausgeschnittene Kreise. Spritzend und schäumend stieg das Wasser im Becher. Die Kenyah drängten sich näher und schauten zu.

»Trink«, sagte James, reichte dem ersten Mann den Becher und starrte ihn an wie ein Schamane. Der Patient schloß die Augen, murmelte etwas und nahm einen Mundvoll. »Aah!« ächzte er und gab ihn weiter, während er sich den Schaum von den Lippen wischte. »Aah!« sagte jeder, wenn er drankam, richtete sich sofort auf und ging gerade und mit mächtigen Schultern hinaus. Heute nacht würde es keine Rückenschmerzen geben.

Ich versuchte weiter auszupacken und wollte mir vor allem trockene Kleider anziehen. Ich öffnete den versiegelten Beutel mit den Bildpostkarten von der Königin zu Pferde. Ein Gedanke drängte sich von selbst auf: Während des Hosenwechsels würde mich die Herrscherin vor ungebührlicher Beobachtung schützen.

»Schaut her«, sagte ich, »das ist für euch. Hier ist unser Tuai Rumah, unser Häuptling in England.«

»Inglang!« sagten die Kinder. Die Karten schillerten metallisch, es waren solche, auf denen sich die Gegenstände verschieben, wenn man sie im Licht dreht.

Eine gab ich einem kleinen Jungen. Er betrachtete sie mit Verzückung, er wendete sie hin und her, er kratzte an ihr und wartete, was passieren würde, er drehte sie um, um Ihre Majestät von hinten zu sehen. Kleine Hände schossen in die Höhe wie Bambus. Die alte Frau, verärgert, wollte einen ganzen Packen für sich. Wenn die Kinder jeweils eine bekamen, wollten die Männer mehr als eine. Nach fünf Minuten waren vierhundert Erinnerungen an das Empire verschwunden.

Es waren nun so viele Menschen im Raum, daß ich fotografieren wollte. Höchst unauffällig, wie ich glaubte, hielt ich eine Fuji vor den Bauch, schwenkte sie in die richtige Richtung, schaute in die andere Richtung und drückte auf den Knopf. Chaos brach aus. Kinder heulten, die Frauen zogen ihre Sarongs über die Brüste, die Männer waren beleidigt.

»Schnell, schnell – hol die Polaroid«, zischte James.

Mit komplizierten Entschuldigungsgesten und zirkusmäßigen Verrenkungen, die zukünftige Freuden, ganz große Tricks und etwas völlig anderes und überhaupt nicht Anstößiges in Aussicht stellen sollten, zog ich die Polaroid heraus und lud sie mit einem Film. Die graue Schachtel würde ihr Bild fortnehmen, versuchte ich mit beiden Händen klarzumachen, und es dann zurückgeben. Sie schauten skeptisch. Ich hatte mich schon einmal schlecht benommen, und man konnte mir nicht mehr trauen.

Die Polaroid blitzte; wir warteten; die Schachtel sirrte; die Zunge glitt vor und bot ihr nasses Bild. Ich legte es auf den Boden und schob ihre Finger beiseite. Langsam nahm es Farben an wie Bakterien in einer Kultur. Im Raum herrschte Totenstille. Sie beobachteten, wie die Umrisse von Köpfen und Schultern erschienen; Gesichtszüge wurden deutlich. Plötzlich zeigten sie auf das Foto und dann aufeinander. Wilde Fröhlichkeit brach aus. Sie klatschten und klatschten. Sie rannten davon, um ihre besten Kleider anzuziehen, und wir konnten endlich in unsere trockenen Hosen schlüpfen. Nur die alte Frau blieb zurück und schnitt erstaunte oder angeekelte Grimassen angesichts unserer weißen Beine und der Haare daran.

Fein angetan mit prunkvollen Sarongs oder chinesischen Shorts oder T-Shirts, die vermutlich in der Regenzeit flußabwärts gegen Schildkröten, Hirsche oder Schweine, gegen Kampfer, Guttapercha, Rattan oder Pfeffer eingetauscht worden waren, bildeten sie Familiengruppen und zwangen mich, ihre Bilder zu fangen und wieder herzugeben, bis die Polaroid heiß wurde und der Film verbraucht war.

»Wieviel Kinder sie alle haben«, bemerkte ich zu Leon.

»Nein, nein«, sagte Leon, »die Mütter und die Väter – alle tot. Meine Eltern auch. Krankheit oder beim Bäumefällen oder tschiktschik«, sagte Leon und mimte das Niedersausen einer Parangschneide, »oder im Fluß, Kopf am Fels gestoßen oder ein Giftfisch, oder im Dschungel bei der Jagd. Du hast einen Schnitt. Du hast eine Beule. Sehr schmerzhaft. Du hast viel Glück, wenn es heilt. Dann wirst du adoptiert. Ich bin adoptiert. Mein Onkel und meine Tante sind sehr gute Menschen. Oder die Leute in den Bileks (Räumen) nebenan. Sie müssen die Kinder nehmen.«

So sind also diese prachtvollen Krieger-Bauern, dachte ich, all diese Gesundheit und prallen Muskeln um mich herum, all die schönen Gesichter und Brüste, ihr Lächeln und die baumelnden Ohrringe das Produkt einer natürlichen Auslese in ihrer brutalsten Form.

Der Sohn des Häuptlings drängte alle aus dem riesigen Raum. Wir müßten hungrig sein, sagte er (das waren wir); seine Mutter und seine Schwestern hatten den Waran gekocht (vielleicht waren wir nicht mehr ganz so hungrig). Am anderen Ende des Raums brannte ein Feuer aus gespaltenen Stämmen in einem großen Stück Eisenholz als Herd. Darüber hing eine Reihe von Töpfen, und der Rauch bahnte sich seinen Weg durch eine offene Klappe im Dach.

Die Mädchen stellten unsere Becher und Teller in einem Kreis um eine große Reisschüssel und die Hinterbeine des Warans und zogen sich dann zurück. Dana gab mir eine Portion Schwanz, den letzten Viertelmeter; die Harzlampen flackerten, die Schweine und Eber und Ferkel grunzten und quietschten unter den Bodenbrettern; die Geckos plapperten miteinander unter dem Dach wie die Spatzen, und mir wurde klar, daß der gelb-schwarze Waranschwanz nicht von meinem Teller verschwinden würde, wie es die Sitte verlangte, wenn ich ihn nicht selber aß.

»Makai! Makai!« sagte Dana.

Das Fleisch war gelb und weich und roch übel, ähnlich den festen Brocken in der Flüssigkeit, die man in England samstags nachts gelegentlich auf der Straße vor einer Kneipe sieht. Ich nahm die kleinen Knochen heraus, mischte das Fleisch unter den klebrigen Reis und sagte mir, daß auch dieses Mahl vorbeigehen würde.

Die Iban aßen schnell und gingen hinaus zum Fluß, um zu schwimmen und sich zu waschen. Wir brachten unser Essen mehr oder weniger zu einem Ende, fühlten uns jedoch viel zu krank, um im Dunkeln zu schwimmen. Die Mädchen räumten alles fort. Dana, Leon und Inghai kehrten zurück, sie sahen sehr sauber aus und zogen ihre schönsten Hosen und T-Shirts an. Dann bauten sie sich sehr entschlossen nacheinander vor Danas Spiegelscherbe auf und benutzten seine rostige Pinzette, um sich alle Haare auszuzupfen, die ihnen auf Kinn oder Wange gesprossen waren. Leon protzte mit einem schütteren Schnurrbart, den er später abrasierte, aber im allgemeinen sind die Menschen Borneos fast haarlos, und Haare im Gesicht mögen sie überhaupt nicht. Mit Sicherheit mochten sie auch unsere Haare im Gesicht nicht. Mich amüsierte der Gedanke, daß selbst Darwin Probleme mit der Logik bekam, als er in seinem Schema für den unterschiedlichen Fortschritt der

Rassen diese eigenartige Anomalie wegargumentieren mußte. »Manche Rassen sind viel behaarter als andere«, schreibt er in ›Die Abstammung des Menschen‹, »besonders auf männlicher Seite. Es darf aber nicht angenommen werden, daß die behaarteren Rassen, z.B. Europäer, einen ursprünglichen Zustand vollständiger beibehalten haben als die nackten, solche wie die Kalmücken oder Amerikaner. Es ist eine wahrscheinlichere Ansicht, daß das Behaartsein der ersteren die Folge eines Rückschlages ist; denn Charaktere, welche lange vererbt worden sind, sind immer geneigt, wiederzukehren.«

Plötzlich drangen von der langen Galerie draußen Töne in den Raum, einfache, schön gesungene Melodien, ein klarer Chor junger Stimmen, die uns überwältigten und durch die dünnen Bambuswände über die Reisfelder und in den Dschungel getragen wurden. Staunend traten wir hinaus. Die Jugend des Langhauses hatte sich in Reihen aufgestellt und sang Kirchenlieder auf Kenyah.

»Römische Katholiken«, sagte Leon. »Sehr gut. Aber nachher haben wir Spaß.«

»Wer hat sie bekehrt?«

»Die Missionare natürlich. Von der anderen Seite. Sie haben es mitgebracht.«

Es war tatsächlich eine eigenartige Vorstellung: römisch-katholische Missionare im ehemaligen Niederländisch-Borneo, an den Quellen des Mahakam. Ein Mann mittleren Alters schlug mit einem Stock den Rhythmus, in der anderen Hand hielt er ein grünes Gesangbuch. Das Singen ging weiter und weiter; aber schließlich war die Versammlung zu Ende, und die Jugend von Nanga Sinyut ging auseinander.

Wir waren sehr müde. Das alles war zu verwirrend;

der Fluß schien in allen Muskelfasern meiner Waden und meines Rückens ganze Schmerzladungen freigesetzt zu haben; und der Schwanz des Warans wälzte sich in meinem Magen noch immer sanft hin und her. Ich nahm einen langen Zug aus dem Arrakkrug und legte mich auf den Boden des Häuptlingsraumes. Die riesigen Querbalken des Daches ruckten und drehten und fügten sich zu einem überirdischen Fluß: Ich schlief ein.

»Komm schon«, rief James vom anderen Ufer herüber, »steh auf! Es gibt ein Begrüßungsfest.«

Ich wankte hinaus, müde wie nie zuvor, schaute mich um und wünschte mir, weit fort zu sein. Die Galerie war überfüllt. Die Lampen waren angezündet. Es wurde Tuak getrunken. Eine große, nicht gerade einladend wirkende Fläche vor den Türen war freigeräumt, und auf drei Seiten saß ein erwartungsvolles Publikum.

Leon und Inghai wirkten frisch und eifrig und winkten uns nach hinten. Dana war nirgends zu sehen. Er trank, erklärte Leon, wie es seinem königlichen Rang zukam, mit dem Vizehäuptling aller Kenyah am Baleh und durfte nicht gestört werden, weil er als Oberhäuptling aller Iban des Kapit-Distrikts viele Sorgen hatte und bald schlafen würde.

Man reichte uns ein Glas Tuak. Ein Tablett mit riesigen, kegelförmigen Zigarren aus Kenyahtabak, in Blätter gewickelt und mit Blattrippen zusammengebunden, wurde herumgereicht; ein geschmeidiges junges Mädchen schob sie uns in den Mund und entzündete sie mit einer Fackel. Ich bemerkte, daß Leon seine große und auffällige, angeblich wasserdichte Digitaluhr trug. Nachdem sie zum ersten Mal mit Leon in den Tiefen des Rajang untergetaucht war, hatte diese Uhr die Zeit nicht mehr angegeben, aber wenn man sie heftig genug schüttelte, ließ sie zu Leons immer erneutem Entzücken ihren Weckruf erschallen.

Die Musiker saßen vor uns. Ein alter Mann hielt eine Keluri, einen getrockneten Kürbis, der wie eine chemische Retorte aussah, aber nach oben gehalten wurde; sechs Bambuspfeifen ragten in einem Bündel aus seiner Öffnung. Eine Gruppe junger Männer saß mit einer Bambusharfe bereit (einem Bambusrohr, aus dem Fasern herausgeschnitten und gespannt werden), einem Bambusxylophon, einer Bambusflöte und einem einsaitigen Instrument, einer kanuförmigen Tonschachtel, die aus einem einzigen Holzblock geschnitzt war, mit einer so dicken Saite, daß sie mit einem Eisenhaken gespannt werden mußte.

Der Sohn des Häuptlings erschien und hatte sich verwandelt. Auf dem Kopf trug er einen Kriegshelm, eine gewebte Rattanmütze mit schwarzen, gelben und scharlachroten Perlen und sechs langen, schwarz-weißen Federn aus dem Schwanz des Behelmten Hornvogels. Er war in einen Kriegsmantel aus dem Fell der größten Katze Borneos, der Bengalkatze, gekleidet. Sein Kopf schaute aus einer Öffnung des Fells, der Rest hing ihm über den Rücken, und daran gebunden waren Reihen von Federn des Nashornvogels. An einem silbernen, um die Hüfte geschlungenen Gürtel hing in einer silbernen Scheide ein Parang, schöner als alle anderen Parangs, sein Griff prächtig geschnitzt aus dem Geweih des Kiyan, des großen Borneo-Hirsches. In seiner linken Hand, den Arm nach hinten gebogen, trug er einen langen Schild, der an beiden Enden spitz zulief und aus dessen Mitte uns eine riesige Maske mit roten Augen unversöhnlich anstarrte, mit Zähnen aus bemalten Hauern des wilden Ebers. Dicke, schwarze Haarbüschel in sauberen Reihen hingen an beiden Seiten und an beiden Enden herab, Haarbüschel von einst in der Schlacht abgeschnittenen Köpfen, wie wir vermuteten.

Der Krieger lehnte den alten und anscheinend empfindlichen Schild sorgfältig an die Wand und nahm seine Position in der Mitte des Fußbodens ein. Er hockte sich hin, und nachdem der Mann an dem einsaitigen Instrument genickt hatte, begann eine hohltönende, komplizierte, drängende, rhythmische Musik. Der Häuptlingssohn drehte sich mit übertriebenen Bewegungen langsam im Takt; seine Hüftmuskeln spannten und lockerten sich, seine Sehnen waren angespannt, auf seinem Gesicht zeigte sich eine entschlossene Konzentration, und er drehte sich zuerst auf einem Fuß, dann auf dem anderen, er hob sich Zoll um Zoll, bis er aufrecht stand und über eine imaginäre Deckung zu spähen schien. Er sah den Feind und kauerte sich wieder hin, und dann, als sich die Musik beschleunigte, zog er seinen glänzenden Parang und sprang wild nach vorn; sich wendend und drehend, schlug und hieb er unter unglaublichem Kraftaufwand um sich und wehrte unsichtbare Schläge mit seinem gemimten Schild ab. Sein geisterhafter Feind war einen Augenblick lang unachtsam, rutschte auf der Sandbank aus, und der Erbe der Herrscher über alle Kenyah von Nanga Sinyut sicherte seinen Sieg mit einem schrecklichen Schlag.

Alle klatschten und jubelten, und ich machte mit. Fünf junge Mädchen stürzten nach vorn, um dem Helden den Hornvogelhelm, seinen Kriegsmantel und den Parang abzunehmen. Es war herrlich. Die Mädchen waren sehr schön. Alles stimmte auf dieser Welt. Und dann, während sich in meinem Gedärm die Schmetterlinge jagten, wurde mir klar, daß all die schönen Mädchen jetzt auf mich zukamen, unter den Augen des ganzen Langhauses.

»Du wirst es schon schaffen«, sagte James, voll von Tuak. »Tu es einfach. Was immer es ist.«

In den Kriegsmantel gehüllt, mit dem Parang in der Hand, die Hornvogelfedern auf dem Kopf, kam mir eine gute Idee. Es mußte doch ganz einfach sein, die Grundschritte zu kopieren, die der Häuptlingssohn uns gerade vorgemacht hatte. Da war doch wirklich nicht viel dran. Die Musik klang nur ein kleines bißchen eigenartiger als zuvor.

Ich kauerte mich auf ein Bein und drehte mich langsam. Vielleicht war das ein Fehler, dachte ich. Scheußliche Schmerzen durchzogen meinen Rücken. Ein Krampf packte beide Hinterbacken zugleich. Irgendein albernes Mädchen begann zu kichern. Eine Schüttellähmung erfaßte meinen Rücken. Das alberne Mädchen fing an zu lachen. Ganz langsam kam mir der Boden grüßend entgegen, und ich legte mich hin. Das Langhaus war in vollem Aufruhr. Wirklich sehr komisch.

Ich stand auf und überlegte, daß Phase zwei einfacher sein würde. Als ich über den imaginären Felsen spähte, schaute ich direkt in die Augen eines alten Mannes auf der anderen Seite der Veranda. Der alte Mann brüllte vor Lachen, seine lächerlich langen Ohren wackelten. Ich zog den Parang, der so schlecht paßte, daß er im Gürtel steckenblieb und mir fast die Finger abschnitt, rückte gegen den Feind vor, sprang hierhin und dorthin und kam mir sehr gefährlich vor. Der alte Mann fiel von seinem Sitz. Es herrschte so viel unangebrachte Schadenfreude, ein so lautes Geheul, daß ich die Musik nicht hören konnte, und deshalb war ich vielleicht ein kleines bißchen aus dem Takt.

»Redsie!« kam ein unverkennbarer Ruf, »warum improvisierst du nicht?«

Derart von hinten angefallen, als ich gerade meinen

ersten Kopf nehmen wollte, drehte ich mich wild herum, um James niederzustarren. Ich konnte ihn allerdings nicht sehen, weil die Schnur des Kriegshelmes, auf brüske Bewegungen nicht eingerichtet, über meinen Hinterkopf hochrutschte und der Helm selbst nach vorne über mein Gesicht fiel. Unfreiwillig genoß ich einen tiefen Atemzug aus seinem schweißgetränkten Rattaninneren, aus dem Haar von Generationen von Kenyahkriegern, die sich alle verzweifelt bemüht hatten, die Mädchen ihrer Wahl zu beeindrucken. Der Geruch war alt und beißend.

Der Boden bebte. Das Publikum war völlig außer Rand und Band. Und dann, gerade noch rechtzeitig, bevor ich erstickte, ließen mich die fünf Mädchen hochamüsiert frei.

»Geht und holt James«, spuckte ich, »geht und holt euch James.«

»Jetzt singst du Lied«, rief Leon.

»Nein, nein – James singt Lieder.«

»Jams! Jams!« rief Leon, der sich an seinen Auftrag erinnerte.

»Jams!« Das Langhaus erzitterte. »Jams! Jams!« Leon hatte gut vorgearbeitet.

Theatralisch eindrucksvoll, fast ohne sich gegen die fünf jungen Mädchen zu wehren, schritt James auf die Bühne. Die Kenyah wurden still. T. D. Freeman erzählt in seinem Werk über das Wahrsagen bei den Iban, daß der König der Götter, Singalang Burong, häufig in Träumen auftritt. Er ist gar nicht zu verwechseln. Er ist fast so alt wie die Bäume, ehrfurchtgebietend, mit mächtigem Körper und – ein Merkmal, an dem er immer zu erkennen ist – vollständig kahl. Wenn man nach den etwas unsicheren, ehrfürchtigen, erwartungsvollen Gesichtern um mich herum urteilen wollte, war Bali Penyalong, der große Gott der Kenyah, nur ein anderer Name für dieselbe Gottheit.

Die Helfer zogen sich zurück. James, prächtig in Bengalkatzenfell und Hornvogelfedern, wirkte noch feierlicher als gewöhnlich. Von seinen langjährigen Erfahrungen als Theaterbesucher und -kritiker profitierend, fixierte er sein Publikum: Seine riesigen braunen Augen schienen jeden einzeln zu erfassen. In der ersten Reihe entstand eine leichte Rückwärtsbewegung. Ein Hund jaulte.

Die Musik begann ein bißchen wackelig. James, im Rhythmus, begann zu mimen. Er jagte irgend etwas, auf nachlässige Weise, mit dem Kopf machte er wühlende Bewegungen und grunzte. Er jagte ein Schwein. Als erfolgreicher Jäger weidete er seine Beute aus, wählte ein Stück Fleisch, hängte das Schwein an einen Haken im Dach und begab sich in seine imaginäre Küche. Jetzt wurde er leidenschaftlich, er begann sich zu konzentrieren. Seine Gesten wurden schneller, und die Musiker, wie gebannt, erhöhten das Tempo. Er schnitt das Fleisch zu, begoß es mit Fett, umwickelte es mit einer Schnur, machte unglaublich komplizierte Soßen, kochte Kartoffeln und Sprossen und Erbsen und Bohnen und Broccoli und Zucchini, glaube ich, bis sie gar waren. Nach ausgiebigem Abschmecken und allerlei alchimistischen Manövern mit einer Vielzahl von Küchenwerkzeugen, offensichtlich besser damit ausgerüstet als das beste Restaurant, erachtete James die Soße als perfekt. Es gab viel Soße. Der Burgunder wurde in ein Glas gegossen. James schaute zufrieden auf seine Schöpfung und begann zu essen. Die Kruste krachte zwischen seinen Zähnen. Die Krieger der Kenyah erhoben sich und rülpsten, als seien sie zu Gast bei einem Mahl der Götter. Alle jubelten.

»Jams sehr hungrig«, sagte Leon vertraulich zu mir, »er muß mehr Reis essen.«

James hob die Hand. Alle setzten sich mit gekreuzten Beinen wieder hin.

»Und jetzt«, verkündete er, »jetzt werden wir singen.«

»Inglanglied! Inglanglied!« rief Inghai aufgeregt und voller Arrak.

Und dann verblüffte mich James wirklich. Zum Takt des großen Saiteninstruments stürzte er sich in eine gereimte Ballade, ein langes Stegreifgedicht über unsere Reise aus einem fernen Land, über unsere Ankunft am Rajang, über die Schönheiten des Baleh und die Gefahren der Stromschnellen und die Gastfreundschaft des stärksten, des schönsten Volkes der Welt, der Kenyah von Nanga Sinyut.

Ich klatschte so wild wie Inghai. »Bravo James!« schrie ich. »Bravo Jams!« echote Inghai. »Bravo! Bravo!« sangen die Kenyah.

James machte deutlich, daß er müde sei; er nahm seinen schwarz und weiß befiederten Kopfschmuck ab. Aber es war sinnlos. Wir wollten mehr Lieder. Wir wollten tatsächlich so viele, daß ich zu meinem Erstaunen entdeckte, daß er wohl jeden Pop- und Music-Hall-Song seit 1910 kannte und daß er sie den Besonderheiten der Bambus-Kürbis-Flöten mit professioneller Leichtigkeit anpassen konnte.

Kurz bevor James vor Erschöpfung zusammenbrach, rettete ihn der Clown des Langhauses, der sich, eifersüchtig auf diesen überwältigenden Erfolg, erhob. Helm und Mantel wurden zur Seite gelegt, James setzte sich. Aber mein Ärger war von kurzer Dauer. Die

Leute begannen zu lachen, bevor der Clown überhaupt etwas getan hatte, und bald wurde deutlich, daß er wirklich ein sehr witziger Narr war.

Mit übertriebenem Ernst setzte er sich auf den Boden, die Beine ausgestreckt; er stülpte sich einen imaginären Hut auf und knöpfte seine imaginären Hemdsärmel zu. Er schaute sich unbeteiligt um, wie ein großer Häuptling.

»Es ist Jams!« sagte Leon, »Jams im Boot! Sehr ernster Mann!«

»James!« sagten die Kenyah und lachten zustimmend.

Der Clown kletterte dann aus dem Boot und wurde ein Neandertaler, der sich durch den Fluß müht, das Kanu hin und her zerrt und alles falsch macht. Er konnte nicht gehen und zugleich schieben, Dana und Leon und Inghai dirigierten ihn unablässig unter hektischem Aufwand widersprüchlicher Gesten.

»Es ist Redmond!« sagte Leon. »Sehr fett!«

Dann stand der Häuptlingssohn auf und verkündete etwas. Die lange Galerie wurde wieder ruhig. Er zeigte nacheinander auf etwa fünfzehn Männer, die in die Mitte kamen. Sie waren alle jung und eifrig, körperlich geschmeidig, unglaublich gesund. Mit langen Rücken und verhältnismäßig kurzen, sehr muskulösen Gliedern wirkten sie wie Athleten auf dem Höhepunkt ihrer Karriere, die sich bei den Olympischen Spielen zum Fünfkampf der Männer versammeln.

»Sie alle Junggesellen«, flüsterte Leon. »Sie haben noch nicht ihre Frauen gewählt.«

Die Männer bildeten der Größe nach eine Reihe. Und nun begann eine völlig andere Art Musik, wild, aggressiv, in einem drohenden und beharrlichen Takt. Sie gingen langsam nach vorn, ohne zu lächeln, stampften mit den Füßen auf, schauten intensiv und rhythmisch nach beiden Seiten.

Dies, erkannte ich, war der Tanz, den Hose beschrieben hatte, auch wenn die Tänzer Shorts und T-Shirts trugen:

> Man lehrt die größeren Knaben, an dem Tanz teilzunehmen, in dem die Rückkehr vom Kriegspfad dramatisch dargestellt wird. Dies ist eher ein musikalischer Marsch als ein Tanz. Eine Gruppe junger Männer in voller Kriegstracht bildet eine einzelne Reihe; der Führer und vielleicht zwei oder drei andere spielen den Schlachtmarsch auf der Keluri. Die Reihe rückt langsam zur Galerie vor, jeder Mann dreht sich bei jedem dritten Schritt halb herum, die einen wenden sich nach links, die anderen nach rechts, abwechselnd, und alle stampfen zusammen auf, wenn sie bei jedem dritten Schritt die Wendung vollenden. Die Wendung nach rechts und links symbolisiert die sorgsame Bewachung der Köpfe, die von den siegreichen Kriegern nach Hause getragen werden.

Nach fünf Parademärschen, als ich mich gerade überzeugt hatte, daß auch die SAS dieses Langhaus möglichst nicht angreifen sollte, entspannten sich alle, und wir wurden eingeladen, in die Reihe zu treten. James fand sofort in den Rhythmus, aber mir bereiteten sogar diese Schritte Schwierigkeiten, und ich fiel über meine Stiefel. Alle Mädchen kicherten.

»Redmond«, sagte Leon, als wir uns wieder hinsetzten, »du bist so groß, deine Füße sind zu weit von deinem Kopf.«

»Genau. Genau daran liegt's.«

Es entstand eine Pause. »Oder vielleicht«, sagte Leon, »du bist so fett, daß du sie nicht sehen kannst.«

Leon spreizte in einem Anfall schlechter Manieren die Beine, legte sich flach auf den Boden und lachte über seinen eigenen Witz. Er beruhigte sich erst, aber dann sehr plötzlich, als die unverheirateten Mädchen aufstanden.

Graziös und scheu stellten sie sich auf.

»Guck dir die an«, sagte Leon, »guck mal die in dem rosa Sarong, Redmond. Schau sie dir nur mal an.«

»Benimm dich«, sagte ich gereizt. »Das ist nicht der richtige Augenblick für deine Witze. Du wirst uns alle umbringen.«

»Sie ist der Mond am Himmel«, sagte Leon.

Zu einer zarten, heiteren Melodie tanzten die Mädchen über die lange Bühne hin und zurück; geschmeidig, schlank, sehr jung. Sie waren wirklich lieblich anzusehen; und ihr Tanz war nach dem rüden Auftritt der Männer köstlich zart. Mit sparsamen, fließenden Bewegungen ihrer Hände, mit wogenden Armen, die geschmeidigen Körper sanft geschwungen und alle synchron, mimten sie den gemächlichen Flug des Hornvogels. Beim Ausfallschritt im Takt zeichneten sich unter den Sarongs die Formen der Beine ab. Die sanfte Rückwärtsbewegung zwischen den Takten modellierte ihre Brüste unter den T-Shirts.

Leons Augen waren weit aufgerissen wie an dem Tag, als er seine Schildkröte geschossen hatte. Ich blies ihm ins Ohr.

»Sschh«, sagte Leon. »Sei ruhig. Jetzt schauen wir zu.«

Als ich mich umdrehte, um Inghai anzustoßen, sah ich, daß er schlief, auf dem Boden zusammengerollt, den Arrak-Krug in beiden Händen. Alle Männer waren sehr still. Viel zu schnell war der Tanz vorbei. Wir klatschten bewundernd, sentimental, schmachtend, ein bißchen weh im Gemüt. Die Mädchen trippelten errötend zu ihren Sitzen und kicherten. Aber das Mädchen im rosa Sarong kam mit zwei großen Bündeln Hornvogelfedern zurück. Sie wurden an ihre Handgelenke gebunden, ausgebreitet und wie ein offener Fächer fixiert. Ihre Züge waren auffallend schön; ihr Haar, etwa dreißig Zentimeter länger als das der anderen Mädchen, hing locker und fein, schwarz und seidig bis zu den Hüften herab. Ihre durchbohrten Ohrläppchen, mit Ringen beschwert, hingen nur bis zu ihrem glatten Hals, der im Licht der Lampe weich und braun wirkte. Die Tätowierungen auf ihren Armen waren erst halbvollendet, und da das Tätowieren im zehnten Jahr eines Mädchens beginnt und in regelmäßigen Intervallen fortgesetzt wird (sonst wäre der Schmerz unerträglich und die Entzündung möglicherweise tödlich), konnte sie, wie ich berechnete, nicht älter als vierzehn oder fünfzehn sein.

»Leon«, sagte ich, »sie ist viel zu jung. Sie ist erst vierzehn.«

»Was ist los?« sagte Leon. »Was ist los? Sitz ruhig. Sei ruhig. Wir schauen jetzt zu.«

So jung sie sein mochte, tanzte sie einladend einen langsamen, sehnsüchtigen, graziösen Tanz, die langen Fächerfedern strichen in wechselnden Kurven über ihren Körper; ein Tanz, der aus einer kauernden Position begann und sich allmählich öffnete, als sie sich Zoll für Zoll erhob, ein himmlischer Vogel, irgendein noch unentdeckter Hornvogel des Paradieses, der empor zur Sonne flog, in die glänzende Welt, wo Bali Penyalong herrscht.

»Das ist wirklich was«, flüsterte James, hielt den

Kopf in beiden Händen und starrte sie an. Und dann, vielleicht eingedenk seines professionellen Selbst, seiner Kolumnistentätigkeit: »Sie weiß wirklich, wirklich ganz genau, was sie tut.«

Die beiden Fächer aus den Schwanzfedern des Nashornvogels an ihren ausgestreckten Armen vereinigten sich über ihrem Kopf. Sie stand in voller Größe da, klein, geschmeidig, schön. Wir klatschten und klatschten.

Und dann schaute sie plötzlich zu uns herüber, ließ etwas von ihrer inneren Elektrizität auf uns überfließen, schritt durchs Publikum und zog Leon auf die Füße, während alle Augen auf ihr ruhten.

Leons braunes Gesicht wurde brauner und brauner: Er errötete. Unkontrollierbar füllten sich seine Adern mit Blut und Überraschung, mit Furcht und Stolz, mit wachsendem Eifer und überwältigender Lust.

Sie band ihn sehr langsam in den Helm und den Kriegsmantel, ließ sich bei jedem Knoten Zeit, blickte ihm ständig in die Augen, hängte mit beiden Händen den Gürtel um seine Taille, schob den silbernen Parang zurecht, so daß er zierlich an seiner rechten Hüfte hing.

Leon, größer und dunkler als die Kenyah und genauso gesund, stand da wie ein Krieger; und mir wurde klar, daß dies seine Belohnung war. Denn Leon, der Eroberer des Flusses, wie sie vernommen haben mußte, hatte seine Männlichkeit und seinen spontanen, natürlichen Mut genauso sicher bewiesen, als sei er in Nanga Sinyut mit einem abgeschlagenen Kopf angekommen. In unseren Augen – und wahrscheinlich auch in ihren – hatte er etwas viel Besseres getan: er hatte einen Menschen gerettet, und ein besonders feines Exemplar dazu, hatte einen kahlen Götterkopf vor einem Schlag gegen die Felsen bewahrt.

Noch immer voller Inspiration, sein Gesicht wurde sogar noch dunkler, nickte er seiner kleinen Muse wie ein großer Herr zu, als sie zu ihrem Sitz zurückkehrte. Und dann, da bin ich sicher, tanzte er den besten Tanz seines Lebens. Zu der leidenschaftlichen Musik des offenen Kampfes machte er einen Salto rückwärts; er schlug rad nach beiden Seiten; Köpfe schnitt er ab wie Getreide; er stieß und täuschte und duckte sich hinter seinem imaginären Schild; er sprang und wirbelte durch die Luft, schneller als fliegende Speere. Für seine neue Liebe besiegte er ganze Armeen. Er bewegte sich mit solcher Energie, daß schwarz und weiß gebänderte Räder, Bilder aus Hornvogelfedern, Bögen und Linien überall im Dunst um ihn herumhingen und im flackernden Licht der Lampe auftauchten und verschwanden.

Endlich hörte die Musik auf, und Leon, glänzend vor Schweiß und vermutlich im Besitz eines ganzen Bündels Köpfe, schritt vor seine Angebetete und ließ sie in ihren Schoß fallen. In der verblüfften kurzen Pause, bevor das Klatschen einsetzte, hörte ich ein eigenartiges Geräusch. Es war kein Gecko, es war Leons Uhr. Sie war ebenso erschüttert und überreizt wie er. Biep biep biep biep, sagte sie.

Leon, ohne Mantel, für den Augenblick sprachlos vor Erschöpfung, stieß Inghai mit dem Fuß an und weckte ihn. Ingy-pingy, verkatert, aber gutmütig, nicht so ganz sicher, wo er überhaupt war, zeigte die Sorte Kung Fu, die auch eine Haselmaus vollführen würde, wenn sie aus dem Winterschlaf erwacht. Er gähnte, streckte Arme und Beine und schlief dann wieder ein.

Das Publikum zerfiel in kleine Gruppen, die tranken und lachten und sich Geschichten erzählten. Die größte Gruppe sammelte sich um James. Die Kenyah saßen zu seinen Füßen um ihn herum und lauschten seinen bizarren Geschichten vom Leben in England. Sie beobachteten sein markantes Gesicht und seine bewegten Gesten, lachten im richtigen Augenblick, erzitterten vor der Stimme aus dem Haus des Schreckens, als wüßten sie, wo Rugley liegt, oder als seien sie Kenner der hohen Kunst des Mordes oder verstünden auch nur zwei Worte von dem, was er sagte.

Vielleicht begannen der Arrak und der Tuak auf mich zu wirken. Meine Beine schienen Elephantiasis bekommen zu haben. Das Langhaus verschwamm vor meinen Augen und wankte ein wenig, wie ein Kanu vor Anker. Oder vielleicht war ich auch nur am Ende des längsten Tages angelangt, den ich jemals zu erleben hoffe.

Wie von weither hörte ich James eine feierliche Warnung verkünden:

Der Würgerkrähe, dem roten Würger,
verleiht sein Fahrrad kein guter Bürger.
Sie klaut die Pumpe und das Licht dazu,
dann gibt sie ihren Opfern ewige Ruh.

Es war ein völlig neues, noch unveröffentlichtes Fenton-Gedicht, soviel wurde mir undeutlich klar. Aber was es auch war, es war mir zu hoch. Und den Kenyah auch. Glücklicherweise stolperte ich auf der richtigen Seite von der Veranda, durch die richtige Bilektür, und fand mein Fleckchen Boden. Durch die Holzwand konnte ich hören, wie James Lieder sang, Verse skandierte, den Kenyah Englisch beibrachte. Ich schlief ein.

9

Ich wachte ganz plötzlich auf, lange vor der Dämmerung. Es krähten keine Hähne, die Schweine schnarchten unter dem Fußboden, die Hunde waren still. Selbst die Geckos schliefen. Aber ein Licht kam auf mich zu, ein dünnes Kerzenlicht. Irgend jemand näherte sich aus dem Hintergrund des Raums, von der Küche her – eine kleine, raschelnde, fließende, rosige, anmutige Gestalt. Leon lag dicht neben mir und schlief. Sie kniete sich leise hin und zupfte an seinem Fuß. Leon rührte sich.

»Ssch«, sagte das junge Mädchen und zog ihn hoch.

Leon murmelte etwas auf Iban.

»Ssch«, sagte sie und führte ihn hinter eine Trennwand zu meiner Linken.

Ich hörte unterdrücktes Kichern, Gemurmel, Geraschel, Küsse, spitze Schreie. Und dann, so schien es, begannen dreihundert Meter Langhaus zu erzittern. Leon ganz allein, nur mit ein bißchen zarter Hilfe, dachte ich, wird das ganze Ding zum Einsturz bringen. Die Querbalken rüttelten an ihren Verankerungen, die Rattanbänder ächzten im Gebälk, selbst die Pfosten tief unten in der Erde hüpften, so war mir, auf und ab. Und Leons Uhr kündete von seinem nächtlichen Triumph: biep-biep-biep-biep.

Niemand schien etwas zu hören. Zu meiner Linken war ein seliges Kichern zu vernehmen. Die Uhr verstummte. Und dann erschütterte Leon von neuem ganz Nanga Sinyut bis in die Fundamente mit seinem Erdbeben.

Ich stand auf und kroch zum Schwimmen hinaus.

Noch war die Dämmerung nicht angebrochen. Es

war die Stunde, die bei den Iban Empliau bebungi heißt, »Der Ruf der Gibbons«, und auf Dini ari dalam, »Tiefe Dämmerung«, folgt und Tampak tana, »Den Boden sehen«, unmittelbar vorausgeht. Auf unsichtbaren Pfaden ertastete ich meinen Weg zum Fluß.

»Schwimmen« in Borneo ist immer ein Euphemismus für etwas anderes: Waschen oder Schlimmeres. Auf dem Uferpfad flußaufwärts gelangte ich bald zu den ausgetretenen Stufen, die in das schlammige Ufer gegraben waren und zum Fluß hinabführten. Während sich der Nebel über dem Fluß zu lichten und zu heben begann, watete ich hinein und wußte sogleich, daß ich am richtigen Ort war – der Badestelle der Männer. Ich wußte es, weil es die bessere Stelle war, etwa fünfzig Meter oberhalb der Stelle, wo die Frauen badeten und das Wasser für den Stamm holten; und ich wußte es, weil die Welse um mich herumschwärmten, mit ihren langen Barteln meine Schenkel kitzelten und mit ihren weichen Mäulern an meine Unterhose stupsten, damit ich sie auszog – sie waren hungrig auf ihr Frühstück. Ein wenig genervt von dieser intimen Aufmerksamkeit, schwamm ich flußaufwärts bis zu einem Strudel am Ufer, und dort lernte ich, glücklicherweise unbeobachtet, die allerwichtigste Lektion für ein ruhiges Leben im Dschungel: Scheiße nie in einen Strudel. Man muß eine furchtbare Entscheidung treffen – springen oder abtauchen.

Ich machte es mir auf den Ufersteinen bequem und wrang die Unterhose aus (man badet auf Borneo nicht nackt – die Männer setzen einiges daran, sich in der Öffentlichkeit nicht zu entblößen, und außerdem vergehen alle kleinen Jungen und Mädchen vor Neugier, ob dein Pimmel genauso weiß ist wie deine Nase, und verstecken sich in jedem Busch, um sich in dieser Hinsicht Klarheit zu verschaffen), zog meine trockenen Kleider an, wusch meine nassen und legte sie zum Trocknen auf die Felsen – ein automatischer Vorgang, der etwa um acht Uhr beginnen würde, zu Mansan jimbio, »der Zeit, um Sachen in der Sonne zu trocknen«.

Auf dem Rückweg zum Langhaus fühlte ich mich behaglich, leicht und energiegeladen, und insgeheim fragte ich mich, ob James im Fluß vor allen anderen seine Vorstellung geben würde wie ein Mann oder ob er mit sich zu Rate gehen und sich für eine Politik der Verhaltung entscheiden würde.

Unter solch tiefsinnigen Überlegungen – der Himmel ging gerade von Orange zu einem fahlem Gelb und dann in tiefes Blau über – schlug ich den falschen Weg ein, flußabwärts am Ufer entlang statt den Weg der Männer zurück zum Langhaus. Ich hörte Lachen und Planschen und Kindergeschrei und erkannte, daß ich unversehens über einen wenig benutzten Pfad zum Badeplatz der Frauen gekommen war. Noch verbargen mich Bambussprossen, junge Palmen und schilfähnliche Gräser. Da sich mein Schamgefühl in Grenzen hielt, schlich ich mich seitwärts und lugte durch die Büsche. Ein riesiger umgestürzter Baum lag im flachen Wasser, wo ihn eine längst vergangene Flut zurückgelassen hatte; sein dicker Stamm bildete eine Strömungsbarriere und eine sichere Lagune, in der man schwimmen konnte. Er ragte anmutig aus dem Wasser, und seine knorrigen Äste dienten als natürliche Sprungbretter für etwa zwanzig sehr kleine, sehr aufgeregte Kinder, die den Stamm hinaufschwärmten, auf den Fluß hinausliefen, hineinsprangen, zum Ufer schwammen und dann das Ganze wiederholten, wobei sie unaufhörlich schrien. Ihre Mütter, schlank, geschmeidig, halbnackt und im Wasser ebenso zu Hause wie auf dem Land, wuschen sich und ihre Sarongs, tauchten unter, um ihre langen schwarzen Haare zu befeuchten, schöpften Wasser in Krügen oder in langen Bambusröhren, um sie in Körben auf dem Rücken nach Hause zu tragen – oder sie saßen flußabwärts für eine Weile am Ufer. Weiter draußen überquerte ein Brahminenweih, offensichtlich ein Vogel, den zu erlegen tabu war, den Fluß; er segelte, schlug ab und zu mit den breiten braunen Flügeln und fischte.

Ich kehrte zum richtigen Pfad zurück und ging zum Langhaus, vorbei an freundlichen Gruppen von Kenyah-Männern auf dem Weg zu ihrem Badeplatz. Jetzt waren alle wach. Rauchsäulen erhoben sich in einer regelmäßigen Reihe von den Feuerstätten hinter dem Langhaus und stiegen geradewegs gen Himmel.

Im Raum des Häuptlings kochte der Frühstücksreis in eisernen Kesseln, und nur für uns verströmte ein fettes Waran-Gulasch in einem chinesischen Kochtopf seinen muffig-warmen Dunst. Es war ein bißchen wie der Geruch beim Zahnarzt, wenn er einen Abszeß öffnet. Mir wurde speiübel, und ich bekam plötzlich Magenkrämpfe. War nun der gefürchtete Augenblick gekommen? Hatte mich endlich der Borneo-Durchfall erwischt, der einem ganze zwei Minuten Zeit läßt, um sich zu winden – zwischen einem Schwergewichtsschlag in den Magen und einem gewaltigen Stoß durch den Afterschließmuskel? Mit zitternden Händen suchte ich im Rucksack den richtigen Plastikbeutel und verschluckte mit etwas kühlem Chlorwasser aus der SAS-Flasche zwei Streptotabletten und drei Codeinphosphatpillen.

Ich saß sehr still, und allmählich hörte der Schmerz auf.

»Makai?« fragte Leon und setzte sich mit gekreuzten

Beinen gemeinsam mit Dana, Inghai und einem stummen, verkaterten James ans Frühstück aus Reis und Waran.

Ich schüttelte den Kopf.

»Du hast die rennende Scheiße«, sagte Leon, ohne auch nur einen Augenblick zu zögern und klopfte sich auf den Bauch, um mir zu zeigen, wo es weh tat. »Ich auch, sehr oft.« Und dann schaufelte er ganze Kubikmeter Reis in sich hinein – und kiloweise Waran; Don Giovanni beim Frühstück, ging es mir durch den Kopf, mußte einen scheußlichen Anblick geboten haben.

Ich lehnte mich an einen Eisenholzpfosten und hatte Muße, die Einrichtung des Raums zu studieren. Diese Leute waren Bauern der Eisenzeit. Ihre Methoden waren wohl ebenso primitiv wie die der Einwohner von Skara Brae oder der Erbauer von Stonehenge. Aber neben den Speeren und Blasrohren, dem Kopfschmuck, dem Bengalkatzenmantel, den verzierten Körben, den dichtgewebten Reisbehältern, den Matten und Wandbehängen, den hölzernen Werkzeugen und plumpen Äxten gab es einige wirklich sehr eigenartige Trophäen, hochgeschätzte Mitbringsel von Handelsexpeditionen. Acht Bierdosen waren in einer Ecke hübsch arrangiert. Das Bild des vorletzten Papstes war mit vier Fischhaken an einer Wand befestigt. Ein verstaubter Kassettenrecorder stand auf dem Boden, zwei Kassetten mit Popmusik lagen daneben; eine Nähmaschine, deren goldene Lettern sie als »Standard« bezeichneten, war auf einem Tisch ausgestellt, und dahinter stand, als verblüffendstes Requisit, ein Globus.

Die Schweine grunzten und quiekten unter dem Fußboden; die Hunde, die für eine Jagdexpedition zusammengeholt wurden, jaulten; die Iban gingen los, um das Boot zu überprüfen und über den Pegel des Flusses zu diskutieren; James holte sein Notizbuch und ›Die Elenden‹ hervor; der rhythmische, eintönige Lärm der Frauen, die auf der Veranda Reis stampften, setzte ein; die Boxer in meinem Magen, die noch immer schwächlich aufeinander einschlugen, waren offenbar in den Clinch gegangen und wurden müde, und ich selbst schlief ein.

Einige Stunden oder Minuten später wurde ich wachgerüttelt. Ein alter Mann packte mich am Arm. Er zeigte auf den Medizinbeutel und zerrte mich am Hemd. Er war offensichtlich sehr verzweifelt, und ich folgte ihm mit dem Erste-Hilfe-Kasten hinaus. Entlang der Galerie stampften die Frauen den Reis. Sie standen zu zweit, mit schweren Stangen so groß wie sie selbst, und schlugen abwechselnd auf den Reis in einem Eisenholztrog zu ihren Füßen ein. Ihre Rücken streckten und beugten sich, ihr Haar fiel über die Schultern, ihre Brüste hoben sich bei der Aufwärtsbewegung und wurden flacher, bei der Abwärtsbewegung fielen sie nach vorne und rundeten sich. Leons Mädchen, sein Mond am Himmel, überaus schön, lächelte mich scheu an.

Zu meiner Überraschung führte mich der alte Mann direkt zum anderen Ende des Langhauses, vorbei an einer weiteren Gruppe älterer Frauen, die aus Rattanstreifen Matten flochten, und an zwei Frauen, die auf zwei Meter langen hölzernen Rahmen Tuch webten. Wir kletterten den gekerbten Baumstamm hinab und schlugen einen Weg ein, der von den riesigen Blättern gepflanzter Bananenbäume überschattet war. Nach einer Biegung näherten wir uns einer Gruppe von Hütten, alle auf Stelzen, wie ein Langhaus, das in einzelne Abschnitte geteilt war. Der alte Mann erkletterte den gekerbten Pfahl der ersten Hütte und nickte mir zu, ihm zu folgen.

Drinnen umfing mich Dunkelheit und ein beißender Gestank. Ein Kreis von Leuten, vermutlich die Familie des alten Mannes, stand um eine alte Frau, die seine Ehefrau sein mußte. Sie saß auf einem Schemel, ein Bündel Zweige in der Hand, mit denen sie ihren Fuß fächelte. Als sich meine Augen an die Dunkelheit gewöhnt hatten, schaute ich dorthin, wohin alle schauten: auf ihren Fuß. Mein Magen drehte sich wieder um. Der Fußrücken war ein offener See voller Flüssigkeit, klar umgrenzt von einer erhöhten Uferlinie aus entzündetem Fleisch. Sie bewegte sich etwas beim Fächeln; dabei glitten gelbe, schwarze und rote Entzündungsinseln auf der wäßrigen Wunde sanft in neue Positionen. Die Söhne und Töchter schauten mich fragend an. Ein ernster junger Mann mimte jemanden, der in den Fluß geht und auf einen Fisch tritt. Sie hatte auf ein Fischstachel getreten. Ihr Sarong war hochgezogen; ihr Bein zeigte bis weit über die Knie ein dunkles Rotbraun.

Sie schaute mich an, ihr Gesicht trotz der Schmerzen resigniert und würdevoll, aber ihre Augen waren groß und braun und bittend. Es war ein schrecklicher Moment. Sie litt, wie ich annahm, unter Wundbrand. Und sie brauchte starke Dosen Penizillin, weit mehr, als wir besaßen. Ich gab ihr zwei Tuben Savlon, zwei Pakete Multivitamine und eine Rolle Binden. Dafür gab mir der alte Mann drei Süßkartoffeln, die ich nahm. Es war der ekelhafteste Handel meines Lebens.

Geistesabwesend ging ich in den nahegelegenen Wald, der seit fünfzehn Jahren auf die nächste Rodung wartete, um allein zu sein. Irgendwo rief ein Spinnenfresser; und ich glaubte einen orangebäuchigen Mistelfresser zu sehen, eine winzige Flamme, die von Busch zu Busch tanzte. Ich setzte mich auf halber Höhe des Hügels mit Sicht auf das Langhaus neben eine große, purpurn blühende Orchidee. Sollten wir die Tiban-Berge vergessen und die Frau ins Krankenhaus nach Kapit bringen, den ganzen Fluß hinunter? Was sollten wir tun? So also starben die Menschen im Landesinneren – genau wie man es uns gesagt hatte: an Sepsis, an einem vernachlässigten Schnitt mit dem Parang, an einem aufgekratzten Moskitostich, der sich entzündete, an einem Stachelfisch im Fuß. Kein Wunder, daß die Bevölkerung so ewig jung war, so schön. Vielleicht hatte Lubbock es in seinem Buch ›Prehistoric Times‹ falsch dargestellt. Vielleicht war es nicht so sehr »die schreckliche Angst vor unbekannten Übeln«, die »wie eine Wolke über dem Leben der Wilden hängt und ihnen jedes Vergnügen vergällt«, sondern die in diesem Klima sehr vernünftige Angst vor allen möglichen Unfällen, vor den allgegenwärtigen Krankheitserregern. Sicherlich waren diese Gesellschaften sehr stabil, aber vielleicht war eben dies der Grund für ihre Stabilität. Die Ausgrabungen in den Nia-Höhlen haben gezeigt, daß die Borneo-Völker der wirklichen Steinzeit die gleichen Tiere aßen und die gleichen Boote bauten wie ihre vermutlichen Nachkommen noch heute und daß die großen Perlmuttschließen an den Festgürteln von Danas Töchtern im Langhaus von Kapit genauso aussahen wie die ihrer Vorfahren vor 40 000 Jahren.

Als ich zurück zum Langhaus kam, aßen James und die Iban ein Mahl aus Reis und Fisch. Ich gab ihnen die Süßkartoffeln, und ich erklärte ihnen das Problem.

»Sie stirbt«, sagte Leon, »das wissen alle.«

»Aber was würde passieren, wenn wir nicht hier

wären? Könnte sie ins Krankenhaus? Sollten wir sie flußab bringen?«

»Sie sind sehr arm. Sehr arm. All diese Menschen dort sind gerade erst aus Mahakam gekommen. Sie sind noch nicht im Langhaus. Sie haben kein Geld für Benzin aus dem Krankenhaus zurück. Sie will nicht weg. Hat nie im Leben ihre Familie verlassen, das Krankenhaus ist sehr weit. Sehr schwierig. Sie stirbt bald.«

»Aber was ist mit den fliegenden Ärzten?« sagte James. »Mit einem Hubschrauber?«

»Zu weit, viel zu weit für Hubschrauber. Diese Leute sehen nie einen Hubschrauber. Zu weit zum Fliegen.«

Dana zuckte die Schultern und rollte sich einen Stumpen aus Kenyah-Tabak und einem Bananenblatt. Er sprach mit Leon.

»Der Tuai Rumah sagt, wir können sie auf dem Rückweg ins Hospital mitnehmen, wenn ihr wollt.«

Die Iban hatten uns geholfen, der Entscheidung aus dem Weg zu gehen und uns die Sorgen aus dem Kopf zu schlagen. Wir saßen und rauchten schweigend. Dana legte seine dicke Kenyah-Zigarre beiseite und bediente sich von James' Gold-Leaf-Tabak.

»Der Tuai Rumah sagt, der Fluß ist zu niedrig zum Reisen«, sagte Leon, »aber heute nacht lassen wir das Wasser ansteigen. Er kennt die Bräuche. Ein sehr mächtiger Mann.«

Dana lächelte sein großes Häuptlingslächeln und winkte verschwörerisch mit dem Finger zu uns hinüber.

»Wir sagen es nicht den Kenyah-Leuten, weil sie den Reis ernten. Wenn sie wissen, daß wir unseren Zauber machen, machen sie ihren Zauber. Sie wollen keinen Regen.«

Inghai grinste. Es war eine Verschwörung der Iban.

»Sie haben keine Gewehre«, sagte Leon. »Sie wollen unsere Gewehre für morgen. Puff, puff, um den Hirsch zu schießen. Wir sagen nein, absolut nein – ihr verletzt euch selbst. Sie sind wütend auf den Tuai Rumah, ein bißchen wütend.«

»Moment mal«, sagte James, der besorgt aussah und eine seiner typischen Gesten machte – beide Arme ausgebreitet, die Handflächen nach oben. »Wir wollen diese Leute nicht ärgern. Sie sind unsere Gastgeber.«

»Ich weiß, ich weiß«, sagte Leon, »aber der Rumah wird den Fluß steigen lassen, und dann fahren wir, und dann sind sie nicht mehr unsere Gastgeber.«

Eine Kenyah-Frau trat ein, sie hielt ein Halsband in der Hand. Sie setzte sich neben uns und bot James das Halsband an.

»Sie will es verkaufen«, sagte Leon.

»Wofür will sie das Geld?« fragte James.

»Sie will es ihrem Mann mitgeben, nach der Ernte, wenn die Männer zum Handeln den Fluß hinunter zu den Chinesen gehen.«

Wir schauten uns das Halsband der Reihe nach an. Mir schien, daß die besten Geschenke von allen – besser als das Aginomoto (das allseits beliebte Natriumglutamat), besser als Sarongs, Salz, Patronen, Batterien für ihre unbenutzten Kassettenrecorder, Parangklingen aus Kapit – genau jene Gegenstände gewesen wären, die für uns so sehr ins 19. Jahrhundert gehörten, daß es uns wie eine Kränkung vorgekommen wäre, sie zu überreichen: Perlen.

Perlen sind in Borneo eine noch immer gültige Währung, ebenso wie die winzigen Kupfergongs und die chinesischen Vorratskrüge von der Größe eines hockenden Mannes (einige stammen noch aus der Zeit der Ming-Dynastie), die sich in fast jedem Langhaus finden. Wenige Perlen aus Muschelschalen und Achat wurden auf der Insel selbst hergestellt, die meisten von arabischen und chinesischen Händlern importiert; manche stammten wahrscheinlich aus chinesischer Produktion, andere aus dem fernen Osten und ein paar mit Sicherheit aus Venedig. Die wertvollste von allen, die lukut sekala, eine runde schwarze Perle mit zartweißer und orangefarbener Zeichnung, war einst soviel wert wie ein gesunder, erwachsener männlicher Sklave und würde heute weit über 1000 Pfund kosten.

Das Halsband setzte sich hauptsächlich aus gelben Perlen, labang, zusammen; jede einzelne war auf den beiden Grenzflächen zu den benachbarten flachgeschliffen worden, indem sie in das hohle Ende eines Zuckerrohrs gesteckt und auf einem weichen Stein gerieben worden war, wahrscheinlich vor etwa 150 Jahren. Neben den gelben gab es ähnliche blaue Perlen und sieben weit größere Faßperlen, schwarze lukut, ungelenk mit weißen, roten und grünen Streifen bemalt. Das Mittelstück bildete ein Paar imitierter Eberhauer aus Aluminium, mit Stoff zusammengebunden.

»He, Redmond, das hätte ich wirklich gern«, sagte James und ließ das Halsband durch die Finger gleiten.

»Wir besorgen es dir, mein sehr guter Freund«, sagte Leon. »Unser Tuai Rumah wird zu ihrem Unterhäuptling sprechen, und er wird zu der Frau sprechen, und du bekommst das Halsband. Wir handeln.«

Dana ging mit der Frau davon, um zu verhandeln. James setzte sich mit seinem Buch hin und erwartete den Abschluß, Inghai kroch in eine Ecke, rollte sich zusammen und schlief ein.

»Komm, Redmond«, sagte Leon, »jetzt suchen wir uns einen Ort für den Zauber.«

Wir kletterten den gekerbten Pfahl hinab, gingen an den Vorratshütten mit Reis vorbei und hinaus ans Flußufer.

»Wir brauchen Platz, um einen Topf zu drehen«, sagte Leon.

»Einen Topf drehen?«

»Ja, Redmond. Wir zeigen es dir. Unser Tuai Rumah – er kennt alle Bräuche.«

»Und du kennst aber auch welche, was, Leon?«

»Wie bitte?«

»Das Mädchen in dem rosa Sarong. Sie hat dich letzte Nacht besucht.«

Leon grinste und nahm seinen Homburg ab.

»Du bist ein dreckiger Mann«, sagte er entzückt.

»Leon, hast du einen Palang?«

»Wer hat dir das Wort gesagt? Woher kennst du das Wort?« fragte Leon ehrlich bestürzt.

»Ich habe darüber gelesen. Ich habe es in einem Buch gefunden.«

»Ah«, sagte Leon, »du und James, ihr seid keine gewöhnlichen Männer. James liest immer Bücher.«

»Er liest über Palangs nach«, sagte ich und grinste.

»Ha!« sagte Leon und streckte mir seinen muskulösen Finger ins Gesicht. »Du hast keinen Grund, über die Iban zu lächeln. Wir wissen, was ihr benutzt.«

»Was meinst du damit?« sagte ich überrascht.

Leon machte eine Pause und schaute sich theatralisch um, ob im Unterholz Spione lauerten, dann nach oben, ob jemand in den Kokospalmen saß und zuhörte.

»Ihr«, sagte Leon mit Nachdruck, »benutzt die Wimpern von Ziegen.«

»Guter Gott!« sagte ich.

»Ich wußte es!« sagte Leon und war sehr mit sich zufrieden.

»Aber, Leon, wann laßt ihr euch das machen? Wann hast du dir das Loch durch deinen Pimmel bohren lassen?«

»Mit fünfundzwanzig. Wenn du nichts mehr taugst. Wenn du zu alt bist. Wenn deine Frau von dir genug hat. Dann gehst du ganz früh am Morgen an den Fluß und setzt dich hinein, bis dein Speer klein ist. Dann kommt der Tätowierer und haut einen Nagel in deinen Speer, durch und durch. Und dann steckst du einen Pflock hinein, einen Pflock vom Außenbordmotor. Manchmal bekommst du einen großen Schmerz, ein Geschwür, und dann stirbst du.«

»O Gott!«

»Mein bester Freund – du mußt sehr gut aufpassen. Du mußt zum Fluß gehen und dich einmal im Monat hineinsetzen, bis dein Speer so kalt ist, daß du es nicht mehr fühlst, und dann machst du das Stäbchen los und drückst es hinein und hinaus; oder es steckt in deinem Speer, und du bewegst es nie, und es macht einen Kiesel mit deiner Pisse, und du stirbst.«

»Aber Leon«, sagte ich, preßte die Knie zusammen und besänftigte meinen Schock mit der rechten Hand, »hast du einen?«

»Ich bin viel zu jung!« sagte Leon gekränkt, und dann grinste er sein breites Iban-Grinsen, als ihm ein Gedanke kam: »Aber du brauchst einen, Redmond! Und James – er ist so alt und ernst, er braucht zwei!«

Leon rannte brüllend vor Lachen den Pfad entlang und scheuchte eine Hühnerschar in die Büsche.

Ich holte ihn vor der Bananenplantage ein. Er stand am Rand einer kleinen Lagune mit steilen Ufern. »Hier machen wir unseren Zauber«, verkündete Leon. »Jetzt sagen wir es dem Tuai Rumah.«

Wir holten Dana, James und Inghai aus dem Langhaus und führten sie zu der Zauberstätte. Inghai trug einen Korb. Mehr denn je sah James wie ein Häuptling aus, seine neue Kette aus Perlen und metallenen Eberhauern schmückte seinen Hals. Während ich meinen eigenen geheimen Fetisch in der Hosentasche befingerte, ein silbernes Henkelkreuz, das mir meine Frau und die anderen schönen Mädchen in ihrer Schneiderei in Oxford gegeben hatten, dachte ich an Edward B. Tylors Warnung in seinem Buch ›Primitive Culture‹ aus dem Jahre 1871: »In unserer Zeit ist Westafrika noch immer eine Welt der Fetische ... So hat die eingleisige Logik des Barbaren, die alles hervorhebt, was paßt, und alles übergeht, was nicht paßt, die Ereignisse des Lebens in eine universale Fetisch-Philosophie gegossen. So stark ist ihr Einfluß, daß sie der Europäer in Afrika vom Neger übernehmen wird ... So mag mancher Reisende, der einen weißen Gefährten schlafen sieht, eine Klaue oder einen Knochen oder dergleichen Zaubertand insgeheim um seinen Hals gebunden finden.«

Dennoch: Wenn es auch nur die geringste Chance gab, daß uns der Zauber helfen würde, den Oberlauf des Baleh zu erreichen und den Mount Tiban mit diesen schrecklichen Rucksäcken beladen zu ersteigen, dann war ich bereit, alles heimlich bei mir zu tragen, solange es nicht ein Wurm war, ein Bazillus, ein Virus oder eine Python. Tatsächlich wäre ich auch bereit gewesen, einen Totempfahl zu tragen, meinetwegen zwischen den Beinen, oder sogar ein Kruzifix um den Hals.

Inghai setzte seinen Korb ab und hob mit der linken Hand den Deckel; mit den Fingern der rechten Hand wischte er sich dabei sehr sorgfältig die Nase, eine Gewohnheit, der er sich in ernster Stimmung gerne hingab. Der Korb enthielt einen Wok, ein Paket Salz und eine Schildkröte. Dana nahm den Wok und das Paket heraus und legte sie auf den Sand; dann sprang er das Ufer hinauf, zog seinen Parang und schlug einen Zweig von einer Palme.

Er trug ihn wie einen Bischofsstab und machte uns Zeichen, wir sollten ihm alles nachmachen. Parallel zum Fluß gingen wir zu den nassen Steinen, machten eine Wendung und marschierten dann zehn Schritte am Ufer zurück. Dana nahm eine Prise Salz aus dem Paket und legte sie unter einen Felsen. Wir gingen zu dem strudelnden Fluß zurück. Dana erhob seinen Palmenzweig und begann einen rhythmischen Ibangesang; im Takt seines Liedes peitschte er das Wasser.

Ein verwirrter Kappenliest, der von einem toten Baum aus Insekten jagte, ließ eine Libelle aus dem Maul fallen und machte sich flußaufwärts davon, hellrot und blau und gelb; er war schnell verschwunden.

»Viel Glück!« sagte Leon. »Er geht hoch; wir gehen hoch.«

Dana watete in das Wasser, sang dabei leise vor sich hin und peitschte den Fluß. Dann bückte er sich und steckte den Zweig zwischen die Steine im Flußbett und ließ etwa einen Meter des Wedels über die Oberfläche ragen, wo er in der Strömung schwankte und zitterte.

»Am Morgen«, sagte Leon, »bedeckt der Fluß die Palme.«

»Unser Tuai Rumah«, sagte Inghai sehr bewegt, »bringt uns Glück. Er kennt die adat lama (die Gesetze und Bräuche der Iban). Großer Mann.«

Dana rief etwas zu Inghai hinüber, und der rannte das Ufer hinauf, holte den Wok und die im Koma liegende Schildkröte, brachte sie zum Herren der Zeremonie und bezog wieder Stellung in unserer Reihe.

Dana setzte die Schildkröte in den Wok und den Wok in die Mitte eines kleinen Strudels, er murmelte sehr schnell vor sich hin, dann drehte er mit beiden Händen den Wok mit der Schildkröte siebenmal links und siebenmal rechts herum.

»Bleib dran«, sagte Leon sehr ernsthaft – eine Redensart, die er von James übernommen hatte, »jetzt sagt ihr euren Englandzauber.«

»Inglang-Zauber! James! Inglang-Zauber!« rief Inghai aufgeregt und tanzte dazu.

James stand eine Weile unbewegt und rollte dann seine enormen Augen in seinem kahlen Schädel nach innen, bis nur noch das Weiße sichtbar war. Es war ein abscheulicher Anblick. Leon und Inghai schauten beklommen auf ihre Zehen im Sand hinab.

»Auf die Füße, junger Fluß«, intonierte James und brachte seine Augen wieder in die richtige Position. »Wir stacheln dir mit Palmen deinen Hintern. Wir locken dich mit Salz, dem Salz der See. Wir heben dich in die Höhe wie eine Schildkröte, die nach oben schwimmt.«

»Sachte, James«, sagte ich entnervt, »du wirst uns eine Dreißig-Meter-Flut auf den Hals hetzen.«

Wir eilten zurück ins Langhaus. Neben all seinen anderen Fähigkeiten verfügte Dana auch über die eines hervorragenden Meteorologen. Riesige Wolken häuften sich im Osten.

Wir aßen den Waran auf und einige Sebarau, die Inghai geräuchert hatte, und packten dann unsere Rucksäcke für die Abreise am Morgen. Die jüngeren Söhne des Häuptlings gingen ein und aus und bereiteten sich selbst auf die Reise zu ihren entfernten Reisfeldern am folgenden Tag vor.

Ich sortierte den durcheinandergeworfenen Inhalt all meiner wasserdichten Plastikbeutel, nahm meine Malariapillen und zählte die Morphinspritzen nach – vielleicht hatten sich Dana oder James bedient, um Leons Abenteuer zu durchschlafen –, und als James nicht hinsah, übte ich an einer Banane meine subkutane Perforationstechnik. Als ich die wassergefüllte Ersatzspritze in die Frucht steckte und den Kolben niederdrückte, zischte an der anderen Seite ein Strahl Flüssigkeit heraus und durch den Raum. Ich beschloß daher, James lieber in den Hintern statt in den Arm zu spritzen.

Ich verschloß den Medizinbeutel und plazierte ihn, gut mit Socken gepolstert, mitten im Rucksack; die Nacht brach herein, ich setzte mich neben die zentrale Talglampe und betrachtete erneut mit entzücktem Unglauben all die Gebirgsvogelarten, die Smythies in ›The Birds of Borneo‹ abbildet. Die alte Frau ließ die Fischernetze liegen, an denen sie knüpfte, kam herüber und kauerte sich neben mich. Sehr langsam blätterte ich die Farbtafeln um. Sie beugte sich fasziniert vor, und ihre herabhängenden, durchbohrten Ohrläppchen, beschwert mit jeweils etwa zwanzig Messingringen, warfen zwei Schattenellipsen auf die groben Planken des Fußbodens. Es schien eine Weile zu dauern, bis sie erkannte, daß die Bilder Vögel darstellten, Vögel, die ihr vertraut waren; dann kam ein dürrer Arm herüber, und ein knarrender Finger mit knotigen Gelenken wies auf die Abbildungen. Es war die Tafel III, die Raubvögel von Borneo, und sie zeigte auf den Brahminenweih, *Haliastur indus intermedius.* Vorsichtig streichelte sie seinen rotbraunen Rücken und wandte sich zu mir, ihre alten Augen leuchteten, und mit zahnlosem Gaumen lächelte sie mich an.

Die beiden Söhne des Kenyah-Häuptlings kamen zu uns herüber, ein oder zwei weitere Männer traten von der Veranda herein. Ich blätterte weiter. Sie nickten erkennend und voller Vergnügen und sprachen aufgeregt miteinander; offenbar gab es einige recht strittige Fragen. James, Dana, Leon und Inghai schlossen sich an, und alle setzten sich in einen Kreis.

»Bejampong«, sagte Leon entschieden und legte seinen Finger auf den Haubenhäher, *Platylophus galericulatus coronatus,* einen kecken braunen Vogel mit einem weißen Halbmond im Nacken und einer Feder wie einem zweiten Schwanz am Hinterkopf. »Er ist sehr frech, wie Inghai. Und er spricht sehr viel, wie ich.«

»Was soll das?« sagte Inghai schläfrig und gab Leon einen Schubs.

»Sehr wichtiger Vogel für uns Iban«, sagte Leon. »Singt wie heiße Stöcke. Wir müssen ihn hören, wenn wir die Bäume gefällt haben, aber bevor wir die Hügel abbrennen, um den Reis zu pflanzen.«

Leon mimte das Feuer mit seinen Fingern, die wie Flammen flackerten, und ließ einen trocken knisternden Schrei hören. Die Kenyah nickten.

»Siehst du«, sagte Leon und nahm das Buch, »sie denken wie ich. Und du mußt den Bejampong hören, bevor du zur Jagd gehst oder zum Kampf. Ist er sehr schnell, bist du sehr schnell. Und sein Jugu« – Leon zeigte auf die Haube des Hähers – »ist wie das Haar auf dem Kopf eines Mannes, den du nicht magst« – Leon hielt ein Büschel seiner Haare mit der freien Hand in die Höhe –, »und also nimmst du Köpfe.«

Es entstand ein peinliches Schweigen, und Leon, der merkte, daß er im Eifer zuviel gesagt hatte, gab das Buch verlegen an seinen Tuai Rumah weiter. Meister Dana wendete die Seiten mit Autorität und belehrte

James und mich in einem sehr amtlich klingenden Iban.

»Er ist der Tuai Burong«, sagte Leon, »er weiß, was die Vögel uns sagen. Sehr, sehr schwierig für gewöhnliche Männer. Er träumt Träume für Häuptlinge. Nicht wie unsere sehr unartigen Träume, absolut nicht. Singalang Burong lädt ihn in sein Haus im Himmel ein, um die Vögel zu treffen, seine – wie sagt ihr? – die Männer seiner Tochter. Sie heißen keptupong, embuas, beragai, papau, bejampong, pangkas und nendak. Sie achten auf uns Iban. Sie sprechen zu uns, und unser Tuai Burong, er versteht.«

Dana hielt das Buch offen, so daß alle seinen Daumen auf dem Halsbandtrogon sehen konnten, einem langschwänzigen drosselähnlichen Vogel mit schwarzer Brust und scharlachrotem Bauch, ein recht verbreiteter, aber selten gesehener Bewohner des Primärdschungels bis zu etwa 4000 Fuß Höhe.

»Pau, pau, pau, pau, pau, pau«, sang Dana in ansteigender Melodie.

»Er macht diesen Ton«, sagte Leon. »Sehr viel Glück, wenn dieser Vogel ruft. Beragai laki und Beragai indu, der Mann und die Frau in einem Busch. Du kannst sie nicht sehen. Sie lachen. Du hast eine gute Jagd; und dann lachst du auch.«

Dana blätterte in den Farbtafeln und fand ein Paar Wellenlieste, das Männchen mit langen und schwarzen Streifen, das Weibchen schwarz und braun, primitive Eisvögel, die tief im Dschungel auf Bäumen leben und sich niemals über dem Wasser sehen lassen.

»Piepitt, piepitt, piepitt«, sang Dana im Falsett.

»Sehr großes Unglück«, sagte Leon und widersprach damit unwissentlich der Meinung Freemans, der Wellenliest sei baka orang mentas jako: jemand, der freundlich spricht. »Embuas laki und Embuas indu – du hörst sie, du kehrst um, oder es geht dir schlecht. Wenn sie mimpin fliegen, von rechts nach links, mußt du den ganzen Weg zurück rennen.«

In diesem Augenblick hörte man einen entfernten Donnerschlag; der Regen begann auf das Dach zu fallen, weit oben über den dicken, düsteren Dachbalken, weit über den schwachen Schatten, die die Lampe warf.

»Badas!« sagte Dana mit einem breiten Grinsen, fiel aus der Rolle und protzte mit seinen beiden gewaltigen Bizepsen.

Inghai strahlte vor Stolz und schaute dann voller Ehrfurcht auf seinen Helden, den Herren des Hauses, den Bringer des Regens.

»Unser Tuai Rumah, er ist der beste Häuptling in ganz Kapit«, sagte Leon.

»Ein cleverer alter Rumah Puma«, flüsterte James, »aber ich fürchte, er ist ganz systematisch hinter meinen Zigaretten her.«

Als ich sah, daß die Kenyah uns verlassen wollten und die Party zu Ende ging, holte ich schnell Lord Medways ›Säugetiere von Borneo‹ aus dem Rucksack und schlug ein Foto von *Didermocerus sumatrensis harrissoni*, dem zweigehörnten Borneo-Nashorn (Sumatra- oder asiatisches Nashorn) auf.

»Leon, frag sie, ob sie das jemals gesehen haben.«

Leon berührte seine Augen und zeigte dann auf das Bild, ein gefangenes Weibchen aus Sumatra bei seinem privaten Schlammbad im Botanischen Garten (Kebun Raya) von Bogor, Indonesien.

Allgemeines Kopfschütteln.

»Jeder hat davon gehört«, sagte Leon, »selbst in Kapit; aber keiner hat es gesehen.«

Dann versuchte ich es mit einem seltenen Vogel, den

es nur in Borneo gibt, dem Warzenkopf, *Pityriasis gymnocephala,* den uns Ernst Mayr vom Museum für vergleichende Zoologie in Harvard zu suchen gebeten hatte. »Die Vögel sind langsam und schwerfällig in ihren Bewegungen«, schreibt Smythies, »halten sich in der mittleren Höhe des Waldes auf und sind kaum zu erschrecken.« Mir war in den Sinn gekommen, man könne sie vielleicht am besten beobachten, indem man James auf eine Lichtung stellte und darauf wartete, daß sie herunterkämen, um sich mit ihm zu paaren.

Der graurückige, rotkehlige, schwarzschnäblige und glatzköpfige Vogel saß auf Tafel XLV auf seinem Ast (genau unter einer anderen Borneo-Rarität, der Großen Meise) und schaute die versammelte Gesellschaft aus seinen kleinen schwarzen Augen kummervoll an. Keinerlei Anzeichen des Erkennens. Niemand hatte ihn gesehen; niemand hatte von ihm gehört.

Enttäuscht steckte ich meine Bücher fort, und alle gingen zu Bett. Während der Regen unablässig auf das Atap-Dach trommelte, blieb ich wach und las mein Notizbuch mit nützlichen Hinweisen für das Leben im Dschungel, vor allem das Kapitel über den Mount Batu Tiban mit dem Unterabschnitt ›Blutegel‹. In Oxford hatte ich mir die Zusammenfassung eines Aufsatzes von Smythies im ›Sarawak Museum Journal‹ von Juli-Dezember 1957 notiert, jetzt wirkte das ganze Thema viel weniger akademisch. Unter Hinweis auf das große Werk von Harding und Moore über *Hirudinea* bemerkt Smythies: »Über die Blutegel von Borneo ist sehr wenig veröffentlicht, unsere Kenntnis von ihnen bleibt mager. Zweifellos warten noch viele Arten auf ihre Entdeckung und Beschreibung. Sie müssen als externe Parasiten auf Fischen, Froschlurchen, Schildkröten, Krokodilen und Wasservögeln gesucht werden,

in den Luftwegen wasserlebender Säugetiere etc. und als grabende Formen unter Baumstämmen und im Humus der Regenwälder. Die echten Land- und Baumegel werden sich zeigen, ohne daß man sie sucht ...«
Die Landegel von Borneo gehören zu der Familie der *Hirudinea,* »der zehnäugigen blutsaugenden Egel«; und ein »Blutegel, der ausgestreckt linear wirkt, kann in vollständiger Kontraktion eiförmig sein. In Ruhe und ungenährt kann er sehr flach wirken, durchsichtig, fahl und rauh, mit vorstehenden, wachsamen, sensorischen Papillen; ist er voll Blut, wird derselbe Egel ein vielfaches größer sein, aufgebläht, dick, undurchsichtig, dunkelfarbig und glatt.«

Und man muß vorsichtig sein, wenn man im Bergdschungel aus Bächen trinkt, wegen des Drahtegels, der Nase und Mund attackiert: »Der Befall durch diesen Egel zeigt sich gewöhnlich durch Nasenbluten, und mehrere Dusuns berichteten, sie hätten wilde Tiere wie Ratten und Zwergböckchen gesehen, die von kleinen Egeln befallen waren ... Sie kommen nur örtlich vor und sind anscheinend auf saubere Bergbäche beschränkt ... Dieser Egel ist gefährlich, weil er sehr unauffällig ist und für seine Größe eine außergewöhnliche Reichweite hat; er streckt sich zu einem Faden. Die Dusuns bedienen sich fast immer eines Trinkrohrs aus einem Stück Bambus oder Blättern, wenn sie aus Bächen trinken müssen ...«

Aber all das war nichts im Vergleich mit dem Riesenegel:

»John Whitehead (›The Exploration of Mount Kinabalu‹, S. 165) schreibt: ›Tungal brachte einen enormen Egel herbei; als er ihn streckte, hatte er eine Länge von etwa dreißig Zentimetern und war fahl cremefarben. Er hatte diese scheußliche Kreatur auf dem Weg in der

Nähe des Lagers gefunden ...‹ Audy und Harrisson fanden ebenfalls Egel dieser Art auf dem Kinabalu: ›Auch zwei unterschiedliche und sehr große Egel fanden sich an. Ein riesiger, qualliger Egel kam von dem Saumpfad in der Nähe von Tinompok. Der andere, dunkler und kleiner, wurde am Kambarongah in einer Höhe von 2600 Metern gefunden.‹« Und am beunruhigendsten: »Dr. Nieuwenhuis erwähnt Eingeborenenberichte über Riesenegel auf dem Mount Batu Tiban.«

Sollte ich James davon erzählen? Oder wäre es freundlicher, es ihm einfach selbst zu überlassen, sie aus seinen Hosen zu zupfen, sobald das nötig wurde?

Während ich dieses schwierige Problem wälzte, fiel mir eine kleine Gestalt am anderen Ende des Raums auf. Es war Leons Mädchen im rosa Sarong. Sie ging mit kleinen Schritten, ihr Körper war sinnlich, ihre Bewegungen flink und leicht. Sie zögerte, als sie meine Taschenlampe sah, also knipste ich sie aus und legte mich hin. Sie gelangte sicher zu Leon, ohne entdeckt zu werden, und bald mischte sich das Kichern und Flüstern der beiden mit dem sanft gewordenen Trommeln des Regens auf dem Dach.

Ich schlief ein und träumte von Leon und seinem schönen jungen Mädchen, von Palangs und sechzig Zentimeter langen Blutegeln und von Harrissons Egeln, die »wenn sie die Nähe eines Opfers spüren ... den Körper erigieren und sich aufrecht auf den hinteren Saugnapf stellen.«

10

In der Morgendämmerung eilte ich hinunter zur Beschwörungsstätte. Der Palmwedel war verschwunden; das Wasser war gestiegen – bis zu dem Stein, der die zauberkräftige Prise Salz bedeckte. Ich machte ein paar Wellen und schickte sie auf den Weg, und dann ging ich an der Badestelle der Männer schwimmen, wo mich die Welse gut bedienten.

Weiter unten lagen kleine Kanus am Ufer. Familien machten sich auf die kurze Reise flußab oder -aufwärts zu ihren abgelegenen Feldern. Die Männer standen hinten und stakten, die Frauen saßen unter ihren riesigen runden Hüten im Bug und paddelten, und die Kinder hockten mit ihren jungen Hunden und den Bildern der Königin in der Mitte.

Die Hunde waren sehr aufgeregt. Sie hatten sich am Ufer zu einem Rudel gesammelt, kläfften und heulten, kämpften eifrig um Vorrang und hielten Ausschau nach ihren Lieblingsfamilien, um dann von Stein zu Stein springend und jaulend neben den Kanus herzulaufen, bis die Welt wieder in Ordnung wäre und sich alle auf den Reisfeldern vereinten.

Dana überwachte, wie unser Boot beladen, der neu eingekaufte Reis verstaut und von Inghai die Zeltbahn festgezurrt wurde. Leon kümmerte sich um den Außenbordmotor, brachte ihn auf Touren und hob ihn dann aus dem Wasser, um eine Gruppe Mädchen am Ufer zu beeindrucken. Wir aßen ein Frühstück aus Fisch und verabschiedeten uns feierlich von unseren Gastgebern.

Leon machte den Motor nun wirklich bereit, warf

ihn an, und wir fuhren hinaus auf die Flußmitte, vorbei an der Flotte der Kenyah-Kanus am Ufer. Leons Mädchen im rosa Sarong stand auf einem kleinen Hügel über der Landestelle und winkte ihrem entschwindenden Liebhaber. Leon schaute sich alle paar Meter um – Dana und Inghai verfluchten ihn auf Iban – und lenkte das Boot in wildem Zickzack, bis wir außer Sicht waren.

Auf den ersten Meilen waren die Hügel mit Sekundärdschungel oder den Reisfeldern dieses Jahres bedeckt; die geschwärzten Baumstümpfe gefällter und verbrannter Waldriesen erhoben sich ein paar Fuß über die Erde. Aber allmählich wurden die Kenyah-Felder mit ihren Schutzhütten auf Stelzen seltener, und der Primärdschungel setzte sich wieder durch. Wir kamen an einem blühenden Baum vorbei, einem Ausbruch roter Rispen in dem endlosen, vielfältigen Grün. Über ganze Quadratkilometer Dschungel würden alle Exemplare dieser Art ihre scharlachrote Einladung an nektartrinkende Interessenten aussenden, um ihre eigenen Samen zu verbreiten. Aber in einem Land ohne eigentliche Jahreszeiten, in der jede Baumart ihren eigenen Frühling hat – alle acht oder zehn oder vierzehn Monate, wie es seit Urzeiten ihrer Laune entspricht –, können die Schmetterlinge und fliegenden Käfer und Motten und Honigsauger und Fledermäuse (auf fahlen, übelriechenden, nachts erblühenden Blüten) das ganze Jahr über Nektar trinken, und jeder Baum wird fast mit Sicherheit befruchtet, aber niemals findet man eine Vielfalt verschiedener Farben, ein buntes Frühlingsblütenmeer im Dschungel.

Riesige Eichen und Kastanien drängten sich bis ans Wasser. Ihre Äste, mit Lianen bedeckt, die in Schlingen herunterhingen, ragten über den Fluß und verbargen die Ufer, so daß wir uns auf einem endlosen Wasserweg durch den Wald zu schieben und zu winden schienen, aufwärts klimmend und langsam in einen Berg hineinsteigend. Die Artenvielfalt schien nun anders zusammengesetzt; aber da ich wußte, daß auf zehn Hektar Borneo-Dschungel bis zu achthundert verschiedene Baumarten leben können, gab ich es auf, sie identifizieren zu wollen. Wir bewegten uns schließlich in einer der ältesten, reichsten und stabilsten Umwelten der Erde, wo jeder Art ausreichend Zeit zur Verfügung gestanden hatte, ihren Weg der Evolution so variantenreich zu gestalten wie die uns umgebenden Schlingpflanzen ihren Weg durch das Geäst.

Kleinere Fischadler, kleine Grünreiher, Storchschnäbel und Kappenlieste tauchten wieder häufiger auf. Der Fluß verengte sich weiterhin, die großen Bäume berührten sich fast über unseren Köpfen, und das Wasser wurde klar. Wenn Leon das Kanu vorsichtig durch die tiefen Stellen oberhalb der Stromschnellen lenkte, schauten wir über die Ränder des ausgehöhlten Baumstamms und beobachteten die Schwärme schwarzer und silberner Fische in der Strömung. Große hellrote Libellen schwebten über dem Wasserspiegel.

Wir kamen zu einem kurzen geraden Flußstück, das durch eine Sandbank geteilt wurde.

»Schau dir das an! Schnell!« sagte James und zeigte nach vorne.

»Sentuku! Sentuku!« rief Dana.

Ein paar große, schwarzgeflügelte Vögel überquerten hintereinander den Fluß, ihre langen Schwanzfedern glänzten weiß in der Sonne: der seltene Langschopf-Hornvogel, *Berenicornis comatus*.

»Badas!« sagte Dana und gab Leon Anweisungen.

»Jetzt holen wir was zu essen«, sagte Leon und ließ das Boot sanft auf der Sandbank auflaufen.

Dana und Inghai sammelten Treibholz, hackten es mit ihren Parangs in die richtige Länge und machten ein Feuer, um Reis und Fisch zu kochen. Leon verschwand mit seiner Harpune unter den überhängenden Ästen am Ufer, und James und ich zogen uns bis auf die Unterhosen aus und gingen schwimmen. In dem kristallklaren Wasser umgaben uns Schwärme winziger Fische; wenn sie auf der Jagd nach Seifenflocken vorbeischossen, umblitzte ein flüssiges Kaleidoskop aus Rot, Gold und Silber unsere Beine.

James stand in dem Dschungelfluß und ließ ein Stück Palmolive zwischen den Händen schäumen; er schüttelte Schaumflocken ins Wasser und stand fasziniert, während sich ganze Fischschwärme um seine Knie sammelten.

»James! Makai!« rief Inghai endlich und hielt ein Eßgeschirr hoch.

»O Gott!« sagte James und erwachte aus seiner glückseligen Trance. »Eine anständige Mahlzeit könnte ich brauchen.«

Als wir uns, vor der Mittagssonne durch Hüte und Handtücher geschützt, auf unsere Felsen setzten und eifrig Sebaraufleisch aus den Grätenbündeln saugten, näherte sich dem Becken vor uns eine Gruppe ganz besonderer Vögel. Offenbar waren es Segler, aber sie waren so groß wie Stare, und über das Wasser huschten sie wie Schwalben, ihre säbelförmigen Flügel rappelten und knarrten vor Anstrengung, wenn sie ihre Schnäbel platschend ins Wasser tauchten und von neuem anflogen und dabei nach Insekten haschten.

»Was zum Teufel sind das für Burschen?« sagte James.

»Bleib dran«, sagte ich (wir alle hatten uns die sprachlichen Eigenheiten des Dichters angewöhnt), »ich schau mal bei Smythies nach.«

Die Vögel ließen sich nicht davon stören, daß ich zum Einbaum ging, um den Smythies und das Fernglas aus meinem Rucksack zu holen. Sie schienen einander mit schrillen Schiiiiiets zu beschimpfen, aber die Trommelschläge bei ihrem Anflug aufs Wasser rührten von ihren Flügeln her.

»Das sind offensichtlich Ur-Segler«, sagte James. »Ein mieser Prototyp mit einer völlig verkorksten Aerodynamik, die der gütige Schöpfer inzwischen nicht mehr benutzt.«

»Du brauchst nicht zu provozieren, bloß weil dir dein Sebarau nicht schmeckt.«

»O Gott, er ist aber auch scheußlich«, sagte James und stellte sein Eßgeschirr angeekelt auf die Sandbank, wo es sofort von Schmetterlingen überflutet wurde.

Smythies klärte uns bald auf: Es waren Eilsegler, *Hirundapus giganteus*. Angesichts der vielen unsichtbaren Vögel, der verwirrenden Vielfalt markanter Rufe und des Hintergrundgeschnatters aus dem Dschungel zog ich eine absurde Befriedigung aus der Tatsache, wieder einen Namen für etwas gefunden zu haben, so daß sein Bild nun einen klar umrissenen Platz in unseren Köpfen hatte: Wir hatten uns den *Hirundapus giganteus* angeeignet und seinen Flug in unserer Erinnerung verwahrt, wußten nun, daß er »in Borneo in geringer Zahl vorkommt« und daß auch Smythies seinen »Flug eigenartig schwerfällig« nennt. Ich griff zum Fernglas, um seine angeblich »weißen Deckfedern unter dem Schwanz« zu überprüfen, aber es nutzte nichts: die ungeschützten Nikons hatten sich nun verdunkelt, eine

Pilzmasse war direkt über die Linse und tief in die Tuben hineingewachsen.

Leon nahm zwei Sebarau aus, die er gefangen hatte, schnitt sie in Stücke und salzte sie; ihre blutenden Köpfe warf er ins seichte Wasser, wo sie sich sofort in zwei zuckende Silberwolken aus kleinen Fischen verwandelten.

Dann machten wir uns wieder auf den Weg, den enger werdenden Fluß hinauf. Fast ständig stießen wir auf Stromschnellen, aber sie waren nicht mehr bedrohlich.

Weit oben schien ein Paar Malaienadler unser langsames Vorankommen geruhsam zu beobachten – sie segelten immer im Kreis über dem glänzenden kleinen Flußlauf im Dschungel. Auch Schlankaffen begleiteten uns, ganze Scharen raschelten und polterten in den Bäumen am Ufer herum, und wenn wir vorüberfuhren, schauten sie für ein oder zwei Sekunden heraus.

Den größten Teil des Nachmittags ließen wir den Außenbordmotor schweigen und ruhig auf seinem Rahmen liegen und zerrten den Einbaum die Schnellen empor; nur das Rauschen des Wassers zwischen den Felsen und Danas Ausrufe vom Bug: »Saytu, dua, tiga - bata!« störten den ständigen Lärm des Dschungels. Wir machten häufig Rast und schauten in den immer dichteren Dschungel und bemerkten zum ersten Mal einen winzigen Eisvogel unter den überhängenden Bäumen, einen gelben Blitz, der beim Fliegen pfiff, den Malaienliest, ein Energiebündel von der Größe eines Rotkehlchens.

Gegen vier Uhr begann Dana nach einem Lagerplatz Ausschau zu halten, aber die Vegetation war viel zu dicht, die Bäume und Büsche drängten sich über das

Ufer, um Sonnenlicht von oben und von unten, vom Wasser reflektiert, einzufangen. Und dann, als wir das Kanu gerade um eine mit vielen Steinen gespickte Flußbiegung zogen, blieben wir stehen und starrten ungläubig nach vorn. Vor uns teilte sich der Baleh. Der Balang von links, der obere Baleh von rechts sprudelten zusammen und vereinigten sich zu einem tiefen Becken. Frühere Fluten hatten tiefe Terrassen in die Ufer gegraben, etwa fünf Meter über dem Wasserspiegel, wo bis jetzt nur kurze Stämmchen wieder hatten Fuß fassen können. Das Becken selbst war von ockerfarbenem Sand gesäumt, mit Felsbrocken und Treibholz an den Rändern. Hier war also die letzte Gabelung des Baleh – ein Ort, den ich auf der Karte schon oft und begierig aufgesucht, aber in der Wirklichkeit kaum zu erreichen gehofft hatte. Es war eine in sich geschlossene Welt aus sanftem Wasser: Eilsegler, die größten Segler überhaupt, flogen um das Becken, tauchten hinab, durchfurchten das Wasser mit den Schnäbeln und zogen sich zurück in die Luft.

»Badas! Badas!« rief Dana, streckte seine tätowierte Faust hoch und schlug sich auf den Bizeps, als hätte er diesen Ort selbst geschaffen.

»Jetzt fangen wir wirklich Fische«, sagte Leon.

»O Gott«, sagte James.

»Und da ist Gemüse«, sagte Leon, als wir uns dem Ufer näherten.

»Wo?« fragte James mit plötzlich aufgeheiterter Miene, als erwartete er an diesem geheiligten Ort einen Haufen Pastinakwurzeln zur Begrüßung.

»Dort«, sagte Leon und streckte die Hand aus, während er mit der anderen den Einbaum ans Ufer steuerte, »an den Büschen. Erbsen.« Es war ein struppiges Dickicht, mit dunkelgrünen Beeren bedeckt.

»Terong pipit«, sagte Dana und fügte mit großer Vehemenz ein paar Worte auf Iban hinzu.

»Der Tuai Rumah sagt, sie schmecken wie Köttel«, sagte Leon grinsend.

»Rattenscheiße! Rattenscheiße!« rief unerwartet vom Bug her der Ausguck Inghai.

»Rattenscheiße oder nicht«, sagte James entschieden, »ich werde ein paar probieren. Reis und Fisch halte ich nicht mehr lange aus.«

»Mach dir keine Sorgen«, sagte Leon und wirkte besorgt, »mein sehr bester Freund, bald ist alles in Ordnung. Bald machen wir Fischsuppe.«

James nahm das Eßgeschirr und begann Terong pipit zu sammeln. Inghai trug Treibholz zusammen, und Leon und Dana, nachdem sie den Einbaum mit langen Stücken Fallschirmkordel an zwei Riesenbäumen festgebunden hatten, machten sich daran, einen Flecken im Dschungel für unsere Lagerhütte zu roden. Ich breitete meine triefenden, vom Flußwasser glitschigen Kleider, Hemd, Hosen und Socken, auf einem Stein zum Trocknen aus, lehnte mich zurück und wartete auf die Schmetterlinge. Sie kamen flatternd und schaukelnd, kurvend oder in geradem und schnellem Flug, sie kamen aus den Büschen, von der Sandbank, unter den Bäumen hervor; und einige schienen, fertig entwickelt, aus dem Nichts zu kommen. Es gab die üblichen gelben und blauen Brookes Vogelfalter und Schwalbenschwänze, doch anscheinend mehr aus der Familie der *Danaidae*, der großen, dunkelfarbigen Schmetterlinge, deren schwarze oder braune Flügel auf beiden Oberflächen in irisierendem Blau oder Grün gestreift oder weiß und gelb gefleckt waren. Sie waren so zahm, daß Inghai, klein und flink wie ein Mungo, sie an ihren gefalteten Flügeln hochheben konnte, während sie saugten. All diese Schmetterlinge bewegen sich ohne jede Angst vor Feinden, da sie in ihren Körpern irgendwo die Reste der Giftpflanzen lagern, von denen sie sich als Raupen nährten. Sie hatten sich auf James niedergelassen, merkte ich, und saugten den Schweiß von seinem Rücken, während er sich beim Beerenpflücken abmühte.

Ich zog meine nunmehr nur noch feuchten, erhitzten Kleider an und stieg das Ufer hinauf, um Dana und Leon beim Bau unserer Hütte zu helfen. Sie hatten zwischen einigen großen Kastanien eine Lichtung gerodet und schnitten und schlugen vier stämmige Bäumchen zu Pfosten, wobei sie das eine Ende mit geschickten, kräftigen Hieben ihrer Parangs zuspitzten. Mit einem Pfosten als Ramme bohrten wir vier tiefe Löcher an jeder Ecke eines Vierecks von fünf Metern Seitenlänge in den weichen Boden. Als die Pfosten hineingesteckt waren, zeigte sich im Ansatz der Grundriß eines großen Vierpfostenhauses. Etwa sechzig Zentimeter über dem Boden banden wir Querbalken an die Pfosten, mit Rattan, den Leon in Streifen von einem Baum geschnitten hatte. Auf diesen Rahmen legten wir dünnere, elastische Stämmchen, einen Matratzenboden, und dann fügten wir ein schräges Dach aus gekreuzten Zweigen hinzu. Schließlich wurde Inghai von seinem Feuer und seinem eben errichteten Räuchergestell abberufen und in den Dschungel geschickt, um die richtigen Blätter für das Dach und die Unterlage zu sammeln.

Dana, der die Arbeit überwachte, schaute recht zufrieden um sich. Dann ließ er sich in einer Ecke der Behausung nieder, stöberte in seinem privaten Häuptlingskorb – einem aus gefärbtem Rattan geflochtenen Beutel mit dem Muster tanzender Figuren – und zog zu meiner Überraschung die Pfeife und die Dose Balkan-

Sobranie hervor, die ich ihm in Kapit geschenkt hatte. Er legte sie neben sich auf die Balken, lehnte sich zu meinem Sitzplatz herüber, schüttelte mir die Hand, stand auf und salutierte mit einem strahlenden Grinsen; die Sonne schien auf seine drei goldenen Schneidezähne. Ich sprang auf die Füße, nahm auf dem Laubpolster Haltung an und gab das Kompliment hocherfreut zurück. Leon klatschte Beifall. Dana, merkte ich, kannte sich mit Zeremonien aus: Sein entschieden demokratisches Volk hatte mit Sicherheit den richtigen Mann zum Häuptling gewählt.

»Er kennt auch eure Bräuche«, sagte Leon stolz. »Er ist sehr glücklich. Der Tuai Rumah – er denkt, wir kommen nie zu diesem weiten Ort. Sehr weit.«

»Warum nicht? Wegen der Stromschnellen?«

»Nein, mein bester Freund – weil Jams so alt ist und du so fett.« Leon brüllte vor Lachen. »Jams! Jams!« schrie er und hielt die Arrak-Kanne hoch. »Jetzt feiern wir! Jetzt haben wir eine Party!«

James kletterte vorsichtig das Ufer hoch, in jeder Hand ein Eßgeschirr voller Terong pipit.

»Und wir essen Fischsuppe, und wir essen Jams' Köttel!« schloß Leon und füllte unsere Becher mit Arrak.

Inghai kam mit einem großen Bündel Palmblätter zurück, die er auf den Balkenboden der Hütte breitete, und dann, nach langen Diskussionen auf Iban, half er Dana und Leon, die Kanu-Zeltbahnen über das Dach zu breiten. Nun hatten wir einen gemütlichen Raum mit Aussicht, einem Ausblick auf das in der Dämmerung liegende Becken, über dem bereits Nachtschwalben jagten. Ich sah ihnen zu, wie sie über den Baumwipfeln am anderen Ufer hin und her flitzten, schlürfte meinen Arrak und erinnerte mich an eine Passage aus

Shelfords ›A Naturalist in Borneo‹, die ich in mein Notizbuch geschrieben hatte: »Es ist eigenartig, daß der Nachtschwalbe in vielen Teilen der Welt üble Angewohnheiten zugeschrieben werden. In England wird behauptet, der Vogel sauge Rindern und Ziegen die Euter aus, wie auch sein anderer Name Ziegenmelker verrät. Die Malaien mit ihrer mehr rabelais'schen Phantasie behaupten, der Vogel mache sich an Menschen heran, was ich aus Gründen der Schicklichkeit nicht weiter ausführen möchte.«

Während James letzte Hand an sein Kochfeuer legte, ahnte er, wie ich mir vorstellte, noch nichts von den Vergnügungen, die ihm bevorstanden.

Auch Inghai bereitete sich zum Kochen vor. Mit ungewöhnlicher Hingabe, beflügelt vielleicht von der Konkurrenz, wühlte er sich durch den Haufen gesalzener Fische in Danas Dose und legte eine Reihe geheimer Zutaten in kleinen, zusammengefalteten Tuchbündeln neben seinen brodelnden Kessel. James durchsuchte gründlich seinen Rucksack. Er zog einen geheimnisvollen, undurchsichtigen Plastikbeutel heraus.

»Nun denn, Redmond«, sagte James, »die Zeit ist gekommen, daß du kochen lernst. Als erstes werden wir das Küchengerät überprüfen: Tante Noels Nagelschere (um Terong pipit zu entstielen), Tom Sutcliffes Federmesser, Danas Wok, Inghais Bratenwender und zwei SAS-Kochgeschirre.«

James, ein von Grund auf ordentlicher Mensch, legte die Geräte in einer Reihe auf eine Baumwurzel. Leon und Dana kamen herbei, um zuzusehen.

»Und hier« sagte James und öffnete seinen Beutel, »ist meine große Überraschung.«

Es war ein kleines Bündel Zwiebeln und Knoblauch.

»Auf ein Pfund Terong pipit«, intonierte James, »nehme man vier Schalotten und vier Zehen Knoblauch. Kleinschneiden und das Öl im Wok erhitzen. Zwiebeln und Knoblauch hinzufügen und goldbraun dünsten. Man füge drei Messerspitzen Curry hinzu. Dann wasche man die zuvor geputzten Terong pipit und gebe sie in den Wok. Dazu eine Prise Salz und dreieinhalb Messerspitzen Aginomoto. Umrühren, zudecken, fünfzehn Minuten garen (oder bis die Terong pipit weich sind). Zitronensaft hinzugeben und sofort mit gekochtem Reis servieren. Dazu vier Liter Arrak trinken.«

Dana wirkte nicht sonderlich beeindruckt. Leon stupste Inghai an, es begann eine verdächtige Diskussion auf Iban.

»Auch wir haben eine Überraschung«, verkündete Leon. »Iban-Überraschung.«

Die Köche zogen sich an ihre Wirkungsstätten zurück. Die Nachtschwalben verschwanden. Die Feuer wurden heller, als die Nacht dunkler wurde. Die feuchte Luft füllte sich mit den Düften aus den Töpfen und den Vibrationen von den Membranen Tausender Zikaden.

Inghai beugte sich über seinen Kessel und rührte mit einem Stock um. Aus dem Kessel schossen Blasen auf, als würde er mit jedem Schmatzen seiner fettigen Lippen fünfzig oder sechzig Packungen Bubble-gum kauen, mampfen und aufblasen.

»Fischsuppe ist sehr besonders für uns Iban«, sagte Leon, hilfsbereit wie immer. Und während sich meine Kehle einen Augenblick lang zuschnürte, fiel mir wieder ein, was ich in Biologie über Fische gelernt hatte. Die Oberfläche des Topfes war bedeckt mit den tanzenden Schwimmblasen der Sebarau.

»Okay, Leute«, sagte James und goß eine schwarze Masse gekonnt in vier Kochgeschirre und einen Becher, »wir präsentieren jetzt mit besonderer Freude Fentons Hors d'œuvre.«

James nahm seinen Löffel und begann zu essen. »Makai! Makai!« sagte er, sehr zufrieden mit sich.

Dana schnüffelte und schaute sich besorgt um. Inghai legte seinen Napf beiseite. Leon stocherte mit einem Zeigefinger in seinem heißen Haufen Terong pipit und leckte ihn vorsichtig ab. James zeigte jenen Gesichtsausdruck, dem man häufig bei Köchen begegnet – die augenscheinliche Bereitschaft, das Verschmähen der Speise mit einem unverhältnismäßigen Einsatz von Gewalt zu beantworten; deshalb versuchte ich einen Mundvoll. Ein bißchen schmeckten sie wie die Erbsen in der Schule; genauer, sie schmeckten ein bißchen wie die Erbsen in der Schule schmecken würden, wenn man in jede einzelne eine kleine Dosis jener besonderen Hämorrhoidensalbe injizieren würde, die aus dem Öl von Haifischflossen hergestellt wird.

Zu meiner Linken bewegte sich etwas, blitzschnell und unauffällig. Danas tätowierte Hand war in Richtung der Büsche geschnellt.

»Badas!« sagte Dana, wischte sich die Lippen und legte sein leeres Eßgeschirr nieder. »Badas, Jams!«

»Ein winziges bißchen zu stark gewürzt, wie?« sagte James.

»Nein, nein. Perfetto. Optimal. Endlich Gemüse, und das verdanken wir nur dir«, sagte ich, während sich die Hämorrhoidensalbe durch meine Zähne schleimte und dickflüssig und warm unter meiner Zunge sammelte und meine Epiglottis ölte.

»Autsch! Autsch!« schrie Leon plötzlich und sprang vom Dschungelboden hoch, umfaßte seine Hinterbacken, stieß sein Eßgeschirr um und stampfte mit den Füßen auf den Boden. »Ameisen! Verdammte Ameisen!«

»Macht nichts«, sagte James, »es ist noch was da.«

»Nein, nein, danke«, sagte Leon hastig und rieb sich den Bauch. »Badas. Aber ich bin jetzt voll.«

Inghai sammelte die Eßgeschirre, um sie im Fluß abzuspülen; seinen Napf mit Terong pipit nahm er mit.

»Bald haben wir Fischsuppe«, sagte Leon. »Ein sehr besonderes Essen für uns Iban.«

Die Schwimmblasen tanzten wild auf der brodelnden Flüssigkeit und glänzten im Feuerschein.

Inghai kehrte mit den gespülten Geschirren und dem leeren Napf zurück und löffelte die Brühe hinein. Und dann machte ich eine wunderbare Entdeckung auf dem Boden meines Eßgeschirrs – das also war die Überraschung: Die Iban hatten die ganze Zeit ein Spaghetti-Gericht als Geschenk für uns aufgehoben.

»James – das sind Spaghetti! Warum haben sie uns das nicht gesagt?«

»Äh – vielleicht nicht so ganz, wenn man es genau nimmt. Versuch sie erst mal. Nimm einen richtig großen Mundvoll, oder es entgeht dir der ganz besondere Geschmack.«

Ich wickelte ein paar um meinen Löffel. Sie benahmen sich nicht ganz so, wie man es normalerweise von Spaghetti erwartet. Und auch die Konsistenz stimmte nicht – zäh und gummiartig. Ich beugte mich näher zum Feuer, zog ein Bündel schlapper Fäden aus meinem Eßgeschirr und beschaute sie genauer. Jedes Spaghetti hatte am Ende einen schwarzen Punkt.

»Hast du die rennende Scheiße?« fragte Leon mitleidig und kaute gründlich.

»Leon, was zum Teufel ist das?«

»Sehr gut«, sagte Leon, »wir haben sie ins Salz gelegt, bis wir hierherkamen. Die kleinen Schlangen, die in Fischen leben. Wie nennt ihr das?«

»Jesus!« sagte ich, »Würmer.«

»Jesuswürmer, aha«, sagte Leon, »sehr gut.«

James zog sich vorsichtig aus dem Feuerschein in Richtung der Büsche zurück.

»Und nun«, sagte Leon, »haben wir noch mehr Party. Wir haben Räucherfisch und Reis und Arrak, und dann finden wir ein Ukit-Mädchen für Ingipingi.«

»Ukit-Mädchen?«

»Ukit-Mädchen sind sehr schön«, sagte Leon. »Wir sind jetzt in Ukitland. Aber wir sehen sie nie. Die Ukit sehen dich immer, bevor du sie siehst. Die Könige des Dschungels. Die besten von allen mit dem Blasrohr. Du siehst sie nie – nicht einmal, wie sich ein Blatt bewegt. Pffft! Pffft! Du stirbst. Du kannst noch fünf oder zehn Minuten laufen, je nachdem wie fett du bist. Ingi-pingi – er stirbt in zwei Minuten. Redmond – er stirbt in einer halben Stunde.«

Leon übersetzte seine Witzchen, und Dana stellte inmitten der allgemeinen Iban-Heiterkeit seinen Teller mit Räucherfisch ab und füllte unsere Becher wieder mit Arrak.

»Es war einmal ein Ukit in Kapit«, sagte Leon. »Sie fingen ihn im Dschungel und nahmen ihn zur Polizei in Kapit mit, und die Regierung schickte ihn zur Schule.« Leon machte eine theatralische Pause, damit wir merkten, welch gute Geschichte uns seine Lordschaft mitzuteilen gedachte.

»Und was war dann?« sagte James.

»Der Ukit – er hatte seine eigene Sprache. Er will zurück zu seinem Volk im Dschungel gehen, weit, weit weg. Er will nicht sprechen lernen wie das Malaienvolk. Er will noch nicht einmal sprechen wie das Ibanvolk. Und er sagt, er geht nicht zur Schule. Und eines Tages sitzt er in Kapit, in der Nähe des Iban-Markts, an der Wand bei der Ecke, wo die hölzerne Brücke ist, mit dem Polizisten, der ihn bewacht. Alle Polizisten sind Malaien, aber sie haben den Ukit-Parang, das Ukitmesser, nicht weggenommen. Das Messer ist sehr besonders für die Ukit. Man nimmt es nicht weg.«

»Und dann?« sagte James.

»Der Ukit stand auf«, Leon sprang auf, »und schnitt dem Polizisten den Kopf ab.« Leon zog seinen eigenen Parang und wirbelte ihn durch die Luft.

»Nur so weiter«, sagte James.

»Und dann rannte der Ukit wie ein Hirsch. Niemand rennt so schnell wie ein Ukit. Er rennt den Hügel hoch und versteckt sich in einem Garten. Und dann kommen alle Polizisten und finden ihn und bringen ihn zurück und nehmen ihm sein Messer weg und stecken ihn in einen Raum, wo die Polizisten leben. Aber der Ukit ist zu schnell. Zu schlau für sie. Er kommt aus diesem Raum heraus und springt über den großen Zaun. Er springt zwei Meter hoch, und er rennt und versteckt sich im Teich in Kapit. Er versteckt sich unter dem Wasser und atmet durch einen Strohhalm. Und die Polizisten kommen mit großen Stöcken, und sie schlagen das Wasser, und sie nehmen den Ukit wieder heraus. Und dann gehen alle mit dem Ukit nach Kuching.«

»Und was machen sie mit ihm?«

»Ich weiß nicht«, sagte Leon und zuckte mit den Schultern. »Wahrscheinlich nehmen sie seinen Kopf.«

Inghai nickte zustimmend und umklammerte seinen Becher mit Arrak. Dana schien nicht auf unsere ethnographische Diskussion zu achten, als er sich, die Pfeife zwischen den Zähnen, mit unserem Insektenmittel einrieb.

»Und wer sind die Ukit?« fragte ich. »Sind sie wie die Punan?«

»Sie sind schlauer als die Punan«, sagte Leon. »Die größten Jäger in der ganzen Welt.«

»Werden wir ihnen begegnen? Könntet ihr sie finden?«

»Wir versuchen es«, sagte Leon, »aber sie sind zu schlau. Sie kennen jeden Baum im Dschungel. Sie mögen das Wasser nicht. Sie fischen nicht wie ich. Wir Iban – wir machen Boote und Langhäuser und bauen Reis an und fischen mit Harpune und Jala. Aber du gehst nicht in ein Ukithaus, weil die Ukit kein Haus bauen. Er schläft im Dschungel wie die wilden Schweine, wie Babi. Männer und Frauen und Kinder alle zusammen. Der Tuai Rumah sagt, wenn ein Ukit stirbt, kriegen ihn die Tiere zum Fressen – aber wir Iban, wir begraben unsere Väter, und sie helfen uns, wenn wir Probleme haben.«

»Wie wird es ihnen gefallen«, sagte James, »wenn wir einfach ihr Gebiet betreten?«

Leon lehnte sich vor und nahm James beim Arm. »Es ist alles in Ordnung, mein sehr bester Freund«, sagte er lachend. »Ich mache Witze. Sie sind ein sehr sanftes Volk. Sie gehen fort. Sie stören uns nicht.«

»Was essen sie?« sagte James.

»Gebratenen Babi«, sagte Leon sehnsüchtig. »Und Affen und Hirsche und Eichhörnchen und Vögel.« Leon machte eine Pause. »Sie essen viel, James, mein guter Freund. Aber keinen Fisch und keinen Reis.«

»Sie wissen, was sie tun«, sagte James, »sie haben aus Erfahrungen gelernt.«

»Und sie nehmen Sago vom Palmbaum«, sagte Leon,

157

»und sie tauschen Holz vom Baum, sehr duftendes Holz – wie sagt ihr? – für Eisen für Messer und für Blasrohre, das sumpitan, von den Kenyah und den Kayan.«

»Kampfer«, sagte James.

»Das ist es«, sagte Leon. »Und die Ukitmädchen – der Tuai Rumah, er sagt, sie sind sehr schön. Nicht braun wie wir, mehr weiß wie du. Und sehr klein, wie Inghai.«

»Ingiflapp, Kuchen und Papp«, sagte Inghai langsam, als seien ihm gerade alle Konsequenzen von $E = mc^2$ klargeworden, »küß die Mädchen und hau ab.«

»Du bist vielleicht klein«, sagte James zu Inghai, »aber ein kluges Ei.«

»Kluges Ei«, wiederholte Inghai und nahm sich vom Arrak, »kluges Ei.«

»Ich könnte jetzt ein Ei gebrauchen«, sagte James, »und du?«

»Ja, zwei Eier, mit Bohnen und Kartoffeln und Wurst und Erbsen und die Eier schön braun gebraten an den Rändern.«

»Du bist so primitiv, Redmond. Ein spanisches Omelette, das wäre es. Ich will dir mal was versprechen: Wenn wir jemals hier rauskommen, mache ich dir ein spanisches Omelette in meiner kühlen, bequemen, sauberen, geräumigen Küche, ganz ohne Ameisen und Moskitos und Fische und Schlangen. Ich mache dir ein Omelette, wie du es im Traum einem Homo sapiens nicht zutrauen würdest, und nach dem Essen, wenn dein Kreislauf ganz frei von Arrak ist, aber gut abgefüllt mit Glennmorangie, dann darfst du mal meinen besten Lokus benutzen, der, soweit ich weiß, niemals einen Wels gesehen hat. Außerdem, wo sind überhaupt die Eier? Das Kenyah-Langhaus war doch voller Hühner. Es war dreihundert Meter lang und voller Hühnerscheiße. Also wo zum Teufel sind die Eier?«

»Sie sind für die Geister bestimmt. Wir haben nie gesehen, daß jemand ein Ei aß. Vielleicht haben sie Bungan.«

»Bungan?« fragte James. »Das ist ganz bestimmt das, was ich habe. Diese Gänge zum Fluß kriege ich einfach nicht mehr hin. Melanie Kleins reiche und üppige Opfer in der Flußspülung. Ich werde mich einfach ein paar Wochen lang verkriechen.«

»Nein, nein – es ist eine Religion. Ich habe im ›Sarawak Museum Journal‹ darüber gelesen. Es begann vor etwa dreißig Jahren: Ein armer Kenyah namens Jok Apoi hatte ein paar Mißernten hintereinander und nicht mehr genug Reis, um Frau und Kind zu ernähren, und er wußte nicht, was er tun sollte. Also machte er es ganz vernünftig wie Kekulé mit dem Benzolring: Er löste sein Problem mit einem Traum. Bungan, eine sehr sexy Kenyah-Göttin, besuchte ihn. ›Schau her, Jok‹, sagte sie, ›wenn du viel Reis ernten willst, mußt du dafür arbeiten. Es hat keinen Sinn, jedesmal die Hacke hinzulegen, wenn ein Vogel in der falschen Richtung vorbeifliegt oder ein Reh flieht. Vergiß das alles und laß dir von mir helfen. Wenn du den Reis pflanzt oder auf die Jagd gehst, nimmst du einfach ein Ei, denkst an mich, drehst es in die Richtung, in die du gehen willst, und dann steckst du es in einen großen Eierbecher aus Bambus vor dem Langhaus. Danach kann dir jedes Omen egal sein. Nichts kann dich mehr stören.‹«

»Und das hat gewirkt?«

»Offensichtlich. Erst dachten alle, er wäre verrückt geworden, aber dann bekamen seine Erzeugnisse auf allen Ausstellungen Preise, und Bungan kam schwer in Mode.«

»Und dafür brauchten sie alle Eier.«
»Ich fürchte, ja.«

Inghai lag im Tiefschlaf auf dem Boden der Hütte. Dana und Leon bereiteten sich zum Schlafen vor, traten James' Feuer aus und legten nasses Holz auf die beiden anderen.

»Du würdest auch alles glauben«, sagte James und hängte sein Moskitonetz an die Dachbalken, so daß es über sein Palmblattbett hing.

Ich gab Leon, Dana und James ihre Dessertdosis Vitamin C (ein halbes Gramm), Vitamin B und Multivitamine; Leon und Dana bekamen je ein Paracetamol für ihr Kopfweh, das ihnen plötzlich wieder eingefallen war. Dann gab ich mich insgeheim wieder meiner antibiotischen Vorbeugungsbehandlung mit einer Streptotablette hin, und für den Fall der Fälle, daß die langen, weißen, schwarzköpfigen Darmwürmer des Sebarau in meinem eigenen Gedärm wieder lebendig wurden und aus all meinen Öffnungen zum Fluß strebten, jagte ich eine Ladung Codeinphosphat hinterher.

Dana setzte sich für eine Weile ans Feuer, seinen zerbrochenen Spiegel zwischen die Knie geklemmt. Mit einer Pinzette suchte er im Licht der Flammen sein Gesicht nach einzelnen Haaren ab, bis er sich ins Bett zurückzog, zufrieden, daß nichts dergleichen Unansehnliches auf ihm gesprossen war. Ich kroch unter mein Moskitonetz und stopfte die Ränder fest unter die verstreuten Blätter. Hinter dem Netz nebenan, im Licht seiner Taschenlampe, zeigte sich die Silhouette von James, der auf den Ellbogen gestützt las.

Während ich dalag – einen halben Meter über dem Dschungelboden am äußeren Rand unserer Hütte – und horchte, glaubte ich vor dem Hintergrund von einer Million Zikaden und dem Rauschen des Flußwassers zwischen den tausend Steinen ein anderes Geräusch zu hören. Ja – irgend etwas Mausgroßes bewegte sich, schnüffelte und raschelte in den Blättern, wo James seine Fischsuppe ausgeschüttet und Leon seinen Napf mit Terong pipit umgestoßen hatte. Mit Sicherheit, sagte ich mir voller Erregung und Arrak, würde es nur ein einziges Tier in ganz Borneo mit James' Terong pipit aufnehmen können. Das konnte nur der *Gymnurus albus* sein, die Borneo-Version der stinkenden Spitzmaus, eines kaninchengroßen Bündels von so abscheulichem Gestank, daß die Schweine sich in ihre Suhlen zurückziehen, die Bengalkatzen mit der Pfote über der Nase aus den Bäumen fallen und die Schnecken sich den Kopf in den Hintern stecken. Abgesehen von ihrem nackten, rattenähnlichen Schwanz fast völlig weiß und im nächtlichen Dschungel an Auffälligkeit nicht zu überbieten, stinkt *Gymnurus albus*, die Mondratte, relativ ungestraft vor sich hin. Aber nein – dieser alles einhüllende Gestank in der feuchten Luft war nicht schlimmer als der übliche süßliche Fäulnisgeruch mit einem Beigeschmack von Schweiß, der wahrscheinlich den Abfallprodukten zahlloser sich von mir nährender Bakterienkolonien entstammte, und hatte nichts zu tun mit dem Offensivschutz eines *Gymnurus*, und es war auch kein pelziges weißes Gebilde zu sehen, das um das Feuer igelte. Also widmete ich mich wieder meinem Notizbuch.

Schlangen waren nun ebenso interessant geworden wie Blutegel, entschied ich. Meine »nützlichen Tips« wirkten nicht mehr ganz so komisch. Es gibt zwei Pythonarten auf Borneo, *Python reticulatus* und *Python curtus,* Netz- und Buntpython. *Python reticulatus* ist bei weitem die größte und häufigste. »Die Färbung wirkt«, wie Shelford nebenbei bemerkt, »auf einen Besucher im Museum sehr auffällig, aber tatsächlich ist die Schlange in ihren natürlichen Jagdgebieten im Dschungel schwer zu erkennen.« Ich fand dies sehr glaubwürdig. »Gelegentlich trifft man sie unter einem Waldriesen an, um die Wurzeln gewickelt, aber wenn sie nach Nahrung ausschaut, soll sie neben einem Baumstamm mit dem Kopf nach unten hängen, den Schwanz um einen Ast gewickelt ...«

Und dann zitiert Shelford aus der ›Sarawak Gazette‹ vom April 1881, Seite 52:

In Judan, einem Dorf etwa sechs Meilen von Muka, schliefen ein Mann und sein zehn- bis zwölfjähriger Sohn in ihrem Haus unter einem Moskitonetz. Sie lagen auf dem Boden nahe der Wand. Mitten in der Nacht wurde der Vater von seinem schreienden Sohn geweckt. Die Lampe war erloschen; der Vater streckte die Hand nach seinem Sohn aus, fand aber alles in Ordnung; deshalb drehte er sich um und schlief wieder ein, weil er glaubte, der Junge träume. Kurz darauf rief das Kind wieder und sagte, ein Krokodil zerre an ihm. Der Vater griff erregt hinüber und entdeckte, daß eine Schlange ihre Kiefer um den Kopf des Jungen geschlossen hatte; er brach das Maul des Reptils auf und befreite den Kopf seines Sohnes, aber die Bestie zog sich mit ihrem gesamten Körper in das Haus und umschlang den Körper des Vaters; er wurde von den Nachbarn befreit, die von den Hilfeschreien der entsetzten Opfer herbeigerufen worden waren. Als die Schlange getötet war, entdeckte man, daß sie etwa fünf Meter lang war. Kopf und Stirn des Knaben sind mit Wunden von den Zähnen der Python bedeckt.

Ich tröstete mich mit dem Gedanken, daß jede Python, wenn sie denn die Wahl hätte, sich das unangenehme Kitzeln meiner Haare in der Kehle ersparen und es lieber mit einem Kahlkopf versuchen würde. Trotzdem wünschte ich mir, wir wären mehr als einen halben Meter über dem Pythontrottoir – so um die zehneinhalb Meter wären gerade das Rechte: eine volle Pythonlänge und noch einen halben Meter dazu.

11

Ich erwachte im Dunkeln, unter scheußlichem Jucken. Ich knipste meine Taschenlampe an und durchsuchte das Innere meines Moskitonetzes: nichts. Auch im Gewebe waren keine Risse. Es juckte mich überall, eine Art Kombination aus Nesselfieber und Flohbissen. Ich richtete die Lampe auf meinen bloßen Arm. Er war übersät mit hin und her wuselnden Punkten. Die Palmblätter wimmelten von winzigen schwarzen Käfern.

Da dies kaum auf die feinen Haare von Homo sapiens spezialisierte Läuse sein konnten, zog ich mich schnell aus, bedeckte mich mit einer schleimigen Mischung aus Antisan (gegen das Jucken) und Autan (gegen Läuse) und krabbelte zurück in meine trockenen Kleider.

James begann in seinem Moskitonetz zu rumoren. Man hörte es ächzen und fluchen. »Juckt's?« fragte ich. »Pocken?«

James' kahler Schädel schob sich aus dem Netz und streckte sich zwanzig Zentimeter in die Nacht, weiß wie ein *Gymnurus*.

»Irgendwas«, verkündete er nachdenklich, »hat sich an meinem Hintern verköstigt.«

Ich gab ihm die Tuben mit Autan und Antisan und holte unsere Hängematten aus den Rucksäcken. Wir breiteten sie über die Palmblätter und banden sie ringsum an den Moskitonetzen fest.

James, der darauf wartete, daß das Jucken erträglicher wurde, saß in der Ecke des Hüttenbodens und rauchte eine Zigarette. Die Iban schienen fest und ungerührt zu schlafen. Wir genehmigten uns einen Arrak, und ich steckte mir eine Pfeife an.

»Ekelhaft, wie du an dem Ding nuckelst«, sagte James. »Du siehst aus wie ein Schulmeister.«

»Sie beruhigt«, sagte ich, »und macht den Kopf leer.«

»Sie würde auch einen Raum leer machen, wenn wir in einem drin wären«, sagte James.

»In welchem Raum würdest du gerne sein?«

»In einer Bibliothek. In einer riesigen Bibliothek, die mir gehört – in einem riesigen Haus mit einer riesigen Küche in der Nähe von Stanton Harcourt, auf das ich ein Auge geworfen habe; ein Haus mit genug Zimmern für meine weitläufigere Familie und alle möglichen Freunde und immer noch genug ungestörtem Platz, wenn man ihn braucht.«

»Und du könntest einen riesigen Garten haben voller riesiger Brokkolipflanzen. Und Rosenkohl. Und Platz genug, um den ganzen Tag umzugraben, wenn dir danach ist. Du könntest einen fünfzig Meter langen Graben ausheben und die schönste vermoderte Schweinekacke reinfüllen und Riesenbohnen züchten und dafür haufenweise Preise gewinnen.«

»Nein, Redmond«, sagte James und trat mit dem Schuh seine Zigarette auf dem Dschungelhumus aus, wo die Funken noch einen Augenblick wie Glühwürmchen glühten. »Ich hätte einen Landschaftsgarten mit Rasen. Und Beete voll seltener Blumen. Es müßte alles geplant sein.«

»Du brauchst aber auch Gemüse.«

»Einen Kräutergarten meinetwegen. Aber es müßte ein ganz besonderer Kräutergarten sein, mit viereckigen Beeten, die durch Steinmäuerchen getrennt sind. Oder vielleicht durch ganz niedrige, ganz schmale Buchsbaumhecken.«

Wir sprachen über die Bücher, die wir in unseren Bibliotheken sammeln würden, wir diskutierten Probleme der Inneneinrichtung, wir erörterten, ob unsere Schätze in den Nischen untergebracht werden sollten oder ob das den Blick auf die Lederrücken mit der Goldprägung – matt glänzend im Schein des Kaminfeuers – behindern würde. Sollten die Eichenregale bis zur Decke reichen, oder sollten wir Platz für einen oder zwei alte Meister lassen? Wir spielten das Spiel: Wer hat was gelesen? Und woran kann man sich noch erinnern? »Und wann«, fragte James und hatte damit das letzte Wort, »hast du zuletzt Ariost gelesen?« So vergaßen wir allmählich das Jucken und legten noch mehr von Inghais Treibholz nach; das Gespräch wanderte langsam zurück in die Kindheit und verweilte bei der Frage, wer die bessere Sammlung von Spielzeugautos besessen hatte. Ja, tatsächlich, James hatte auch einen grauen Gordini und einen grünen Cooper-Bristol und einen Cunningham C-5R, in Weiß mit einem blauen Doppelstreifen über der Haube. Er hatte sogar (das behauptete er jedenfalls) einen Trojan-Lieferwagen mit der Aufschrift CHIVERS-MARMELADEN gehabt. Aber seine Zivilbevölkerung war jämmerlich schutzlos gewesen. Er hatte überhaupt keine Panzerspäh- und Mannschaftswagen, keine Austin-Jeeps, keine Haubitzen, die Streichhölzer abfeuern konnten, keine Armeelastwagen oder Centurion-Panzer mit drehbarem Geschützturm. Sein Bauernhof hatte keine Flak; er war schrecklich anfällig für Angriffe durch Tempest-2-Jäger, Meteors (silbern), Hawker Hunters (grüngraue Tarnfarben) und Gloster Javelins (mit abgesägtem Fahrgestell).

»Pst!« sagte Leon plötzlich, auf seine Ellbogen gestützt. »Der Tuai Rumah sagt, ihr habt jetzt genug geredet. Er sagt, ihr redet wie ein Haufen alter Männer auf dem Ruai. Er sagt, ihr redet so lange, als wolltet ihr das Langhaus fortbewegen. Oder wollt ihr einen Krieg anfangen?«

James und ich krochen in unsere Betten und kamen uns vor wie zwei Schuljungen, die beim Schwatzen während der Nachtruhe ertappt wurden.

Der Tag fing gut an. Ich machte die Augen auf und starrte genau in die eines Spitzhörnchens. Es war einen guten Meter entfernt, hellwach, keck, auf dem untersten Zweig eines jungen Baumes, einen Meter über dem Boden, und anscheinend faszinierte ich es ebenso wie es mich. Sein Schwanz hing lang und braun und buschig herab, der Körper war von der Größe eines halberwachsenen Eichhörnchens und pelzig braun, mit einem schwarzen Streifen geschmückt, olivgelb am Rand, der vom Nacken bis zum Schwanzansatz verlief. Es hatte eine lange Schnauze, strahlend schwarze Augen und kleine, dicht anliegende Ohren, die ein bißchen den meinen ähnelten, nur waren sie hübscher. Tatsächlich mochte es darüber nachdenken, ob wir miteinander verwandt waren, und sein Schwanz zuckte leicht bei diesem Gedanken. Denn Spitzhörnchen, die früher den gewöhnlichen Spitzmäusen (und dem Maulwurf und dem Igel) in der Ordnung *Insectivora* zugerechnet wurden, sind tatsächlich vielleicht die überlebenden Vorgänger der Lemuren und Affen, Menschenaffen und Menschen. Sie haben ein relativ großes Gehirn, ihr Daumen an Händen und Füßen läßt sich in Opposition zu den anderen Fingern stellen, ihr Gesicht ist im Verhältnis zum Schädel relativ klein, sie haben einen Blinddarm, sie gebären nicht mehr als zwei Junge, sie haben nur noch vier Zitzen, und sie mögen von James Fenton gekochtes Terong pipit.

Das glänzende kleine Tier (vielleicht ein Bergspitzhörnchen, *Tupaia montana montana*) reckte plötzlich den Kopf hoch und schaute an mir vorbei zum Pfad am Fluß. Inghai schleppte das Wasser für unseren Frühstücksreis herauf – und als ich zum Baum zurückschaute, war das Tier verschwunden.

Über geräuchertem Sebarau und klebrigem Reis kamen wir ohne große Mühe zu der Entscheidung, zu bleiben, wo wir waren. Dana nahm sein Gewehr und eine Handvoll Patronen und ging auf Wildschweinjagd, um dabei auf Ibanart den Dschungelweg zu erkunden, den wir am Morgen einschlagen würden. Leon und Inghai nahmen ihre Harpunen und zwei Borneo-Pasteten aus Reis und Fisch in Palmblättern und fuhren den munteren, klaren Balangfluß hinauf, um nach Sebarau und Schildkröten zu tauchen. James nahm seinen Parang und schnitt feierlich seine schwarze Penguin-Ausgabe von ›Die Elenden‹ auseinander; ich erhielt den Teil ›Fantine und Cosette‹, damit ich hübsch traurig zwischen den Steinen saß.

Im Schatten der Waldriesen am Flußufer lasen wir still, bequem in die gerundeten Felsen gelagert. Unsere schweißfeuchten Arme und Hemden und Hosen und Füße dienten zwei Wolken irisierender Schmetterlinge als Tränke. Ein paar Malaienadler schwebten hoch über uns; etwa alle zehn Minuten oder so bewegten sie ihre Flügel. Ein Kappenliest ließ sich auf einem blanken Ast über einer tiefen Stelle gegenüber nieder. Weil das Wasser sauberer war, weil es vielleicht auf seinem Weg durch die Felsen weißer schäumte, weil das Sonnenlicht heller glänzte, vielleicht aber auch nur, weil wir einfach glücklich waren – jedenfalls schien der schwarze Kopf gerade dieses Eisvogels von einem reicheren Samtschwarz als alle, die wir bisher gesehen hatten; sein

Schnabel und seine Füße wirkten ganz neu, von einem glänzenden Karminrot; seine gerundete Brust und der Bauch und der Kragen glühten in einem intensiveren Orange und Gelb und Kastanienbraun; und die Federn auf seinem Rücken und Schwanz fingen die Sonne in einem breiten Spektrum changierender, tanzender Purpur- und Blautöne ein. Er blieb stundenlang an seinem Platz, unternahm lediglich kurze Rundflüge über dem Ufer und jagte wie ein Fliegenschnäpper nach Insekten.

In der Hitze hatte ich schließlich sogar von Victor Hugo genug und ging los, um mir Carol Rubensteins Sammlung ›Poems of Indigeneous Peoples of Sarawak: Some of the Songs and Chants‹ zu holen, die wir im Museum von Kuching gekauft hatten. Einige der Feststellungen über das Leben der Iban kamen mir durchaus vertraut vor. Aber selbst in einer Gesellschaft, die so entzückende und aufregende und vernünftige Bräuche kennt wie Ngayap, den heimlichen nächtlichen Gang junger Männer zu den Schlafplätzen der jungen Mädchen, ist das Leben nicht immer leicht. Obwohl ein Mädchen durchaus viele Liebhaber haben darf und obwohl die Iban glauben, die Empfängnis sei erst nach mehr als drei aufeinanderfolgenden Nächten wilder Liebe möglich, dürfen es doch nicht gar zu viele werden, und wie Leon mir bedauernd mitteilte, gerate selbst er, Leon, nach mehr als zehn Eroberungen im selben Langhaus in die Gefahr, »sich einen schlechten Namen zu machen«. Bevor man »den Ort erreicht, der manchmal verboten ist und manchmal nicht – den Berg der Blumen mit seinen Brunnen darinnen«, türmen sich zuweilen mannigfaltige Schwierigkeiten auf. Das können aufreibende Strategien zur Umgehung langer, zärtlicher Gespräche im Dunkeln sein:

Wenn du schläfst, liebe Gefährtin, wach auf:
zusammen wollen wir Pläne machen.
Wenn du wachst, liebe Gefährtin, setz dich auf,
damit wir Seite an Seite reden können.
Aber nein, sie will nicht erwachen.
Sie beginnt zu schnarchen, lauter und lauter,
wie die Strömung im Wasserfall,
wo das Wasser über die Schnellen stürzt,
und heftig atmet sie aus;
das klingt wie die Wellen der Flut,
die mit dem Strom gen Betong jagen.

Oder sie zündet ein Streichholz an, und – schreckliche Vorstellung – verlangt einen Nachweis der Verdienste – früher reichte ein erjagter Kopf aus, aber heute muß es wahrscheinlich ein Außenbordmotor sein. Oder, noch schlimmer, man macht im Eifer alles falsch:

> Wütend spürt die junge Schöne
> die linke Hand des lagernden Gesellen,
> klammernd wie die Schweinezecke
> aus dem Sumpf am Rand der Wälder,
> wütend spürt sie den behaarten Arm
> wie den Griff des großen Bären aus dem Moor.
> Dann stößt die junge Schöne ihn vom Lager,
> stößt ihn ins Genick und in den Bauch.

Oder, am allerschlimmsten, sie entzündet eine Lampe, und vom bloßen Anblick wird ihr übel,

> und sie schüttelt sich wie geplagt von Ameisenscharen,
> die aus dem Moder des alten Bambustopfes strömten.

Ich kam zu dem Schluß, daß die Liebesliteratur der Iban bei weitem reizvoller war als ›Clarissa‹ und daß solche ernsthaften Studien überhaupt zu schmerzhaft erotisch waren, um in der Hitze des Tages fortgesetzt zu werden. Zur Abkühlung schwamm ich ein bißchen; ich verscheuchte den Eisvogel, stöberte die Fische auf, grüßte die schwarzen Adler und schreckte gerade noch davor zurück, die Traumwelt des schlafenden James mit dem simulierten Geräusch eines Blasrohrs zu beleben.

Ich kramte die wasserdichte Plastikhülle mit dem letzten Teil unserer geheimen Regierungskarte aus dem Rucksack hervor und breitete sie auf dem Boden der Hütte aus. Es war ein bemerkenswertes Dokument: eine Karte höchst verschlungener Windungen eines riesigen Gehirns, eines unglaublich komplizierten Fingerabdrucks, ein verrücktes Gewirr aus Hieroglyphen, jede ein Hügel, der durch Täler definiert wurde, ein Chaos aus Kreisen und Kringeln und Linien, die Arbeit von tausend Barometernadeln, die man über das Papier tanzen ließ. Der Weg vom Basislager zu den Ausläufern von Bukit Batu Tiban würde ein Durcheinander gewundener Hügel und Klüften sein, eine Abfolge steiler Bergketten und winziger Ströme. Und er würde uns zu den aufregendsten Inschriften führen, die eine Landkarte überhaupt nur verzeichnen kann:

Unerforschtes Gebiet – Reliefdaten unvollständig – Höchste Erhebung in Nord- und Nordwestrichtung wahrscheinlich nicht über 3600 Meter – Angaben unsicher – Grenze der ermittelten Vegetation und Bodenformationen – Achtung! Wegen unzureichenden Quellenmaterials sind in Teilen dieser Karte beträchtliche Abweichungen möglich.

Bukit Batu Tiban (der Bergfels von Tiban), unmittelbar südlich des gewundenen Betts des Ulu Baleh, war deutlich mit 1800 Metern verzeichnet, mit drei Klippenhängen auf der Westseite: Aber gerade nördlich des Wasserlaufs, hinter einer Reihe gen Süden gerichteter Klippen, die von Westen her leicht zu umgehen waren, schien sich ein fast ebenso eindrucksvoller Gipfel bis auf 1700 Meter zu erheben.

Und das Verlockendste: Er hatte keinen Namen. Augenblicklich sah ich mich auf dem Gipfel stehen, wie Norgay Tensing, bequem durch meine Sauerstoffmaske atmen, in der dünnen Luft den Union Jack entfalten und dem Berg zu Ehren meines Gefährten den Namen Bukit-Batu-Glatze verleihen – obwohl die Höhe von 1700 Metern dieser Vorstellung gewisse Grenzen setzte. Trotzdem – wenn es wirklich noch ein Nashorn in Borneo geben sollte, mußte es dort zu finden sein. Wir würden ein Aufstiegslager nahe der Quelle des Baleh errichten müssen, nicht mehr als einen Tagesmarsch vom Berg entfernt.

Voller Erregung weckte ich James und teilte ihm den neuen Plan mit.

»Ein Aufstiegslager!« sagte James, rieb sich die Augen und das Gesicht mit einer verzweifelten Waschbewegung beider Hände, so daß sich seine Stirn in Falten legte. »Ein Tagesmarsch!«

»Was ist daran schlecht?«

»Du berauschst dich ja schon am Klang der Worte! Das ist schlecht. Woher weißt du, was ein Tagesmarsch ist? Warst du Pfadfinder?«

»Ganz bestimmt nicht.«

»Nun, ich war einer, und mir hat's nicht gefallen«, sagte James, zog eine Zigarette aus seiner Schachtel und kehrte zu seinem Buch zurück.

Etwas ernüchtert ging ich zur Hütte zurück und begann unsere Ausrüstung durchzusehen. Es war völlig klar, daß wir fast alles zurücklassen müßten bis auf die Schlafsachen, die Kochtöpfe, den Fisch und den Reis. Ich verpackte unsere kleine Bibliothek in einen Plastikbeutel, bedeckte ihn mit Autan, steckte das klebrige Bündel in einen geräumigen Müllbeutel und band ihn fest zu, um die Ameisen fernzuhalten. Dann erschien vor meinem inneren Auge jedoch eine Gruppe Ukit, die schattenhaft aus den lianenbehängten Bäumen schlüpften, geräuschlos auf der Jagd nach dem besten Lesestoff der Welt, Bertram E. Smythies, ›Die Vögel von Borneo‹ (3. Auflage). Und so quartierte ich das schwere Buch in meinen ohnehin übergewichtigen Rucksack um.

Ich beschloß, auch mein Notizbuch mit nützlichen Hinweisen mitzunehmen, wenn auch nur wegen ihrer tröstlichen Worte über die ungezählten glitschigen Millionen Schlangen Borneos. N. S. Haile erzählte mir munter (im ›Sarawak Museum Journal‹ vom Dezember 1958), Borneo besitze »die reichste Schlangenfauna Südostasiens mit etwa 166 bekannten Arten, der 56 Gattungen in acht Familien angehören ... Die größere Artenzahl in Borneo im Vergleich mit Malaya ist überraschend, da in Malaya aufgrund seiner Verbindung mit Kontinentalasien eine reichere Fauna zu erwarten wäre. Viele der auf Borneo beschränkten Arten und Gattungen sind seltene Schlangen, die in entlegenen Bergregionen gefunden wurden, wo, wie anzunehmen ist, neue Arten sich entweder in relativer Isolierung entwickelt oder anderswo ausgestorbene Arten und Gattungen überlebt haben.«

115 der Schlangen von Borneo haben keine Giftzähne (angesichts einer vier Meter langen Gekielten

Rattenschlange oder einer der tatkräftigen Zornnattern – »weit verbreitet, ziemlich groß, aktiv und reizbar« – könnte man allerdings ohne weiteres vor Schreck sterben). Und unter den fünfzig Arten giftiger Schlangen stellten siebzehn kein unmittelbares Problem dar, da es Seeschlangen waren – sehr giftig und beißfreudig, wurden sie vor den Küsten Nordwestsarawaks zu Hunderten und Tausenden gesichtet; das sollte man nicht vergessen, wenn man in jener Gegend schwimmen geht.

Auch die Schlangen mit Hinterzähnen bleiben aus dem Spiel – solange man nicht verschluckt wird, denn das ist die einzige Gelegenheit, bei der sie dem Opfer die Flüssigkeit aus den verborgenen Zähnen im Hintergrund ihrer Kiefer injizieren. Neun Arten Flußschlangen aus der Unterfamilie *Homalopsinae,* alle »angeblich sehr reizbar«, haben Hinterzähne, ebenso wie die giftigen Mitglieder der *Colubrinae;* »eine der verbreitetsten Schlangen Borneos gehört dieser Unterfamilie an – die Ular Daun oder Ular Bunga *(Dryophis prasinus)*«. Es ist Hailes Lieblingsschlange:

> Sie ist ... meiner Ansicht nach eines der schönsten Geschöpfe der Welt. Sie kann jede Tönung von hellgrün, oliv oder graubraun annehmen und ist an ihrem spitz zulaufenden Kopf und überaus schlanken, peitschenähnlichen Körper leicht zu erkennen. Es ist eine Baumschlange, die sich von Eidechsen und Fröschen ernährt. Einige Exemplare, habe ich festgestellt, mögen es nicht, wenn man sie anfaßt; sie schlagen schnell zu und sollen angeblich auf das Auge zielen. Bemerkenswert sind auch die schöne Paradiesbaumschlange und die Doppelläufige Baumschlange, bei denen es

sich um die auffälligen Flugschlangen handelt. Sie können den Bauch einziehen, so daß die Unterseite hohl wird und die Schlange wie ein gespaltener Bambus aussieht, und indem sie sich von einem Ast schnellen, können sie einen kontrollierten Gleitflug durchführen. Die Bronzerücken ... sollen dazu ebenfalls in der Lage sein.

Ich nahm mir vor, James daran zu erinnern, daß er seinen Nacken gegen einfliegende Schlangen schützte.

Eigentlich gibt es also nur sechs Arten sehr gefährlicher Schlangen in Borneo: zwei Kobras, zwei Bungars und zwei Korallenschlangen.

Mit dem Enthusiasmus des wahren Wissenschaftlers, der sich in den Details seiner Arbeit verliert, versicherte mir Dr. Haile, daß jeder Idiot eine Kobra erkennen kann, wenn er sie sieht: Sie »unterscheiden sich von anderen ähnlich gefärbten Schlangen durch den dritten oberen Labial (dritte Schuppe auf der Oberlippe), der sehr groß ist und sowohl das Auge als auch die kleine Schuppe hinter der Nase berührt (posterior-nasal)«. Die gemeine Kobra wird nur knapp zwei Meter lang, aber die Königskobra oder Hamadryade, die größte Giftschlange der Welt, ist bis zu sechs Meter lang geworden. »Ihr Ruf als angriffslustige Schlange ist übertrieben, und sie wird selten angreifen, solange sie nicht in die Enge getrieben oder provoziert wird.« (Ich nahm mir des weiteren vor, James daran zu erinnern, daß er Hamadryaden weder in die Enge treiben noch provozieren sollte.)

Die Korallenschlangen sind »nicht angriffslustig und haben ein kleines Maul«, aber die Iban fürchten sie (und sie dürften wissen, warum). Die Bungars sind höflich, solange man nicht auf sie tritt. Die Grubenottern sind klein, fett, scheußlich anzusehen und besitzen einen eingebauten Wärmesensor in einer Grube zwischen ihren Nüstern und Augen, mit dessen Hilfe sie sich nachts ihrer Beute nähern. Sie sind die eigentliche üble Überraschung in Borneo, wenn sie dir ihre Fänge in die Knöchel hauen, aber eine oder zwei Ladungen aus ihren Giftzähnen bringen einen bloß in die Nähe des Todes. Es stimmt schon, sie sind unangenehmer als die Kobras, Bungars und Korallenschlangen, die sich durch dicke Hosen mehr oder weniger abhalten lassen, denn sie schlagen dir ihre Fänge ins Fleisch wie vierzöllige Zimmermannsnägel.

Ich wurde schläfrig, und während ich einem monotonen, lauten, ständig wiederholten Ruf lauschte – wahrscheinlich dem von Smythies beschriebenen Tuk-tuk-tuk-tuk-trrruuuuk des Gelbkronen-Bartvogels –, ein Laut, der von hoch oben aus den Bäumen etwas weiter flußaufwärts kam, schlief ich ein.

Leon und Inghai unterbrachen meine Siesta, als sie vom Balang zurückkehrten, mit Stöcken in jeder Hand, an denen Reihen kleiner Sebarau hingen, durch die Mäuler mit einer Rattanschlinge zusammengebunden. Als wir ein frühes Abendessen vorbereiteten, watete auch Dana durch den Fluß heran, das Gewehr über den Kopf haltend. Er kam ohne Beute und erschöpft, aber er hatte den Anfang unserer Route in die Tiban-Region erkundet. Er saß ruhig und aß seinen Sebarau, seine Beine waren naß vom Fluß, und von seinen Armen lief in kleinen Rinnsalen das Blut von den Bissen der Blutegel.

»Der Tuai Rumah sagt, sehr viele Hügel, sehr viele Flüsse«, verkündete Leon. »Wir schlafen jetzt.«

12

Als es dämmerte, weckte mich das Di-di-di-di-di des Graudrongo (vermutlich); das Plaudern und Murmeln und Plappern unsichtbarer Maustimalien (vielleicht); das Flöten und Pfeifen und Spotten verborgener Pittas oder Haarvögel oder Raupenfresser oder Schieferhäherlinge (möglicherweise); und das entfernte Rufen eines Gibbons (aber das ganz sicher).

Dana, Leon und Inghai waren bereits aufgestanden und packten die Vorräte in Iban-Tragkörbe.

»Empliau!« sagte ich. »Gibbons!«

Die Iban lachten. »Nein, nein, mein Freund«, sagte Leon grinsend, »das kannst du Herrn Smythies im Buch erzählen, es ist nicht Empliau, es ist ein Vogel. Der Empliau ruft, wenn du schläfst.«

»Ein Vogel?«

»Ruai. Sehr schlau. Er macht eine kleine Lichtung im Dschungel, und all seine Frauen kommen, um seinen Schwanz zu sehen.«

Nachdem ich den Iban-Namen mit den wissenschaftlichen und englischen Bezeichnungen im Anhang von Smythies verglichen hatte, war das Geheimnis bald gelöst: Ruai war *Argusianus,* und *Argusianus* war der Große Argusfasan.

Nach dem Frühstück hob ich mühsam den Rucksack auf den Rücken. Er wirkte immer unerträglich schwer, bis er in der richtigen Lage war, bis die hervorragend entworfenen Traggurte und Polster seinen Rahmen auf dem Rücken so ausbalancierten, daß man (wenn auch zu selten) vergessen konnte, daß es ihn überhaupt gab. Und dann schnallte ich mir meinen SAS-Gürtel um, mit der Tasche für den Kompaß daran, dem Parang und zwei Wasserflaschen in ihren Leinenhüllen, die genau an jede Hüfte paßten. Ich füllte beide aus dem Strom und warf in jede zwei Wasserreinigungspillen, bevor ich sie wieder zuschraubte und in ihre Behälter schob.

James war ähnlich ausgerüstet; er wirkte ein bißchen düster, rauchte eine Zigarette, stand am Ufer und betrachtete die Kiesel zu seinen Füßen. Dana, Leon und Inghai hatten die Vorräte versteckt, die wir zurücklassen wollten, und den Einbaum in einem kleinen Bach gesichert, dann hoben sie hohe Reiskörbe auf ihre Rücken und schlossen sich uns an. Wir wateten durch den Baleh und betraten am Südufer den Dschungel. Dana mit seinem Schrotgewehr übernahm die Führung, ich folgte, James kam hinter mir und dann Inghai und zum Schluß Leon, ebenfalls mit einer Schrotflinte ausgerüstet.

»Warum sind wir vorne und hinten bewaffnet?« fragte James.

»Für die wilden Ukit-Männer, sie greifen an«, sagte Leon. »Dies ist ihr Land. Sie sind König des Dschungels.«

»Verflucht«, sagte James und nieste verhalten unter seinem Rucksack.

»Nein, mein sehr bester Freund«, sagte Leon nach einer Pause, »ich mache Witze. Sie laufen fort. Sie stören uns nicht. Wir hinterlassen Botschaften. Unser Tuai Rumah weiß, was zu tun ist.«

Der erste Hügel, den ich als Uferböschung betrachtete, war so steil, daß er sich am einfachsten auf allen vieren ersteigen ließ, wenn man sich nicht an den jungen Stämmen oder Baumstümpfen oder Schlingpflanzen festhalten konnte (und ich lernte schnell, jede mögliche Grifffläche auf Dornen oder Ameisen und im allgemeinen auch Schlangen zu überprüfen). Der Kamm des Hügels war zu meiner großen Überraschung jedoch nur ein oder zwei Schritte breit, und Danas kräftige, schwarz tätowierte Wadenmuskeln, auf die meine schweißüberströmten Augen gerichtet waren, gerieten plötzlich außer Sicht. Ich folgte, so gut ich konnte, vom gewaltigen Gewicht des Rucksacks geradezu gepackt und den Abhang hinabgeworfen; er hing einem im Rücken wie ein Bulle. Ich legte mich auf den Bauch und bewältigte die steilen Hänge wie die Takelage eines Schiffes; am Lattengerüst der Wurzeln fand ich Halt.

Die Hitze war unerträglich und von ganz anderer Art als das blendende Sonnenlicht des Flusses, war eine alles umschlingende, stickige Feuchtigkeit, die aus den nassen Blättern, dem schlüpfrigen Humus, den mächtigen Baumstämmen ausstrahlte. Nach drei Hügeln war das Schweißtuch um meine Stirn naß. Mein Hemd war so feucht, als wäre ich im Fluß geschwommen. Dana jedoch, unmittelbar vor mir, wirkte ungerührt, sein Hemd war fast trocken: Tatsächlich schwitzen die Einheimischen Borneos kaum – bei einer Luftfeuchtigkeit von 98 Prozent kann der Schweiß nicht verdunsten und erzeugt keine Kühlung, lediglich eine Schicht aus Salz und Schleim, Gestank und Nässe. Über meine Brust lief ständig ein Schweißbach in den Nabel, weiter hinunter in meine Schamhaare und schwemmte den kostbaren Körperpuder die Beine hinab.

Beim fünften Hügel konnte ich mir nicht mehr vorstellen, wie ich dieses Tempo unter dem Gewicht noch länger aushalten sollte. Danas kleine, ungemein muskulöse Beine begannen zu verschwimmen, zwei wahnsinnige kleine Kolben, die in der stickigen Düsternis des Waldes auf und nieder pumpten. Ab und zu – wo ein Baum gestürzt war – durchquerten wir helle Lichtungen, kurze Strecken des Sonnenlichts auf siebzig Meter langen vermoderten Stämmen, überzogen von Pilzen, Moos und Flechten, umgeben von dicht wuchernder Vegetation, von Farndickichten. Aber sonst herrschte in dieser von Schlingpflanzen erfüllten Welt scheinbar nichts als Zwielicht.

In dem warmen und schaumigen Badewasser, das in meinem Kopf bei jedem Schritt hin und her schwappte, schossen plötzlich die Ratschläge des SAS-Majors in Hereford nach oben. Es war eine Art Trost, den er selbst wohl erst nach mehreren Monaten statt schon nach einigen Stunden solcher Märsche gebraucht hätte, aber ein Trost war es trotzdem: »Wenn es in diesen Hügeln schwer wird, Jungens, dann denkt an gar nichts. Oder wenn ihr jung genug seid (er schien sich nicht ganz sicher zu sein), dann denkt an Sex. Denkt niemals an den Berg, der überhaupt nicht näherkommt. Denkt an gar nichts, und ihr werdet überleben und für das Regiment Ehre einlegen.« Auf eine sehr jungenhafte Weise beschloß ich, jawohl, ich wollte sehr gern für das Regiment Ehre einlegen. Also dachte ich an Sex. Aber gerade, als ich mir das erste Paar kecker Brüste und kleiner brauner Brustwarzen vor meine Augen und beschlagenen Brillengläser rief, schwärzte ein nahender Hitzschlag die Schlucht des Bergbaches, die ich gerade überquerte. Benommen von der Hitze, würde mir zu meinem Ärger klar, daß ich wirklich viel zu alt war, um so etwas im Marschtempo zu versuchen. Statt dessen platzte mir ein Gedicht ins Hirn wie eine vulkanische Blase in einem Schlammpfuhl, ein Gedicht ganz von mir allein. Es ging so:

Verdommt verdommt,
der Ukit kommt
und höchst vergnügt
den Kopf uns nommt.

Das war so hervorragend, so ganz ohne Zweifel ein Werk von eigenem Reiz, daß es mir über die nächsten drei Hügel half und bei jedem Schritt neues Vergnügen verschaffte.

Von weit, weit hinten hörten wir einen Ruf. »Halt!« James hatte die richtige Entscheidung getroffen.

Dana wirkte überrascht (und auch ein bißchen verärgert, als hätte er erwartet, wir würden ohne Pause mit ihm den ganzen Weg zum Bukit Batu Tiban laufen) und setzte sich auf dem nächsten Hügel auf einen Baumstumpf. Ich warf meinen Rucksack ab, setzte mich darauf, atmete in tiefen und verzweifelten Zügen, ohne auch nur ein einziges Mal an Sex zu denken, und öffnete dann eine Wasserflasche. Ihr warmer, gechlorter Inhalt war wohl der beste Drink, den ich mir je gegönnt habe.

James kam an, dicht gefolgt von Inghai und Leon. Er wirkte sehr erhitzt. Er setzte sich auf einen Baumstamm neben Dana, stützte den Kopf in die Hand – und sprang mit einem Schrei in die Höhe. Auf seinem linken Arm saß ein Blutegel. Er zog ihn mit der rechten Hand ab, aber der Blutegel krümmte sich und grub das Maul in seine Handfläche. James begann zu tanzen und wand sich krampfhaft. Er gab einen eigenartigen Laut von sich. Die Iban legten sich hin und lachten. James zog den Egel mit der linken Hand aus der rechten Handfläche. Der braunschwarze, zähe, gummiartige, segmentierte, vier Zentimeter lange gemeine Bodenegel, *Haemadipsa zeylanica,* krümmte sich daraufhin erneut und begann aus James' Daumen zu trinken.

»Scheiße!« sagte James.

An diesem Punkt kam Leon offensichtlich zu der Entscheidung, die beiden hätten sich jetzt gut genug kennengelernt.

»Ah, mein bester Freund«, sagte er zu James, als er den Egel hinauszog, an einem Baum abstreifte und ihn mit seinem Parang entzweischnitt, »warum bist du so weit gekommen, um so zu leiden? Eh?«

James setzte sich, leicht zitternd, und zog eine Zigarette hervor.

»Für den Spieß«, sagte Dana plötzlich, als ihm das Englisch seiner Armeezeit wieder einfiel. »Für Badas Spieß.«

»Mit dem hab ich nichts mehr zu tun, aber zusammengeschissen komme ich mir schon vor«, sagte James. »Es ist überhaupt nicht notwendig, hier einen Ausdauertest zu veranstalten. Von nun an gehe ich als zweiter, und wir werden das Ganze etwas vernünftiger aufziehen.«

James, so dachte ich bei mir, war in jeder Hinsicht ein bewundernswerter Mann, der uns soeben vor dem Herzschlag oder der Arterien-Kernschmelze gerettet hatte. »Na schön«, sagte ich und zuckte mit den Schultern, als hätte ich gerade vorschlagen wollen, wir sollten das nächste Stück rennen. »Mir soll es recht sein.«

»Jams, mein sehr bester Freund«, sagte Leon, »nicht ärgern. Unser Tuai Rumah – er geht immer schnell. Er will uns sagen, daß er kein alter Mann ist. Er will uns zeigen, er ist der Stärkste im Langhaus.«

Ich schaute auf meine Beine. Und dann schaute ich noch einmal. Sie wimmelten von Egeln. James' Blutegel schien jetzt gar nicht mehr so komisch. Sie kamen meine Hosenbeine hoch, überkletterten die Knie, indem sie abwechselnd ihre vorderen und hinteren Saugnäpfe einsetzten, und bei jedem Festsaugen des Hinterteils hoben sie das Vorderteil in die Luft und schienen zu schnüffeln. Sie waren auch überall auf meinen Stiefeln, und drei besonders kühne Exemplare suchten einen Weg durch die Luftlöcher. Weitere waren unterwegs – sie kamen von allen Seiten über den Dschungelboden gekrochen, ihre feuchten braunen Körper halb von den verwesenden Blättern getarnt.

»O Gott«, sagte James, »die freuen sich ja richtig, uns zu sehen.«

Auch die Iban litten, und in den nächsten Minuten rupften wir uns Egel ab und wischten sie an die Bäume. Der Biß des *Haemadipsa zeylanica* ist schmerzlos (der des Tigeregels aus Borneo jedoch nicht) und enthält im Speichel ein Betäubungsmittel wie auch einen Gerinnungshemmer, aber nichtsdestoweniger ist es unangenehm, wenn man mitansehen muß, wie sich die Viecher blitzschnell mit Blut vollsaugen und rund und wabbelig werden.

Nun, da ich ein Auge für Egel bekommen hatte, entdeckte ich, daß sie sich auch von den Bäumen aus aufrichteten und uns anschnüffelten, von Blättern und Schlingpflanzen in Augenhöhe. Wir beschmierten uns mit Autan-Gel, unsere Socken und Hosen, Brust, Arme und Nacken. Dana, Leon und Inghai zogen ihr bestes (und einziges) Paar lange Hosen an, und ich lieh ihnen Socken (sie waren am Verzweifeln). Ich nutzte die Gelegenheit, verdrückte mich hinter einen Busch und füllte meine Stiefel und Unterhosen mit Händen voller Zinkpuder. Als ich mich wieder hinsetzte, bemerkte ich mit Freude, daß die chemische Kriegführung durchaus Wirkung zeigte: Die Egel wandten sich mir zu und hielten dann mitten im Schnüffeln inne, von mir ebenso angeekelt wie ich von ihnen. Sie wendeten ihre Köpfe ab, dachten kurz nach, kamen zu dem Ergebnis, daß es ihnen wirklich stank, und zogen sich zurück.

Wir gingen etwas gesitteter weiter, in einem ruhigen Auf- und Abstieg, der uns Zeit ließ, bei jeder dritten Schlucht das Wasser aus der Flasche zu trinken und aus den klaren Sturzbächen wieder nachzufüllen, zwei Reinigungspillen hineinzuwerfen, bei der nächsten Pause die andere Flasche zu trinken und den ganzen Vorgang zu wiederholen. Ich inspizierte jede Pfütze zwischen den Felsen, in die ich meine Flasche senkte, und war dankbar für die Warnungen von Audy und Harrisson: Unweigerlich schwammen von den Rundungen der nächsten Steine ein oder zwei Fadenegel auf meine Hand zu und wirkten in den Pausen zwischen ihren zustoßenden Vorwärtsbewegungen genau wie ein fahles Stück Baumwollfaden. Es wäre ärgerlich gewesen, einen von ihnen zu verschlucken und zu erleben, wie er in der Kehle anschwoll oder einen vergnüglichen Ausflug in die Luftröhre unternahm.

Wir arbeiteten uns allmählich nach Südosten und hielten uns rechts vom Ulu Baleh. Eine Weile gingen wir auf dem Kamm eines hohen Abhangs neben und über dem Fluß und sahen ab und zu tief unten sein weiß schäumendes Wasser zwischen den hängenden Wedeln der Kletterfarne, die jeden Baum einzuhüllen schienen. Als der Schweiß mir das Autan vom Halse wusch, beeilte ich mich, es zu ersetzen, denn auf dem ganzen Weg gab es Egel, in den Lianen wie auf dem Boden. Wenn man aus der Zahl der Blutegel auf die Bevölkerungsdichte ihrer warmblütigen Opfer schließen konnte, dann mußte der Wald wirklich voller Schweine, Hirsche, Eichhörnchen, Bären und Bengalkatzen sein. Aber James und ich – überladen, schlecht in Form, zu alt –, die wir den Weg entlangstolperten, Abhänge hinabrutschten, Bäume umrannten, uns von Rattandornen aufspießen ließen und keuchten wie ein ganzer Lokomotivschuppen: wir mußten jeden Koboldmaki zwischen den Küsten verscheuchen.

Dana, der nun längst den tags zuvor erkundeten Weg hinter sich gelassen hatte, begann im Vorübergehen markante Bäume einzukerben, und bei Weggabelungen einen Hügel hinauf oder ein Tal entlang versperrte er den nicht eingeschlagenen Pfad mit einem herabgebogenen Stämmchen. Hielten wir zu einem kurzen (und fast wortlosen) Mahl aus Fisch und Reis an, schnitt Dana einen meterlangen Stock ab und zog sorgfältig Rindenstreifen von der Mitte. Dann hackte er einen Ast ab, entrindete ihn völlig, spaltete seine Spitze, steckte ihn in den Boden und klemmte seinen Rindenwedel oben hinein.

»Wozu ist das gut?« fragte James.

»Es sagt den Ukit-Leuten«, sagte Leon, »daß wir hier in Frieden sind, fünf von uns, und daß wir bald wieder fort sind.«

»In diesem Fall«, sagte James nur halb lächelnd, »könntet ihr vielleicht noch ein paar mehr machen? Sie ein bißchen hier verstreuen?«

»Wir sind okay«, sagte Leon grinsend. »Der Ukit-Mann – er will nur deinen Kopf. Er hat nie einen Kopf wie deinen gesehen.«

Wieder auf dem Marsch, von Farnen umschmeichelt, von Lianen gehemmt, wenn wir uns die Ufer hinaufzogen an Bäumen, deren Rinde jeweils unterschiedlich geformt und gemustert war und die von unterschiedlichen Flechten und Pilzen eingehüllt waren, wenn wir uns einen Weg zwischen Bäumen bahnten, die an Stangen erinnerten oder unten verdickt waren oder Luftwurzeln hatten oder hervorstehende Rindenringe, dann fiel es nicht schwer, an die erstaunliche Zahl der Baumarten im Dschungel zu glauben. Aber in der monotonen Mittagsdüsternis war weniger einzusehen, daß der südostasiatische Regenwald auch floristisch der reichste der Welt ist. Es gab hier und da epiphytische Orchideen in den Höhlungen kleinerer Bäume in der Nähe des Flusses, aber wenig Hinweise auf die 25 000 Arten blühender Dschungelpflanzen (Europa hat weniger als 6000). Sie leben im Blätterwerk, an den Flußufern, im Sekundärdschungel oder in Lichtungen, aber hin und wieder begegneten wir besonders eigenartigen Exemplaren: Blüten, die direkt aus Baumstämmen wuchsen, manchmal nicht mehr als einen Meter über dem Boden. Diese Blumen, oft von Fledermäusen befruchtet, bringen einen Samen hervor, der bereits einen großen Nahrungsvorrat in sich trägt, damit er in der ausgelaugten Erde eine Chance hat – eine riesige, harte, zerfurchte Nuß, die kaum in meine Tasche passen würde.

Dana hielt etwa alle fünfhundert Meter an, um die Wedel hängender Farne in dünne Spiralen zu schneiden – ob er damit unseren Weg kennzeichnen oder die Ukit besänftigen wollte, mochte ich in meiner Erschöpfung nicht fragen. Nach etwa tausend Stunden (so schien es wenigstens) stiegen wir langsam nach links hinab zu den Ufern des Uluh Baleh, der nun auf den Umfang eines englischen Flusses geschrumpft war, wateten hinüber und brachen auf dem Nordufer zusammen. Dana hatte beschlossen zu lagern.

Wir alle gingen schwimmen – oder jedenfalls die Iban, die unter Wasser zum anderen Ufer und zurück schwammen, während James und ich im seichten Wasser zwischen den Felsen saßen und uns von der Strömung etwas von der schrecklichen Hitze unserer Körper wegspülen ließen. Dann packte Inghai seine Kochgeräte aus und machte sich daran, ein Fischräuchergestell zu errichten, während Dana und Leon uns halfen, unsere Lager zu bauen. Auf dem steil ansteigenden Ufer war nicht genug ebener Platz für eine gemeinsame Pfostenhütte, deshalb behalfen sich die Iban mit einem provisorischen Schutz.

Als wir um Inghais Feuer auf dem Sand saßen und Fisch und Reis aßen, schien Leon etwas auf dem Herzen zu haben.

»Redmond«, sagte er, »der Tuai Rumah – er will wissen, ob wir auf die Spitze des Berges klettern.«

»Das will ich doch hoffen. Wir werden es langsam angehen.«

»Nein, Redmond. Wir sind Christen wie ihr. Wir sind Methodisten aus Kapit. Aber wir wollen die Geister nicht stören. Sehr schlechtes Glück für uns, bis zur Spitze zu gehen. Wir gehen den größten Teil. Ihr geht zur Spitze.«

Ich erinnerte mich an Hoses Probleme vor hundert Jahren: »Je entlegener und unzugänglicher die Gegend, desto mehr sind ihre Toh (kleinere Geister) gefürchtet; unwegsame Hügelgegenden und besonders Berggipfel sind die Heimstatt besonders gefährlicher Toh, und nur unter Schwierigkeiten konnten Gruppen von Männern dazu bewogen werden, uns zu dem Gipfel irgendeines dieser Berge zu begleiten.« So hieß es in meinem Notizbuch, und daneben hatte ich eine Karte abgezeichnet.

Diese Karte der Seelenreise hatte ein Häuptling der Madan (ein Unterstamm der Kenyah) für Hose gezeichnet, mit Holzstöckchen auf den Boden eines Langhauses. Mit geringfügigen Abweichungen fand Hose dieselbe Topographie bei allen Inlandvölkern wieder. Die Seele des toten Mannes wandert durch den Dschungel, bis sie auf den Kamm einer Bergkette gelangt. Von hier (etwa so, wie wir hofften, vom Gipfel des namenlosen Berges im Tiban-Gebiet zu blicken) schaut er hinunter in das Becken eines großen Flusses.

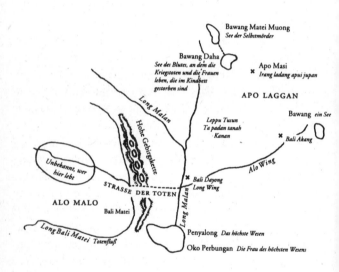

Es gibt dort fünf verschiedene Regionen der Toten. Wer an Krankheiten oder Altersschwäche stirbt, geht nach Apo Laggan und lebt dort weiter wie zuvor. Wer in der Schlacht oder durch einen Unfall stirbt, geht zum Tal eines Nebenflusses, Long Julan, um am See des Blutes, Bawang Daha, zu leben, wo alle ohne Arbeit reich werden und unter allen Frauen wählen können, die im

Kindbett sterben (sehr viele). In den unterirdischen Wassern gibt es eine besondere Heimstatt für die Ertrunkenen, und sie erhalten alle Besitztümer aus gesunkenen Booten oder überfluteten Langhäusern. Die Seelen der totgeborenen Kinder leben furchtlos – denn Schmerzen haben sie niemals kennengelernt – in Tenyu Lalu; und die Selbstmörder (das kommt vor, wenn auch selten, und die übliche Methode besteht darin, sich einen Parang in die Kehle zu stoßen) gehen nach Tan Tekkan, wo sie im Elend leben und sich nur von Wurzeln, Beeren und Sago nähren.

Wenn die Seele des Toten auf der Bergspitze steht, fühlt sie sich ein bißchen seltsam und merkt, daß ihr Körper nicht mehr bei ihr ist. Begleitet von ihrer Parangseele und ihrer Tabaksbeutelseele, von ihrer Köcherseele und ihrer Blasrohrseele, von den Geistern der Objekte, die um ihr Grab aufgehängt wurden, sitzt sie und klagt (wenn es eine Kriegerseele ist) oder heult (wenn es keine Kriegerseele ist). Dann steigt sie hinab, um den Fluß der Toten zu überschreiten. Das ist eine gefährliche Angelegenheit, weil die Brücke aus einem einzigen Baumstamm besteht (an sich kein Problem für einen gelenkigen Kayan oder Kenyah oder Iban oder Punan), der von dem Wächter Maligang ständig hin und her gerollt wird (und das ist nur für einen Ukit kein Problem). Hat die Seele zu Lebzeiten einen Kopf genommen oder gar an einem erfolgreichen Kopfjägerüberfall teilgenommen – eine Auszeichnung, die der Seele ebenso deutlich eingeschrieben ist wie den tätowierten Händen seines früheren Körpers –, dann kommt er ohne Schwierigkeiten über den Fluß. Wenn nicht, fällt die wertlose Seele ins Wasser und wird entweder von Würmern gefressen oder von einem großen Fisch, Patan. In einigen Versionen gelangt die Seele –

beinah so, wie wir es gemacht hatten – in einem Boot zur Spitze des Berges.

Ich schlug im Notizbuch die Seite mit der Karte auf und zeigte sie Dana, Leon und Inghai. Dana prüfte sie, und sie redeten auf Iban miteinander.

»Der Tuai Rumah sagt«, erklärte Leon, »dies ist die Karte eines alten Mannes. Dies ist, wie die alten Männer ihren Weg fanden.«

»Glaubt er daran?«

»Ja«, sagte Leon. »Sie zeigt das richtige Land – aber die Namen sind alle falsch.«

»Glaubst du daran?«

»In Kapit kam ich bis zur fünften Klasse. Wir haben in der Schule gelernt, Christen zu sein. Die alten Männer, sie denken so. Sie glauben an die Geister. Ich und Inghai, manchmal denken wir, sie haben recht, manchmal lachen wir über sie. Wie ist es mit dir, Redmond? Glaubst du daran?«

»Nein, ich nicht. Aber ich glaube auch nicht an das Christentum. Ich glaube, wenn wir sterben, dann verwesen wir. Und das ist dann das Ende.«

»Dann tust du mir sehr leid«, sagte Leon und wirkte unglaublich traurig, stand auf und sammelte seine Sachen ein. »Ich bin müde. Ich schlafe jetzt.«

13

»Wie hast du letzte Nacht geträumt?« fragte Leon beim Frühstück.

»Wunderbar, sehr glücklich«, log ich; ich hatte zu gut geschlafen, um mich an irgend etwas zu erinnern.

»Und du, Jams?«

»Ich träumte, ich schoß einen riesigen, aber wirklich riesigen wilden Eber, den Vater aller fetten Schweine«, sagte James nicht sehr überzeugend, »und ich habe ihn mit Haut und Haar verschlungen.«

»Mein bester Freund«, sagte Leon, und seine Miene hellte sich auf, »eines Tages machen wir dir ein Essen, das du nie vergißt, und dann bist du glücklich.«

»Ich träume von Mädchen«, verkündete Inghai, stopfte sich mit der Handfläche klebrigen Reis in den Mund und wischte sich gleichzeitig mit dem Zeigefinger die Nase.

Aber Dana saß abseits.

»Der Tuai Rumah hat sehr schlecht geträumt über die Geister des Berges«, sagte Leon. »Und ich bin auch unglücklich. Ich habe nicht geschlafen.«

Leon bediente sich mit einer Handvoll Multivitamine aus dem gemeinsamen Beutel.

»Wir klettern heute nicht. Heute haben wir Ruhe. Und Jams – heute liest er sein großes Buch und ißt viel Reis. Makai, Jams!«

James schaute niedergeschlagen auf den Haufen Reis in seinem Eßgeschirr, auf den aufgeschlitzten Bauch eines Sebarau, aus dem die Gräten heraussahen wie ein alter Zaun.

Den Morgen über erholten wir uns langsam. Dana schnitt und schälte Rattan und laschte etwa zwanzig meterlange Stöcke zu einem rechteckigen Käfig zum Räuchern von Fischen zusammen. Selbst Leon und Inghai lungerten nur herum, schärften ihre eisernen Harpunenspitzen an einem Stein und besserten drei große Risse in Danas Netz aus.

James schlief im Schatten eines Baumfarns am Ufer, und ich dämmerte vor mich hin und vergnügte mich mit dem Abschnitt über Beccari in meinem Notizbuch. Der Italiener Odoardo Beccari, einer der größten botanischen Forscher des 19. Jahrhunderts, reiste zwei Jahre lang (1865 bis 1867) durch Sarawak und hätte sich von unserer Entdeckung der Blüten an den Baumstämmen überhaupt nicht beeindrucken lassen, da er »mindestens fünfzig Arten von Bäumen und Büschen in Borneo bemerkt hatte, die diese Besonderheit aufweisen«. Er war für Lamarck und gegen Darwin und vertrat ein paar verrückte Ansichten, die er ganz allein ausgebrütet hatte. Er glaubte an die Vererbung erworbener Merkmale – aber nur während einer vergangenen Zeit, in einer »plasmativen Epoche«, als Tiere und Pflanzen noch leichter prägbar waren. Alle Möglichkeiten der Veränderung, der Evolution einer Form in eine andere, waren nun zu Ende gegangen, in der kreativen Periode hingegen wäre so ziemlich alles möglich gewesen: »Wäre der Mensch in der plasmativen Epoche mit dem Hund zusammengekommen, dann, so glaube ich, hätte der Hund aufgrund der Aufmerksamkeit, mit der er uns zuhört und zusieht, analog zum Ausdruck unseres Gesichts und dem Klang unserer Stimme in seinen Stimmorganen Bewegungen entwickelt, die es ihm ermöglicht hätten, zu sprechen und eine Sprache zu lernen, statt sich durch unartikulierte Töne auszudrücken.«

Unberührt von freudschen Vorstellungen wußte Beccari, daß er im Traum besonders gerne flog. Vielleicht war dies ein Relikt, ein Hinweis auf einen verlorengegangenen Wunsch aus dem Zeitalter der Veränderung, eine Erklärung für die »fliegenden Echsen ... fliegenden Eichhörnchen, fliegenden Füchse, fliegenden Frösche und, wenn wir den Malaien Glauben schenken wollen, fliegenden Schlangen von Borneo«? Vielleicht hatten sie sich angesichts all der Wälder und all der Berge, die man unmöglich durchqueren konnte, ohne sich die Nase am Eisenholz zu stoßen oder im Rattan hängenzubleiben, so sehr gewünscht, fliegen zu können, daß es ihnen schließlich gelang?

In dieser Epoche der »Plasmation« ist angesichts der unzähligen flugfähigen Tiere und ihrer großen Verschiedenheit die Annahme plausibel, daß in den höheren Organismen der Wunsch verbreitet gewesen sein muß, sich nach oben und in den Himmel zu erheben, sei es, um der Gefahr zu entgehen, sei es, um Nahrung zu suchen oder Wärme und Licht zu genießen. Dieser Wunsch, der sich beim Menschen oft in Träumen zeigt und den er in Träumen häufig realisiert, ist nicht leicht zu erklären oder mit physiologischen Phänomenen des Nervensystems oder des Blutkreislaufs in Verbindung zu bringen; aber es ist vorstellbar, daß in jener Epoche, in der der gesamte Organismus aller Lebewesen sich leichter an äußere Bedingungen anpassen konnte und sich in seiner Form gemäß den empfangenen Reizen modifizieren ließ, bestimmte Organe der Tiere unter dem Einfluß des Wunsches oder der Notwendigkeit, den Erdboden zu verlassen, so weit modifiziert worden sind, daß sie flugfähig wurden, infolge von Phänomenen, die in ihrem Wesen unseren Flugträumen entsprechen.

Hingelagert auf dem schattigen Flußufer, war ich kurz vor dem Einschlafen – und dem Traum vom Fliegen –, als ich zufällig am nächststehenden Baum hinaufschaute – irgendeine Art Kastanie, an der ein Farn emporwuchs. Am Ende eines Astes, deutlich sichtbar und etwa zwei Meter über dem Boden, saß ein Vogel in der Größe eines Rotkehlchens. Er benahm sich wie unser gefleckter Fliegenschnäpper, machte kurze Ausfälle in eine Wolke aus Moskitos, die sich unter den Farnwedeln gesammelt hatte, und kehrte dann zu seinem Platz zurück. Aber sein Rücken war glänzend blau, Kehle und Bauch waren kastanienbraun und gingen in Weiß über. Wie zu erwarten, gibt es in Borneo viele Arten Fliegenschnäpper, und nach den Bildern im Smythies hätte der glänzende kleine Vogel ein Malaienblauschnäpper oder ein Mangrovenblauschnäpper oder ein Breitschnabelblauschnäpper oder ein Bergblauschnäpper oder vielleicht – besonders exotisch – ein nur in Borneo vorkommender Vogel sein können, der Prachtblauschnäpper. Mit wachsender Erregung schloß ich die möglichen Konkurrenten aus: Der Malaienblauschnäpper (Malaya, Sumatra, Borneo) war ein Vogel des Tieflandwaldes (und wir lagerten in einer Höhe von tausend Metern); der Mangrovenblauschnäpper (in der ganzen Sundaregion) war ein Vogel der Küste; der Breitschnabelblauschnäpper (Sumatra, Borneo) war ein Einwohner des Tieflands; der Bergblauschnäpper (in Südostasien weit verbreitet) kam in den Vorgebirgen Borneos nur selten vor, während der Prachtblauschnäpper »ein Einwohner der Vorgebirge in ganz Borneo ist; die meisten Exemplare wurden zwischen 700 und 1700 Metern gefunden«.

Das Umblättern der weißen Seiten von den Fliegenschnäpperbeschreibungen zum Fliegenschnäpperglossar zu den Fliegenschnäpperfarbtafeln verscheuchte den echten Fliegenschnäpper. Immerhin hatten wir einen Vogel gesehen, den man nur in Borneo sah und nirgends sonst – wenn er auch kein Geheimnis barg und seine Verwandtschaft so offen zutage lag, daß man ihn von seinen Vettern kaum unterscheiden konnte. Wie bei der Mehrheit der im Smythies verzeichneten Vögel (welch ein Unterschied zur liebevoll detaillierten Beschreibung jedes Flecks und Tupfers und Kringels und Mals, jedes geflochtenen oder moosgesäumten oder hängenden Nestes unserer heimischen Vögel, aufgezeichnet von Generationen geistlicher Naturforscher, Tanten und Schuljungen) stand unter »Nest und Eier« schlicht: »keine Angaben«.

Daß wir den Prachtblauschnäpper gesehen hatten, war doch wenigstens ein kleiner Ausgleich dafür, daß wir kein einziges Mal das nasale Quietschen des Warzenkopfes gehört hatten, des eigenartigsten Vogels auf Borneo, den Wallace als erster in Sarawak entdeckte und über den Beccari am 12. September 1866 notierte:

Ich begegnete einem kleinen Schwarm, etwa fünf oder sechs Exemplaren, eines schönen Vogels, den ich zuvor nie gesehen hatte. Obwohl ich einen von ihnen geschossen hatte, zeigten die anderen sich nicht erschreckt, und ich konnte mir daher nacheinander vier Exemplare sichern. Ich erkannte sie bald als *Pityriasis gymnocephala,* einen der wenigen nur auf Borneo vorkommenden Vögel und charakteristisch für die Vogelwelt der Insel,

den ich aus diesem Grunde schon lange gesucht
hatte ... Dieser etwa drosselgroße Vogel hat einen
großen stämmigen Schnabel. Mit Ausnahme eines
breiten Kragens aus strahlendem Scharlachrot ist
das Federkleid durchweg glänzend schwarz. Die
Krone des Kopfes ist von einem leuchtenden
Eigelb, von Federn entblößt und mit kleinen fleischigen Papillen dicht bedeckt, auch um die
Augen ist er kahl und von glänzend roter Haut.

Fast 150 Jahre nach Temmincks offizieller Beschreibung wußte niemand genau, wie man ihn einstufen
sollte – war er verwandt mit den Helmvangas Afrikas, den Vanga-Würgern aus Madagaskar oder den
Cracticidae, den Würgerkrähen und Glockenelstern
Australiens und Neuguineas? Die Würgerkrähen
waren nicht so favorisiert, wie man denken mochte –
wegen einer unsichtbaren Trennlinie, einer biologischen Schranke, der Grenze, die Wallace von Norden
nach Süden verlaufend zwischen den Inseln des Archipels entdeckte und die Borneo von Neuguinea trennt.
Die Wallace-Linie verläuft zwischen Bali und Lombok,
zwei kleinen vulkanischen Inseln von identischem
Klima, die nur fünfzehn Meilen voneinander entfernt
liegen, aber deren Flora und Fauna – sogar die Vogelwelt – sich auffallend unterscheiden: Wie Wallace
ursprünglich berichtete, haben wir in Bali »Bartvögel,
Fruchtdrosseln und Spechte; wenn wir nach Lombok
hinüberfahren, sieht man nichts mehr von diesen, dafür
aber unzählige Kakadus, Honigsauger und Talegalla-
Hühner, die ihrerseits in Bali oder jeder Insel weiter
westlich unbekannt sind, ... so daß wir innerhalb von
zwei Stunden von einer großen Abteilung der Erde zu
einer anderen hinüberwechseln, die sich in ihrem Tier-

leben so grundlegend unterscheiden wie Europa und Amerika.« Und überschreiten wir diese unsichtbare Grenze der Evolution (die tatsächlich mit jenem unterseeischen Begegnungspunkt zusammenfällt, wo die austral-asiatische tektonische Platte in die indo-asiatische Landmasse treibt), reisen wir von »Borneo nach Celebes oder zu den Molukken ..., dann ist der Unterschied noch auffallender. In Borneo wimmeln die Wälder von Affen vieler Arten, von Wildkatzen, Hirschen, Zibetkatzen und Ottern, und ständig begegnet man zahlreichen Arten von Eichhörnchen. Dort jedoch findet sich nichts von diesen; der Greifschwanz-Cuscus ist fast das einzige Landsäugetier außer den Wildschweinen, die sich auf allen Inseln finden, und den Hirschen (die wahrscheinlich erst vor kurzem eingeführt wurden) auf Celebes und den Molukken.« Und dennoch hatte *Pytoriasis gymnocephala,* wie Ernst Mayr mich informierte, die Wallace-Linie irgendwie überwunden. Eine DNA-Kreuzungsanalyse hatte gezeigt, daß er und die australischen Würgerkrähen gemeinsame Vorfahren hatten. Ein hübsches kleines Geheimnis war durch ein anderes ersetzt worden.

Ein Schrei von Dana brachte mir den Fluß ins Bewußtsein zurück.

»Undan! Undan!«

Er zeigte auf die kleinen Flecken Himmel zwischen den großen Bäumen flußaufwärts, und ich konnte gerade noch zwei Nashornvögel mit weißen Hälsen, schwarzen Körpern und weißen Schwänzen im Wald zu unserer Linken verschwinden sehen. Undan ist das Iban-Wort für den Furchjahrjvogel, *Rhyticeros undulatus undulatus,* deshalb glaubte ich Dana.

Inghai füllte unsere Eßgeschirre mit geräucherten Fischbrocken; wir nahmen gemächlich unsere Mahlzeit ein und warfen die Reste den Schmetterlingen vor. Die Iban machten Pläne für eine kleine Expedition mit Danas ausgebessertem Netz zu den tiefen Stellen flußaufwärts. James und ich entschieden uns für eine ausgedehnte Siesta auf den von Bäumen und Farnen überschatteten Kieseln, umgeben von Fliegenschnäppern, Eisvögeln und Hornvögeln.

Ich versuchte zu schlafen, aber der Gedanke an den nächsten Tag erwies sich als zu stark: Wir könnten schließlich (und wenn überhaupt, dann nur hier) die letzte Zuflucht des Borneo-Nashorns entdecken – wir könnten wie Hose in den 1880ern

> angenehm überrascht sein, eine Art Pfad zu finden, den wir benutzen konnten; auf jeder Seite des Pfades waren die Büsche schlammbespritzt. Auf Nachfrage erfuhr ich, daß ein Nashorn oder ein anderes großes Tier diesen Weg genommen hatte. Das Borneo-Nashorn ist eine kleine Spezies und mit Abstand die groteskeste unter ihresgleichen; es hat zwei Hörner, und sein Haar ist zäh und stachelig, fast wie feiner Draht. Es lebt in den Vorgebirgen und steigt in der Tageshitze herab, um sich in den »Salzlecken« auszuruhen, schlammigen Badeplätzen, die sich aus salzigen Quellen bilden. Die Schneisen mit den schlammbespritzten Büschen waren, wie ich erfuhr, die Trampelpfade des Tieres zu seinem Schlafplatz weiter oben in den Bergen.

Wir könnten sogar, dachte ich (und übertrieb es ein bißchen, während ich in der Hitze vor mich hin dämmerte), den einen oder anderen Orang Utan sehen (obwohl sie heute im großen und ganzen nur noch in

Sabah vorkommen, im alleräußersten Norden Borneos). 1855 ging Wallace nach Simunjon, nur vierzig Meilen östlich von Kuching, »um den Orang Utan in seiner heimischen Umgebung zu sehen, seine Gewohnheiten zu studieren und gute Exemplare der verschiedenen Arten und Gattungen beider Geschlechter heimzubringen (im Gegensatz zu Darwin glaubte er irrtümlich, es gäbe mehr als eine Art), erwachsene und junge Tiere. In all diesen Zielen war ich über alle Erwartungen erfolgreich.« (Er schoß siebzehn.)

Als Shelford 1897 von England nach Sarawak aufbrach, wurde er »von einem namhaften Anthropologen aus meiner Bekanntschaft gebeten …, die Gewohnheiten der Maias (der Dajak-Name) zu untersuchen. ›Ich möchte wissen, wieviel Frauen er hat‹, sagte mein Freund, ›und wie er sie behandelt.‹« Shelford konnte mit diesen intimen Details nicht dienen (sie wurden erst durch Mackinnons Arbeiten um 1970 bekannt – der Orang hat keine Frauen, lebt völlig allein und sagt nur bei der Paarung kurz mal Hallo); aber er erhielt einen kleinen Einblick in die sehr vernünftigen Schlafgewohnheiten:

Wenn der Maias zur Ruhe geht, legt er sich auf seinem Nest flach auf den Rücken und klammert sich wie der grimme Tod mit Händen und Füßen an die Äste in der Gabel, in der das Nest liegt; und so verbringt er die Nacht, halb gestützt von der unsicheren Plattform, halb aufgehängt an Händen und Füßen, deren Griff sogar im tiefsten Schlaf noch sicher ist. Ein junger Maias, den ich viele Monate lang als Haustier hielt, schlief immer in einem leeren Zimmer meines Hauses: Das einzige Möbelstück in diesem Raum war ein eisernes

Bettgestell, und jeden Abend um etwa halb sieben kletterte der Affe auf das Stahlgeflecht; unweigerlich legte er sich flach auf den Rücken, zog sich ein Stück Sackleinwand, das man ihm gegeben hatte, über Kopf und Brust, und mit den Händen und Füßen verschaffte er sich einen festen Griff an den Pfosten oder dem Rahmen des Bettes. Nach wenigen Minuten schlief er ein und schnarchte so laut, daß man es fast im ganzen Hause hören konnte.

Die Wissenschaftler des späten 19. Jahrhunderts waren zwar in ihren Ansichten nicht ganz so extrem wie James Burnett, Lord Monboddo (1714–99), der Autor von ›On the Origin and Progress of Language‹ (1773–92), der behauptete, der Orang Utan sei eine Abart des Homo sapiens mit einer lediglich zufälligen Sprachbehinderung, und der seinen zahmen Affen mit zu Dinnereinladungen nahm und ihm einen Smoking anzog, um seine Ansicht zu untermauern, aber sie betrachteten Borneo doch ganz ernsthaft als möglichen Geburtsort der Menschheit. Beccari (der selbst etwa dreißig Orangs sammelte) berichtet uns, seit Erscheinen von ›Ursprung der Arten‹ haben »sowohl Geologen als auch Anthropologen es immer für möglich gehalten, daß Borneo zu irgendeiner Zeit Wohnsitz eines Anthropomorphen war, der enger mit dem Menschen als dem heute lebenden Orang Utan verwandt war. Diesen Gedanken äußerte Sir Charles Lyell mir gegenüber, als ich mich 1865 in London auf meine Expedition nach Borneo vorbereitete. Der große Geologe drängte mich, die Höhlen jener Insel zu erforschen, da er die Meinung vertrat, es könnten sich in ihnen wichtiges Material und Fundstücke von hohem

Wert für die Erforschung der Menschheitsgeschichte finden lassen.«

Und tatsächlich gab es zeitweilig gute Gründe für die Vermutung, der Mensch habe seine Ursprünge im malaiischen Archipel. In ›Die Abstammung des Menschen‹ (1871) hatte Darwin Afrika den Vorzug gegeben (und inzwischen stimmen wir wieder mit ihm überein), aber mehrere Jahrzehnte lang schien es, daß Afrika zwar die Umgebung gewesen sein könnte, in der die frühe Evolution die Affen und die vormenschlichen Vorfahren entwickelt hatte, daß aber das »fehlende Glied« selbst im Osten gefunden worden sei. Ernst Haeckel (1834–1919), der bekannteste, aggressivste und skrupelloseste unter Darwins Nachfolgern auf dem Kontinent, ohne die Hemmungen Darwins und Huxleys, hatte die fehlende voreiszeitliche Kreatur bereits benannt, die er zur Vervollständigung seines evolutionären Stammbaums des Menschen brauchte: *Pithecanthropus alalus,* der »sprachlose Affenmensch«. Eugene Dubois, ein junger Holländer, der von Haeckels Vorstellungen überzeugt war, nahm 1894 einen Posten als Militärarzt in Niederländisch-Indien nur deshalb an, um nach den Überresten dieses sprachlosen Affenmenschen zu suchen. Als er tatsächlich bekanntgab, er habe bei seinen Ausgrabungen am Ufer des Soloflusses in Java einen affenähnlichen Schädel und einen weitgehend fossilisierten menschenähnlichen Hüftknochen entdeckt, telegrafierte ihm Haeckel seine Glückwünsche: »Vom Erfinder des *Pithecanthropus* an seinen glücklichen Entdecker!« Dubois stellte seine Funde 1895 in Berlin aus, in Leiden, Paris und London. Überall fand der Java-Mensch Anerkennung – als einfaches und direktes Verbindungsglied zwischen dem modernen Menschen und dem Affen, innerhalb des kurzen Zeitraums eines lamarckischen, spätdarwinistischen Evolutionsmechanismus über die Vererbung erworbener Merkmale. Dies war noch vor der Wiederentdeckung von Mendels Arbeiten und der korpuskularen Genetik, vor der Erkenntnis des ungeheuren Alters einer radioaktiven Sonne und vor der Wiedereinsetzung der Theorie der natürlichen Zuchtwahl, wie sie in der ersten Ausgabe von ›Der Ursprung der Arten‹ ausgeführt worden war.

Joseph Conrad hatte sich Zentral-Borneo als das Herz des Zwielichts vorgestellt, als Heimstatt der »alten Menschheit«; und näher als durch einen Blick auf die Ukit, überlegte ich, würden wir wohl kaum jenen eingebildeten Vorfahren kommen, von denen die Anthropologen des 19. Jahrhunderts geglaubt hatten, sie bevölkerten einst Europa, primitive Menschen, deren Glauben und Lebensweise Lubbock, Taylor und Frazer in den Fundamenten der unseren zu entdecken glaubten. Aber schließlich konnte selbst der bewundernswert liberal gesinnte John Lubbock (er führte den Bankfeiertag ein) solcherlei Geschichten wiedergeben:

> Hinsichtlich der Wilden im Innern Borneos sagt Mr. Dalton, man finde sie »in einem absoluten Naturzustand, weder bebauten sie den Boden, noch lebten sie in Hütten; sie äßen weder Reis noch Salz, und leben nicht mit anderen zusammen, sondern durchstreifen die Wälder wie wilde Tiere; die Geschlechter kommen nur im Dschungel zusammen, oder der Mann schleppt eine Frau aus einem Kampong davon. Wenn die Kinder alt genug sind, um für sich selbst zu sorgen, verlassen sie gewöhnlich ihre Eltern, und danach kümmern sie sich nicht mehr umeinander. Nachts schlafen

sie unter großen Bäumen, deren Zweige weit herabhängen; an diesen befestigen sie die Kinder in einer Art Wiege; um den Baum herum entzünden sie ein Feuer, um die wilden Tiere und Schlangen fernzuhalten. Sie bedecken sich mit einem Stück Rinde, und in dieses wickeln sie auch ihre Kinder; es ist weich und warm, hält jedoch den Regen nicht ab. Die armen Wesen werden von den anderen Dajaks wie wilde Tiere betrachtet und behandelt.«

Leon (1983) und Haddon (1888) waren offensichtlich überzeugt, wenn man in das Herz Borneos reise, unternehme man eine Reise in die Vergangenheit, entlang einer geschichteten Abfolge von Rassen, die fortschreitend primitiver würden. Und C. E. Darlington in ›The Evolution of Man and Society‹ (1969) stimmte ihnen halbwegs zu:

Südostasien war noch vor zehntausend Jahren weitgehend von dunklen Völkern bewohnt, die als Australoide bekannt sind. Aber seit jener paläolithischen Zeit versetzte ihre technische Überlegenheit die mongolischen Völker im Norden in die Lage, die zugänglichen Täler von Burma, Thailand, Vietnam und schließlich Malaya und die Inseln zu überrennen. Sie drängten die australoiden Völker in die Berge, Wälder und Sümpfe ab, vor allem im noch weitgehend unbekannten Neuguinea. Es mag durchaus dieser Druck aus dem Norden gewesen sein, der die australoiden Völker dazu brachte, erst Australien und dann das überseeische Melanesien zu besiedeln. Aus dieser großen Wanderung entstand die paläolithische Basis der modernen Völker Südostasiens. Aber darüber lagen während des ersten Jahrtausends nach Christus die Vorläufer der neolithischen Expansion. Vom Ganges-Delta aus brachten sie die Küsten entlang den Reisanbau und die Töpferei und später, gegen Ende des Jahrtausends, die Schmiedekunst und die Verwendung von Bronze.

Borneo, glaubte er, sei einer der besten Ausgangspunkte für eine Reise etwa 30–40 000 Jahre in die Vergangenheit der frühen Steinzeit, des Paläolithikums.

Die reinen australoiden Völker, die auf den angrenzenden Inseln überlebt hatten, verschwanden spurlos. Am tiefsten im Inland lebten die braunen nomadischen Jäger und Sammler, die Punan und die Ukit. Sie verfügten über die steinzeitlichen Tugenden und Laster: gute Augen, genaue Beobachtungsgabe und die Unfähigkeit zu dem, was der neolithische Mensch Arbeit nennt. Danach kamen die Land-Dajaks, jungsteinzeitliche Völker mit einer primitiven Landwirtschaft und Häuptlingen ohne besonderen Rang und mit geringer Macht. Diese Völker hatten während des ersten Jahrtausends nach Christus alle landwirtschaftlich nutzbaren Böden in Besitz genommen. Nach ihnen kamen die Krieger-Bauern, die Kayan, die eiserne Waffen und Werkzeuge schmieden und eine Klassenstruktur mit starken Häuptlingen aufweisen. Die nächsten waren die See-Dajaks, ursprünglich Piraten, aggressive Nachbarn mit wandernder Landwirtschaft. Sie wurden geführt von Malaien, die aber keine Moslems waren, denn die Dajaks essen Schweinefleisch. Als letztes kamen die drei Gruppen zivilisierter Invasoren: die moslemischen Malaien, eine weitgehend geschichtete Gemeinschaft unter der Führung von Radschas, die chinesischen Einwanderer, die sich auf Handel, Finanzen und Bergbau konzentrierten, und im 19. Jahrhundert die verschiedenen Europäer.

Dennoch genügte ein Blick auf Dana, Leon und Inghai, um jeden vernünftigen Menschen zu überzeugen, daß in der großen Debatte des 19. Jahrhunderts über die Entwicklung des Gehirns Wallace recht hatte und nicht Darwin.

Darwin stellte sich vor, daß die menschlichen Rassen auf der evolutionären Zeitskala in einer feinen Abstufung unterschiedlicher Gehirnkraft vom zivilisierten Menschen zum »Wilden« angesiedelt seien. Wallace dagegen, anders als Darwin auf der ›Beagle‹ oder Huxley auf der ›Rattlesnake‹, hatte sich auf diese »Wilden« verlassen müssen. Nach ständiger Unterstützung durch Leons Vorfahren und Verwandte auf seinen achtjährigen Reisen im malaiischen Archipel, häufig auf einheimischen Praus von einer Insel zur anderen, war er zu dem Schluß gekommen: »Je mehr ich von unzivilisierten Völkern kennenlerne, desto besser denke ich von der menschlichen Natur, und die grundlegenden Unterschiede zwischen zivilisierten und wilden Menschen schwinden dahin.« Er entwickelte seinen Begriff der latenten Entwicklung – sämtliche Rassen des *Homo sapiens* hatten zur gleichen Zeit ein viel größeres Gehirn entwickelt, als sie tatsächlich brauchten. Sie benutzten lediglich verschiedene Teile seiner Kapazität auf verschiedene Weise.

Gleichwohl, dachte ich, als ich in jener Nacht in meiner Hütte lag und den Zikaden lauschte, hätte ich gegen einen formellen Empfehlungsbrief an die Ukit absolut nichts einzuwenden gehabt.

14

Die Rufe der Gibbons weckten mich. Im Morgennebel holte ich meine Marschkleidung von der Fallschirmleine und schüttelte die Ameisen ab. Sorgfältig wendete ich die Hosentaschen um; ich erwartete wie üblich in der linken einen der von Wallace erwähnten »riesigen Skorpione von grünlicher Farbe und acht oder zehn Zoll Länge« zu finden, in der rechten einen seiner »Tausendfüßler von ungeheurer Größe und mit tödlichem Gift«, die »sich sogar unter Kissen und in Betten einnisten, so daß man alles gründlich durchsuchen muß, bevor man sich zur Ruhe begibt«.

In meinen Taschen fand ich allerdings nur Elefantenameisen, aber in einem meiner Stiefel, die mit der Öffnung nach unten auf zwei Stämmchen steckten, die ich unter der Schlafstätte in den Dschungelboden gerammt hatte, entdeckte ich einen schwarzen Käfer, vielleicht eine Art Langhorn, etwa eineinhalb Zoll lang, bedeckt mit Knoten und Narben aus Chitin und mit unglaublich langen Fühlern. Ich schüttelte ihn auf den Boden, und er verzog sich unter die Blätter.

Die Iban waren aufgestanden, aber James schlief noch. Ich rüttelte an seiner Schlafstätte.

»Der große Tag ist da«, verkündete ich, »heute werden wir den Everest besiegen.«

James rührte sich. Man hörte ein herzzerreißendes Stöhnen.

»O nein, ganz und gar nicht«, sagte er unerwartet. Er wühlte sich halb aus dem Moskitonetz hervor, setzte sich auf und hielt sich den Kopf. »Heute wirst du den Everest besiegen. Weißt du, Redmond, ich brauche meine Männlichkeit nicht zu beweisen. Heute werde ich meine persönliche Freiheit genießen, meilenweit entfernt von allem. Ich werde ein bißchen herumtrödeln; ich werde irgend etwas Wundervolles sehen; ich werde Swift und Hugo und Vaughn lesen.«

»Vaughn?«

»Na gut, du hältst ihn also für einen barocken Scheißer? Als besonderes Zugeständnis an dich, als Zeichen meines tiefen Respekts vor deinen Ansichten werde ich also nicht Vaughn lesen, okay?«

»Du mußt genau das tun, was du tun möchtest. Und wenn du einen Bolzen aus einem Blasrohr in den Hintern kriegst, brauchst du ja nur zu rufen.«

Nach dem Frühstück verließen wir James, der auf seinem Felsen sitzen blieb und sehr glücklich wirkte.

Inghai trug einen kleinen Korb auf dem Rücken, mit einem Tagesvorrat an gekochtem Fisch und Reis; Dana und Leon nahmen ihre Schrotflinten; und ich schnallte mir nur meine Gürteltasche mit Kompaß, Parang und zwei Wasserflaschen um. Es war wundervoll, ohne Gepäck durch den großen Wald zu gehen, sich ruhig und schnell bewegen zu können. Wir kletterten gleichmäßig in nordöstlicher Richtung und sprachen, wie Dana uns angewiesen hatte, nur flüsternd miteinander.

Termitenbauten waren über den Dschungelboden verstreut, schwarze Hügel und Säulen von etwa sechzig Zentimeter Höhe; andere Arten ließen ihre Festungen von Zweigen hängen oder hatten sie an die Baumstämme gepflastert. Etwa alle zehn Minuten glaubte ich das Flügelschwirren von Nashornvögeln zu hören, ähnlich dem Fluggeräusch der Schwäne, und ihre tiefen, muhenden Rufe wie von torkelnden Raben. Vielleicht war es wirklich ein unglaublich reicher Flecken Dschungel, vielleicht sah ich mehr, weil wir so wenig

Lärm machten und meine Augen nicht voll Schweiß standen; vielleicht näherten wir uns einer Höhe, wo die Bäume nicht mehr so hoch wuchsen, einem Ort, wo das Blätterdach nicht so weit oben war.

Dana blieb plötzlich stehen und hob die Hand.

»Empliau!« zischelte Leon und legte den Finger auf die Lippen.

Wir krochen vorwärts. Und dort, keine fünfzehn Meter hoch, in einem Baum mit fein gefiederten Blättern, die ein Netz aus Sonnenstrahlen auf seinen grauen Pelzrücken warfen, sahen wir einen Gibbon. Er wandte uns sein kleines schwarzes Gesicht zu und schaute uns direkt an, ein oder zwei Sekunden lang, mit intensivem Interesse.

Dana hob seine Schrotflinte.

»Nein! Nicht schießen!« sagte ich und drückte den Lauf mit der Hand hinunter. Der Gibbon ergriff einen Ast über seinem Kopf, schwang zurück und schoß dann mit unglaublicher Geschwindigkeit nach vorn; der kleine graue Körper wie ein schaukelndes Anhängsel der langen, zum Nachbarbaum segelnden Arme. Von dort katapultierte er sich mit einem perfekten Schwung in den nächsten Baum und verschwand. Um uns herum erzitterten die Zweige in leichten rhythmischen Erschütterungen, als die ganze Horde in pelzigen Halbellipsen durch die Baumspitzen floh, und dann herrschte Stille.

»Warum hältst du den Tuai Rumah auf, wenn er jagt?« flüsterte Leon. »James ist sehr hungrig.«

»Aber er schaute uns direkt an«, sagte ich.

»Sehr wahr, mein Freund«, sagte Leon. »Und wenn du den Empliau ißt, sehen seine Hände aus wie Kinderhände.«

Nach weiteren zehn Minuten Schlängelweg über

Baumwurzeln und durch Farne und Lianen kamen wir an einen schmutziggelben Pfuhl unter einem Felsüberhang aus Sandstein. Die Vegetation ringsum war mit Schlamm bespritzt.

»Nashorn!« dachte ich sofort.

»Leon, warte!« sagte ich. »Wer hat das gemacht?«

»Babi«, sagte Leon, »gebratenes Babi.« Er grinste dümmlich, machte Schweinsgeräusche und rollte die Schultern, als nähme er ein Schlammbad.

»Schwein«, sagte Inghai, zufrieden mit sich selbst. »Fettes Schwein!«

Dana kam hinzu, grunzend und keuchend, als wühlte er mit der Schnauze nach Wurzeln.

»Ihr habt Inglang-Schwein?« fragte Inghai.

»Ja – aber nicht so groß und so haarig.«

»Großes fettes haariges gebratenes Babi Inglang-Schwein«, sagte Inghai und hielt damit seine bisher längste Rede.

In diesem Augenblick hörten wir zu unserer Rechten ein schrilles, plapperndes, rasselndes Geräusch. Dana schickte uns mit Gesten in die schlammbespritzten Büsche. Im Unterholz kauernd, hatte ich eine kurze Vision von 21000 entzückten Wildschweinzecken auf dem Marsch zu ihrer neuen Heimat in meiner Leistengegend. Mit Mühe brachte ich die aufsteigende Panik unter Kontrolle.

»Tijang!« flüsterte Leon und mimte mit den Fingern am Kopf ein Geweih.

Er nahm die Flinte von der Schulter und legte sie über die Knie. Er brach ein Blatt ab, hielt es zwischen Daumen und Zeigefinger beider Hände und saugte fest daran. Der Tijang, der Borneo-Muntjak oder bellende Hirsch, antwortete sogleich; Leon und der Hirsch riefen einander zu, hin und her. Leon, seinem Charakter gemäß, klang wirklich wie ein sehr wilder Tijang, der größte Hirsch am Platze. Und das war vielleicht der Grund, warum der Hirsch, der immer näher zu kommen schien, plötzlich verstummte und sich dann offensichtlich zurückzog. Leon saugte sein Blatt in Fetzen, doch es kam keine Antwort mehr – aber auch kein Alarmbellen (ein Signal, das eine Meile oder weiter zu hören ist und alle Tiere in die Flucht treibt).

»Leon«, flüsterte ich, »er kann es einfach nicht mit dir aufnehmen. Er überläßt dir die ganze Paarung.«

»Ah, mein Freund«, seufzte Leon, »vielleicht hat er eine Frau in einem rosa Sarong?«

Eine Stunde oder länger kletterten wir und hielten nur an, um einen wirren Haufen aus Blättern und Zweigen zu untersuchen.

»Babi«, sagte Dana, legte den Kopf auf die Hände, als wollte er schlafen, und schnarchte.

»Der Babi macht einen Haufen für die Nacht. Der Babi macht sich ein Bett«, sagte Leon.

Es sah wirklich bequem und einladend aus. Kräftiger Schweinemief. Herrliche Zeckennahrung.

Weiter oben störten wir eine große Gruppe Schlankaffen auf, vielleicht Weißstirnlanguren. Es waren mindestens zehn Exemplare; verglichen mit dem Schwung und dem Tempo der Gibbons, sprangen und flohen sie mit plumpem Gepolter durch die Zweige, ein bewegtes Durcheinander aus Armen und Beinen und langen Schwänzen, huschende Schatten aus Braun und Grau, die sich durch die sonnigen Flecken im Laubwerk bewegten.

»Steine im Bauch«, sagte Leon und schaute melancholisch hinter den entschwindenden Schlankaffen her. »Bring sie den Chinesen. Das gibt viele Dollars.«

Er mußte Bezuare meinen, wurde mir klar, die ovalen Ablagerungen, die man in den Gallenblasen bestimmter Affen findet, in den Eingeweiden von Stachelschweinen (laut Hose) und als Ablagerungen an den Resten von Blasrohrbolzen, die in später erlegten Tieren gefunden werden.

»Hast du jemals welche gefunden?«

»Nein – aber der Tuai Rumah, er hat auch nie welche gefunden. Aber wir suchen sie immer«, sagte Leon. »Wenn du krank bist, wenn du zitterst, nimmst du den Stein und ißt ein bißchen, ein ganz kleines bißchen. Du stirbst nicht.«

Auf einem kleinen Plateau beschloß Dana eine Essenspause; Inghai gab jedem von uns eine Ibanpastete aus Reis und Fisch in einem Palmblatt.

Dana stand auf, zog einen riesigen Baumfarnwedel straff und spaltete seine Längsrippe bis zum Stamm. Als er ihn losließ, rollten sich die zwei Hälften schnell ein, von einander fort.

»Sie zündet die Lampe an«, sagte Leon. »Sie wirft dich raus.«

Dana grinste und versuchte es noch einmal. Diesmal rollten sich die Wedel ineinander, und die Blätter verwickelten sich.

»Sie mag dich sehr«, sagte Leon. »Sie macht dich sehr müde.«

»Richtet ihr euch danach?« fragte ich.

»Wenn niemand schaut«, sagte Leon mit einem Schafslächeln, »ziehe ich auf geheime Art. Sie sagt immer ja. Ich mogele.«

Aus den Wedeln eines Kletterfarns machte Dana dann dekorative Spiralen und Kringel, Botschaften für die Ukit, und als ich sie mir ansah, kam mir kurz in den Sinn, ob wir James bei unserer Rückkehr mit Giftbolzen im Hinterteil finden würden, emsig damit beschäftigt, soviele Bezuar-Steine zu bilden, daß wir für den Rest unseres Lebens ausgesorgt hätten.

Etwa sechzig Meter weiter erreichten wir ein weiteres Plateau und betraten eine bemerkenswerte Lichtung: eine runde Fläche von etwa sechs Metern Durchmesser, völlig kahl. Nicht ein Zweig, nicht ein Halm, nur plattgetrampelte Erde. Dana beugte sofort den Oberkörper nach vorn und hielt die Arme hinter sich hoch. Er stolzierte hin und her, ließ seine Finger zittern, als wären sie ein gesträubter Federfächer, und beugte sich vor uns auf und nieder. Leon und Inghai lachten und klatschten, dem im Dschungel gebotenen Schweigen zum Trotz.

»Hau-hau-hau-hau-huuu,   hau-hau-hau-huuu«, trötete Dana und hörte erst auf, als er vor Lachen nicht mehr konnte.

Wir hatten den Spielplatz des großen Argusfasans gefunden.

»Der Ruai steht hier«, sagte Leon, balancierte auf einem Bein in der Mitte der kahlen Fläche und vollführte einen improvisierten Ibantanz, »und alle Mädchen im Langhaus kommen, um ihn zu sehen – und er kriegt alle.« Leon wurde ungewöhnlich schweigsam bei dem Gedanken an soviel Vergnügen.

Wir setzten unseren Aufstieg fort und untersuchten zwischendurch das Lager eines wilden Ebers. Es war eine schweinshohe, schweinstiefe Zuflucht unter einem Überhang aus Sandstein; sie war glattpoliert, vermutlich von Schweinen, die sich im Schlafe wälzten, wenn sie von herabgefallenen Eicheln und Feigen träumten.

»Vater Babi«, sagte Inghai und wies hilfreich auf das rechte Ende des Simses, »Mutter Babi« (er zeigte nach links) »und Baby Babi« (er zeigte auf den Platz in der Mitte). Inghai wurde langsam gesprächig.

»Halt«, sagte Dana mit Kommandostimme und hielt die Hand ans linke Ohr. »Wir horchen – KT.« Ich setzte mich hin – überrascht, dann sogleich verärgert und ein bißchen enttäuscht. Ich stellte mir die Ukit vor, die ich törichterweise zu den primitivsten Völkern der Welt gerechnet hatte, wie sie unter ihren Blätterdächern saßen und Trotzki lasen.

»Kommunistische Terroristen?« fragte ich schwächlich.

»Er erinnert sich an die Inglang-Armee«, sagte Leon. »Er macht Spaß mit uns. Er hat Gummi-Rattan gesehen.«

Tatsächlich schnitt Dana bereits mit seinem Parang Querschlitze in die Wurzel einer Schlingpflanze. Dicker als sein Oberschenkel wuchs sie aus dem Moderlaub, wand sich etwa fünf Meter über den Dschungelboden, schlängelte sich den Stamm eines glattrindigen Baumes empor und verschwand weit über uns in den Bäumen. Dana schnitt alle zehn Zentimeter Kerben hinein, so hoch er reichen konnte. Sofort floß aus den Wunden dicker weißer Gummi herab. Dana sammelte ihn mit beiden Händen, bestrich zuerst seinen Parang am Griff, der sich gelockert hatte, und knetete dann die Masse auf einen Stock. Er knetete einen großen klebrigen Ball Guttapercha, wickelte ihn in ein Palmblatt und stopfte ihn in Inghais Korb.

»Badas!« sagte Dana und ging doppelt so schnell weiter, um die verlorene Zeit aufzuholen. Ich hörte das Flügelrauschen einer Gruppe Nashornvögel über unseren Köpfen (wenn es nicht das Blut in meinen Ohren war), hatte jedoch zuviel damit zu tun, meine Knöchel vor den Schlingpflanzen und meine Augen vor den Palmenwedeln zu bewahren, als daß ich hätte aufschauen können; ich begann nun wirklich zu schwitzen.

Während ich abwechselnd nach Luft schnappte und Insekten ausspuckte, hatte ich das Gefühl, wir seien bereits stundenlang geklettert und hätten nur angehalten, um Stämmchen zur Seite zu biegen und Rinde einzukerben, um so unseren Weg zu markieren. Aber schließlich befahl Dana Halt. Sehr feierlich wies er uns an, wir sollten uns hinsetzen, und reihte uns in einem Kreis auf. Er wühlte in Inghais Korb, holte noch eine Ibanpastete heraus und legte sie vor uns auf den Boden. Irgend etwas ließ in der Nähe (eine Herde Affen, ein Schwarm Vögel?) einen plappernden, keifenden Alarmchor aus den Bäumen schallen und verstummte dann. Leon wirkte beklommen und wischte sich mit der Hand über die Lippen.

Dana entkorkte seine Wasserflasche und goß einen Fingerhut voll hinter sich. Wir taten es ihm nach. Mein chloriertes Wasser traf genau auf einen kleinen, braunen Käfer, so etwas wie einen Rüsselkäfer, der ob dieser völlig unerwarteten Demütigung unter einem Blatt verschwand.

Dann fixierte Dana den kleinen Haufen aus Reis und Fisch mit dem Auge eines Häuptlings und murmelte etwas auf Iban; Leon und Inghai wiederholten die Beschwörung.

»Inglang-Zauber!« sagte Inghai und wandte sich mir zu, »Inglang-Magie! Sehr stark. Sehr gut.«

»Wir beten zu den Geistern des Berges«, sagte ich und erinnerte mich an Fentons Formel aus Kapit, »für guten Erfolg und eine sichere Rückkehr.«

Dana nahm das Essen und schob es einen guten Meter über dem Boden zwischen eine Schlingpflanze und einen Baumstamm.

»Nun sind wir okay«, sagte Leon, »jetzt gehen wir richtig los.«

Während unseres Aufstiegs wurden die Bäume kleiner, dichter mit Moos und Flechten bedeckt; und die Luft wurde deutlich kühler und füllte sich mit Nebel.

Dann plötzlich flachte der steile Hang ab: Wir hatten den Gipfel erreicht. Dana schnitt zwei Stämmchen ab, spaltete das eine an der Spitze und entrindete das andere als Botschaft, die in den Spalt gesteckt wurde. Dann bahnten wir uns einen Weg über den flachen Boden, etwa zweihundert Meter weit bis zur anderen Seite des Berges. Es war nichts zu sehen außer einem dichten Gewirr aus Bäumen, Schlingpflanzen, Farnen, Moosen und Flechten.

»Keine Sorge, Redmond«, sagte Leon und zog seinen Parang, »wir sind an der Spitze. Wir zeigen dir wildes Ulu-Land. Mein guter Freund, keine Sorge, du siehst sehr weit, sehr weit. Vielleicht zeigen wir dir das Meer.«

Leon, Inghai und Dana schlugen mit ihren Parangs auf einen halbausgewachsenen Baum los. Er knirschte und schwankte; die Lianen strafften sich.

»Zurück! Fort!« rief Leon, »Schlangen! Schlangen! Im Baum!«

Ich trat schnell zurück – so schnell, daß ich, als die ganze Vegetationsmasse krachend den Abhang hinunterstürzte, nicht sehen konnte, ob da wirklich irgendwelche entmieteten Schlangen in giftigen Parabeln durch die Luft wirbelten.

Aber die geschaffene Aussicht ließ keinerlei Zweifel: Der Boden fiel ab in Richtung Osten; wir schauten hinaus über die dschungelbedeckten Hügel, die das Land bis zum Horizont überzogen. Wir standen im Herzen Borneos, also auf der Wasserscheide; all die kleinen Ströme unter uns würden gen Südosten fließen, um sich dem großen Fluß Mahakam anzuschließen. Wir waren, ohne es zu merken, nach Indonesien gekommen und mußten irgendwo auf dem 2000 Meter hohen Kamm nordöstlich des Mount Batu Tiban stehen (und etwas über ihm). Trotz der Toh machten wir viel Lärm, wiederholten den Tanz des Arguspfaus und tauschten unsere Hüte aus. Ein paar schwarze Adler, deren Schnäbel und langen Schwänze im Sonnenlicht glänzten, ließen sich nicht stören und kreisten niedrig über dem bewaldeten Tal unmittelbar unter uns und kreischten einander zu.

Riesige Wolken türmten sich im Osten auf, und wir kehrten so schnell wie möglich zum Lager zurück und hielten nur an, um weitere Aufnahmen von Schweinesuhlen und Termitenbauten, von Pilzen und einer Art hellrosa Orchidee zu machen.

Als wir nach unserem neunstündigen Abenteuer schließlich das Ufer des Ulu Baleh erreichten, ließ Dana uns in einer Reihe Aufstellung nehmen und bedeutete uns, still zu sein. Dann schritt er wieder voran, mit übertriebener Vorsicht, und setzte jeden Fuß mit großer Sorgfalt auf die Blätter.

»Jetzt nehmen wir Jams' Kopf«, flüsterte Leon mit breitem Grinsen.

Wir krochen in einer Linie auf das Lager zu, Dana und Leon an den Flügeln leicht voraus. Der arme James las friedlich, er hatte uns den Rücken zugewandt und saß im Schatten eines großen Felsens. Er saß während unserer Attacke unmittelbar vor mir. Ich kroch vorwärts über den Sand, kauerte mich hinter den Felsen und tippte dann unter einem Getöse, das ich mir als Mordgeheul eines Ukit plus einer Bengalkatze vorstellte, an seinen Hals. Die Iban jodelten einen ganz besonders schrecklichen Schlachtruf. Ich will nicht behaupten, daß James' Haar zu Berge stand, denn er hat nun einmal nicht mehr viel, und er ließ auch nur einen ganz kleinen Schrei hören; aber seine Beine verkrampften sich und schossen in die Höhe, und er warf die Arme wild über den Kopf. Die ›Elenden‹ landeten einige Meter entfernt. Und als er sich sehr schnell auf den Bauch rollte, entsprach sein Gesichtsausdruck in mehrerer Hinsicht Darwins Beschreibung in ›Der Ausdruck der Gefühle‹ (1872) unter der Überschrift ›Furcht‹: Seine unbedeckten und vortretenden Augen waren auf den Gegenstand des Schreckens (mich) fixiert, seine Nasenflügel waren weit ausgedehnt, auch Totenblässe war vorhanden, das Atmen war beschwerlich, und ganz deutlich war auch wahrzunehmen, wie die Lippen schnappten und sich konvulsivisch bewegten, wie die hohle Wange zitterte und die Kehle schluckte und sich zusammenzog.

»Jesus Christus!« sagte James. Und dann, sehr langsam: »Ich habe mir gestattet«, sagte er traurig, »in diese absolute Einöde mitzukommen – mit einem Haufen Wahnsinniger.«

Inghai setzte seinen Reiskorb ab. Dana, Leon und Inghai legten sich flach.

Als Darwin sein großes Werk über den menschlichen Ausdruck zusammenstellte, schrieb er an den Radscha Brooke, um zu erfragen, ob die Dajaks von Borneo Tränen vergossen, wenn sie herzlich lachten; »es muß häufig der Fall sein«, entschied er, »denn ich höre..., daß es bei ihnen eine sehr gewöhnliche Redensart ist zu sagen ›wir weinten beinahe vor Lachen‹.« So ist es. Sie tun es. Sie taten es.

»Jams!« schrie Leon. »Wer, denkst du, wollte dich umbringen?«

»Ich habe gerade darüber nachgedacht«, sagte James, schon etwas fröhlicher, und befeuchtete seine trockenen Lippen mit einem Schluck aus der Wasserflasche. »Ich dachte, wart's nur ab, jetzt sind sie schon seit Stunden fort. Die Ukit haben sie geschnappt. Und jetzt – holen sie mich. Und dann taten sie es auch. Ein fetter, zu groß geratener, zurückgebliebener, unterentwickelter, verantwortungsloser Ukit.«

»Ein großes, fettes, haariges, gebratenes Babi-Redmond-Schwein«, spuckte Inghai.

»Okay«, sagte James, rollte seine riesigen Augen und machte eine pathetische Geste mit der rechten Hand, »also, wer kam auf diese Idee?«

»Der Chef«, sagte ich und zeigte auf Dana.

»Leon«, sagte Dana.

»Inghai«, sagte Leon.

»Redmond«, sagte Inghai, heulte vor Lachen und sprang auf die Füße, »großer fetter Inglang-Kopfjäger.«

James, mit beutelnden Hosen und heraushängendem Hemd, rannte auf Inghai los, vielmehr watschelte er auf ihn zu, wie es seine Art war, die Füße in einem Winkel von 45 Grad zueinander. Inghai sprang in den Fluß.

»Frieden, Frieden«, schrie Inghai in verzweifeltem Ton, nur den Kopf über Wasser. »Der Tuai Rumah – er hat Arrak versteckt.«

»Jams, mein sehr bester Freund«, sagte Leon, »es ist wahr – er hat eine Kanne in der Reisbüchse versteckt. Wir trinken. Wir entschuldigen uns.«

Wir marschierten alle das Ufer entlang zu Danas Schlafplatz, Inghai zur Sicherheit ein paar Schritte hinter uns; er trug ›Die Elenden‹, die er vom Ufer geholt hatte.

Wir knieten uns hin. Dana öffnete seine geheiligte chinesische Keksdose. Sie schien nichts zu enthalten außer Reis. Dana schob die Hand hinein und wühlte. Zwei Patronen und die Ecke eines Päckchens Gold Leaf-Zigaretten kamen zum Vorschein. Mit untypischer Schnelligkeit ließ James seine Hand hineinschießen und schnappte sich das Päckchen.

»Scheiße!« sagte Dana, oder irgend etwas sehr ähnliches.

Eine kleine chinesische Medizindose wurde sichtbar. Dana nahm den Deckel ab. Der rostbraune, metallische Arrak ergab einen Mundvoll für jeden. Wir ließen ihn herumgehen.

»Ngirup Jams!« sagte Dana.

»Äh – wie geht's dir? Was macht das Herz, James?« fragte ich, als ich mich plötzlich an sein Herzklopfen erinnerte und einen Anflug von Bedauern verspürte.

»Fein, einfach fein«, sagte James leichthin, »trotz deiner Bemühungen, du Mistkerl. Tatsächlich hast du alle Punkte verloren, die du je gewonnen hattest. Ich werde mich rächen – ich habe nämlich wirklich etwas Wunderbares gesehen.«

»Ach ja«, sagte ich und empfand Eifersucht. »Kam eine Bengalkatze ans Wasser? Hat dich ein Koboldmaki ins Ohr gezwickt? Hast du dir mit 'nem Binturong eine Kippe geteilt?«

»Bis eben«, sagte James, während er darüber nachdachte, »hatte ich nur noch drei Zigaretten übrig. Ich glaube nicht, daß ich eine geteilt hätte, nicht einmal mit einem ... wie heißt das Ding?«

»Natürlich würdest du – es ist eine freundliche, strubbelige Bärenkatze, die sich mit dem Kopf nach unten an einen Baum hängen kann wie dein Angwangtibo in ›Die Wilden‹.«

»Die Angwangtibos in ›Die Wilden‹«, sagte James, »fahren auf Dreirädern.«

»Deswegen können sie doch trotzdem mal eine rauchen.«

»Muß ich es dir wirklich sagen? Du bist eifersüchtig! Du glaubst, es wäre vielleicht wirklich wunderbar gewesen. Jawohl, war es auch. Ich sah die beiden schönsten Vögel der Welt, die schönsten Vögel, die ich je gesehen habe.«

James' Augen waren so groß und braun und hell wie die eines Schlankluri in der Dunkelheit. Offensichtlich sagte er die Wahrheit.

»Da drüben waren sie«, sagte er und zeigte auf eine Kastanie am anderen Ufer, »und jagten einander so schnell um die Baumkrone herum, daß ich zu Anfang gar nicht genau wußte, ob es nun ein oder zwei Vögel waren – und sie hatten das schönste Gelb aller Gelbe, die Art Gelb, die jedes andere Gelb insgeheim sein möchte.«

Ich holte den Smythies heraus und schlug Tafel XLIII auf: Die Pirole.

»Genau!« sagte James triumphierend. »Das waren Schwarznackenpirole! Nur hat der hier die falsche Farbe; er hatte eine schlechte Nacht; er hat sein Alka Seltzer vergessen. Meine waren die blühende Jugend des Waldes, die Jeunesse dorée, die Dschungelelite.«

Wir schauten in der Beschreibung nach. »Es ist seltsam, daß dieser Vogel«, sagte Smythies, »in Singapur so verbreitet, in Borneo so selten sein soll; bekannt sind lediglich drei Bälge, die Croockewit in Südborneo sammelte, und ein paar Bälge und Beobachtungen aus Südwest-Sarawak; ob er dort lebt oder nur zu Besuch kommt, ist unbekannt.«

James wirkte gekränkt.

»Komm schon«, sagte er. »Was hat Singapur damit zu tun? Das soll doch ein Buch über die Vögel von Borneo sein. Wenn ich auf dem Piccadilly einen Marsianer sähe, würdest du doch auch nicht sagen ›Vergiß es, James. Auf dem Mars kommen sie schließlich massenhaft vor‹, oder?«

»Na ja, es hätte schlimmer kommen können.«

»Nun komm schon. Ich wüßte wirklich nicht, wie.«

»Du hättest die Große Meise sehen können.«

»Sei nicht albern.«

»Nein wirklich – das ist einer der acht seltensten Vögel in Borneo, zusammen mit dem malaysischen Honigkuckuck, dem Warzenkopf, der sibirischen Drossel, der orangeköpfigen Drossel, der Kastanienhaubendrossel, der Schwarzbrauntimalie und der Everettsdrossel – und hier sitzen sie alle – auf Tafel XLV.«

Wir schauten nach der Großen Meise. »Der geheimnisvolle Vogel von Borneo«, sagte Smythies. »Zwei oder drei Exemplare wurden um 1880 bei Tegora und in der Hügelgegend von Bengo südlich von Bao gefunden. Dann hörte man nichts mehr von ihr, bis Allen am 10. Dezember 1956 ein paar in den Mangroven bei Pending in der Nähe von Kuching beobachtete und ein Museumssammler aus Sarawak dort zwei Tage später ein Exemplar erhielt. Einige wurden in dieser Gegend erneut im April 1965 gesehen (beim Armeelager Tanaputeh) und andere am 17. Mai in der Nähe von Buntal und Santubong, womit bestätigt wird, daß diese Art in den Mangroven lebt. Sie wurde auch in Uferdschungeln und Mangroven in Binsulok und Kuala Penju im Januar/Februar 1962 gesichtet (DMB).«

»Nun, du wirst wohl zugeben müssen«, sagte ich, »daß du dir ein bißchen albern vorkämst, wenn du deine Tante Eileen in Aufregung über eine Große Meise versetzen wolltest? Oder nicht?«

»Soeben habe ich für mich beschlossen«, verkündete James, »daß die Jagd nach ornithologischen Raritäten grundsätzlich unanständig ist.«

An jenem Abend, als ich nach einem Essen aus geräuchertem Fisch und Reis am Feuer hockte, schaute ich müßig auf eine unserer Borneo-Karten in kleinerem Maßstab und unternahm beim Licht meiner Taschenlampe eine Bootsreise auf dem Rajang (ein Stück nordwestlich von unserer gegenwärtigen Position) nach Belaga, wo sich der Rajang in den Batan Belaga und den Batan Balui teilt. Ich folgte dem Balui nach Long Murum und kurvte hinab, südwestlich seinen sich allmählich begradigenden Lauf entlang zum Batu Laga-Plateau, nach Rumah Daro und dann – die Lampe erbebte mit mir in einem bedrohlichen Anfall von Herzzucken – kam ich zu einem Ort, der unmißverständlich den Namen Rumah Ukit trug.

»Leon! James! Ich habe ein Ukit-Langhaus gefunden!«

»Doch nicht hier in der Nähe?« sagte James und starrte erschreckt in die äquatoriale Nacht hinaus.

»Nein, nein, es ist noch Meilen entfernt im Nordwesten, etwa auf ein Grad, 45 Minuten, aber wir können es leicht erreichen – den Rajang hinauf und dann den Balu hinunter.«

»Die Regierung hat es gemacht, für die Ukit«, sagte Leon.

»Wie kommst du auf die Idee, daß sie dich sehen wollen?« fragte James.

»Die Regierung will den Ukit-Mann unter Kontrolle haben«, sagte Leon.

»Das ist ganz vernünftig«, sagte James.

»Nun, vielleicht wollen sie mich nicht sehen«, sagte

ich, »aber ganz bestimmt wollen sie einen kahlen Dichter sehen. Das will jeder. Das wollen sie immer alle.«

»Hör mal, Redmond«, sagte James, »diese Menschen hier sind alle Dichter. Daran ist überhaupt nichts Besonderes. Ich habe das sehr starke Gefühl, daß wir die Ukit sich selbst überlassen sollten, damit sie ungestört ihre Plumppuddings machen können.«

»Inglang-Dichter«, sagte Inghai strahlend.

»Genau«, sagte ich, »wir gehen.«

»Verflucht«, sagte James und rieb sich mit beiden Handflächen übers Gesicht.

»Jams, mein sehr bester Freund«, sagte Leon und nahm ihn am Arm, »sie nicht die richtigen Ukit-Männer. Der Ukit, er lebt im Dschungel, und er reist sehr weit. Er geht, wohin er will. Er möchte den Babi an jedem Tag seines Lebens jagen. Aber die Regierung weiß nicht, wo er ist – deshalb sagt die Regierung: ›Wir geben dir ein Langhaus, und du baust Reis an, und du bleibst sitzen, damit wir dich zählen können.‹ Aber der Ukit-Mann bleibt im Dschungel. Er mag das sehr. Nur ein paar Ukit sind in Rumah Ukit.«

»Okay«, sagte James, »ihr wart also schon mal da? Besucht ihr die am Wochenende?«

»Nein«, sagte Leon mit breitem Grinsen, »ich war nicht einmal in Belaga.«

»Na schön«, sagte James, »wenn die Ukit so gute Kerle sind, warum kommt ihr nicht mit uns?«

Leon wurde dunkelbraun vor Vergnügen. Er unterhielt sich erregt auf Iban mit Dana und Inghai.

»Wir Iban brauchen den Tuai Rumah in Kapit für den Reis«, verkündete Leon, »und Ingy Pingy muß arbeiten in einem Holzfällerlager, aber ich komme. Ich komme, Jams; ich achte auf dich und Redmond.«

»Abgemacht«, sagte James und schüttelte Leon die Hand.

Regentropfen begannen herunterzuklatschen. Die Zikaden stellten ihren Gesang ein.

»Ich werde Thomas bitten, mitzukommen«, sagte Leon.

»Wer ist das?« sagte James.

»Thomas, er ist mein Freund«, sagte Leon, »er ist Lahannan, vom Kayan-Volk. Sein Langhaus ist nahe bei den Ukit. Er sagt, die Ukit-Mädchen sind sehr schön.«

Der Regen wurde heftiger, und dann pladderte es. Wir gingen schlafen.

15

Am Morgen regnete es noch immer. Als ich durch die Füße hindurch aus dem dreieckigen Loch zwischen Hängematte und Deckplane schaute, konnte ich sehen, wie der Regen auf die nassen Felsen platschte und in den Fluß pladderte und seine Oberfläche narbte; aber unter den Bäumen schien der Regen, vom feinen Gewirr der Blätter, Zweige und Schlingpflanzen in kleine Partikel zerstäubt, wie schwerer Nebel in der Luft zu hängen; er rann die Stämme hinunter und durchfeuchtete alles. Ich krümelte kleine Kügelchen aus durchfeuchtetem Zinktalkum über mich, kletterte in meine klammen Kleider und rieb Autan-Gel durch den Wasserfilm auf meine Socken, auf Hemdärmel und Hals.

»Jams! Redmond! Wacht auf! Der Fluß ist in der Nacht gestiegen!« rief Leon vom Ufer.

Und tatsächlich war die Hälfte des Ufers verschwunden.

»Der Tuai Rumah sagt, wir beeilen uns, oder wir überqueren den Fluß nie«, sagte Leon, kam das Ufer herauf, rüttelte James wach und half uns, das nasse Schlafzeug in den Rucksäcken zu verstauen.

Die Iban trugen ihre Körbe vor der Brust über den Fluß und kamen dann zurück, um unsere Rucksäcke hinüberzutragen. Ich erinnerte mich an den Ratschlag des SAS-Majors: »Niemals mit einem Rucksack auf dem Rücken einen Fluß durchwaten. Denn dann kann das Ding tückisch werden. Einmal ausrutschen, und weg bist du. Und der Rucksack wird dir ganz locker den Kopf unter Wasser drücken.«

Auf der anderen Seite schulterten wir unsere Lasten

und krabbelten das nasse Ufer hinauf; dann wandten wir uns um und verabschiedeten uns vom schönsten Schlupfwinkel der Welt, der Heimat des Gibbons und des großen Arguspfaus, des Borneo-Hirschs und des wilden Ebers, der Nashornvögel und – den seltensten von allen – von James' Freunden, den Schwarznackenpirolen. In ein oder zwei Monaten würde die Vegetation die Iban-Schlafgestelle mit ihren gekreuzten Pfählen überwuchert haben, die Botschaften an die Ukit auf den Stöcken und den geschlitzten Farnwedeln, und völlig zu Recht wären unsere Spuren vom Erdboden getilgt.

Selbst in unserem neuen, langsamen Tempo, James direkt hinter Dana, war es ein harter Marsch. Der Laubteppich, vom Regen durchweicht, rutschte bei jedem Schritt; wir glitschten und purzelten die Abhänge hinab und landeten in den weißen Sturzbächen, die sich in jeder Schlucht gebildet hatten. Nichts vermochte die mühsame Monotonie zu durchbrechen; keine Hornvögel rauschten über uns hinweg, keine Affen schauten ungläubig herab, alles hatte Schutz gesucht. Ich ertappte mich dabei, daß ich ein geheimes, optimistisches Mantra vor mich hin murmelte: »Eines Tages wird alles vorbei sein«, hieß das tröstliche Liedchen, das ständig in meinem Kopf herumging.

Im Laufe des Nachmittags stürzte James immer öfter und immer schwerer. Er blickte nur resigniert, klammerte sich an eine Schlingpflanze, zog sich auf die Füße und ging ohne ein Wort der Klage weiter. Aber nach einer Reihe besonders böser Stürze an den Sandsteinhängen zeigte sich Leon bewegt.

»Jams, mein sehr bester Freund«, sagte er und stellte sich neben ihn, »das ist verdammt blöd. Du brichst dir das Bein.«

Leon bückte sich und nahm James seinen Packen ab. Dann nahm er seinen eigenen Korb herunter und band ihn mit Fallschirmkordel oben auf James' Rucksack.

»Sei nicht albern, Leon«, sagte James.

»Mach dir keine Sorgen, Jams«, sagte Leon, »ich bin sehr stark. Du wirst sehen.«

»Warum teilst du ihn dir nicht mit Dana und Inghai?« sagte ich hilfreich, denn ich war nicht scharf darauf, mir auch nur eine Unterhose zusätzlich aufzuhalsen.

»Keine Sorge. Du wirst sehen«, sagte Leon, kauerte sich nieder, zog die Rucksackriemen über die Schultern und hob dann schwankend die ungeheure Last in die Höhe.

Dana, James und Inghai gingen weiter und waren bald außer Sicht. Leon und ich folgten sehr langsam. Ich ging hinter ihm und staunte. Ich hätte nicht gedacht, daß ein Mann so viel tragen konnte; die ungefüge Last türmte sich über seinem Kopf und schwankte beim Gehen hin und her.

Leon blieb stehen, lud den Packen ab, schnitt sich ein Stämmchen auf etwa eineinhalb Meter Länge und schulterte ihn erneut.

»Jetzt habe ich ein besseres Gleichgewicht«, sagte Leon.

Er balancierte den Pfad entlang, den Dana markiert hatte, und hakelte sich mit seinem Stock auf groteske Weise durch das Dickicht, aber er blieb fest auf den Beinen.

Nach ein oder zwei Stunden hielt Leon inne.

»Redmond«, sagte er, »wir sind falsch gegangen. Jetzt gehen wir zurück. Ich habe die Markierung verpaßt.«

Ich setzte mich verzweifelt zu Boden. Nur ein bißchen Schlaf, dachte ich. Der Hügel, den wir gerade herabgerutscht waren, erhob sich hinter uns wie der Himalaya und wuchs weiter an, während ich ihn anblickte. Dort noch einmal hinaufsteigen ...

»Steh auf«, sagte Leon entschieden. »Du stehst auf. Du hast nur einen Packen. Du stehst auf, Redmond. Du bist sehr fett. Du hältst an, und sie machen sich Sorgen. Jams macht sich Sorgen. Der Tuai Rumah denkt, wir haben uns verirrt.«

»Du wirst selbst irgendwann mal ein verfluchter Rumah Puma«, sagte ich und rappelte mich widerwillig auf.

Schließlich standen wir erschöpft am Ufer des Baleh, gegenüber dem Basislager. Dana und Inghai holten uns im Kanu ab.

»Was hat dich aufgehalten, Redmond?« fragte James munter, als wir am anderen Ufer ankamen. »Ich hab mir schon Sorgen gemacht. Ich wollte gerade deine Frau anrufen.«

Am nächsten Morgen ließ der Regen nach, die Gibbons riefen, die Eilsegler erschienen über dem Fluß, und Dana verkündete, wir müßten aufbrechen. Der Fluß war weit über einen Meter angeschwollen; der Felsen, auf dem ich im Smythies gelesen hatte, war verschwunden; seine Position wurde nur noch durch einen dunklen Wirbel markiert.

Wir verstauten die Körbe und die Rucksäcke im Einbaum und banden sie mit Rattan fest. Dann hüllten wir alles, auch Danas Dosen, Inghais Kochtöpfe und Leons riesigen Vorrat an geräuchertem und gesalzenem Fisch, in Segeltücher ein.

Wir schoben das Boot hinaus und sprangen hinein, James und ich nahmen unsere alten Positionen in der

Mitte wieder ein, Leon bemannte den Außenbordmotor, und Dana und Inghai kauerten sich in den Bug, neben sich ihre Stakstangen und Paddel.

Während Dana und Inghai wild drauflos paddelten, damit der Einbaum nicht seitlich in die Strömung geriet, schaffte es Leon nach dem dritten Versuch, den Motor zu starten. Verwegen schossen wir hinaus in die Mitte des angeschwollenen Flusses und begannen eine außerordentlich schnelle Fahrt. Das lange, ungefüge Kanu lag mitten in der Strömung, der Bug hob sich und schien fliegen zu wollen; zu beiden Seiten schoß die Gischt an uns vorbei.

Bei jeder Biegung hatte es den Anschein, als wollte sich das Boot ins nahende Hochufer bohren, aber wenn Dana und Inghai sich hart in ihre Stakstangen warfen und die Füße gegen die Bordwand stemmten, um das Boot herumzuwerfen, stieß die vom Ufer kommende Gegenströmung es zurück in die Strömungskurve. Wir flogen flußab und wurden abwechselnd nach rechts oder nach links geworfen, wenn das Boot ruckend und vibrierend in die Kurve ging. Weiß schäumte das Wasser an den eintauchenden Bordwänden vorbei. James und ich zogen unsere Eßgeschirre aus den Rucksäcken hinter uns und begannen ernsthaft zu schöpfen.

»Redmond«, sagte James, und sein Schnurrbart glänzte wie der einer Robbe in der Gischt, »auf der Cresta-Abfahrt, habe ich mir sagen lassen, liegt das Geheimnis des Überlebens schlicht im richtigen Zeitpunkt. Man darf nur springen, wenn man absolut sicher ist, daß es das ist, was man wirklich will.«

Wir kamen ins Kenyah-Land, und der Fluß wurde breiter und beherrschbarer. Frauen, die in Reihen auf den Reisfeldern Unkraut jäteten, hielten inne, richteten sich auf und winkten uns zu. Aufgeregte Hunde versuchten mit dem Boot Schritt zu halten und rannten bellend die Sandbänke auf und ab. Wir legten an der Landungsstelle an, und Dana ging zum Häuptlingsraum des Langhauses, um Bescheid zu sagen, daß wir abreisen und, wenn gewünscht, die sterbende Frau ins Krankenhaus bringen würden. Wir warteten im Boot, wie es das Protokoll verlangte, und nach etwa einer halben Stunde kehrte Dana mit dem Häuptlingssohn zurück; als Abschiedsgabe trugen sie zwei große Büschel Bananen.

»Was ist mit der Frau?« fragte James.

Leon sprach auf Iban mit Dana.

»Der Tuai Rumah sagt, sie ist zu krank, um zu reisen«, sagte Leon. »Sie will nicht gehen. Das Krankenhaus ist sehr weit. Wie soll sie Geld verdienen für das Benzin, um zurück zu ihrem Volk zu kommen? He?«

James stand auf, wühlte in seinem Rucksack und zog eine Flasche mit dreißig Floxapentabletten hervor. Er kletterte aus dem Kanu und überreichte sie dem Häuptlingssohn. James hinkte fürchterlich, er mimte ein entzündetes Bein, er machte vor, wie man bei jedem Halbkreis, den die Sonne am Himmel beschrieb, eine der Pillen in den weit offenen Mund warf. Leon übersetzte ins Iban, Dana übersetzte ins Pidgin-Kayan, und der Häuptlingssohn schien zu verstehen. Er schüttelte uns allen die Hand und schob dann das Boot in die Strömung hinaus. Leon warf den Motor an, brachte das Boot zum Schaukeln und Dana und Inghai aus dem Gleichgewicht.

»Sie ist in den Feldern!« schrie Leon. »Aber ich sage auf Wiedersehen! Ich sage auf Wiedersehen zum Mond am Himmel!«

Es war eine wilde Fahrt den Baleh hinunter. Durch das Scheppern der Eßgeschirre auf den Bilgenbrettern und das ständige Donnern anstürmenden Wassers hörten wir Danas gebrüllte Kommandos, Inghais Warnschreie im Stakkato, wenn Felsen sich vor uns auftürmten und an uns vorüberschossen, das wilde Kreischen, mit dem ein fieberhaft erregter Leon die Passage jeder neuen Stromschnelle begrüßte. Durch die Schaumfetzen sahen wir Eisvögel, die sich in Sicherheit brachten, Adler, die von ihren Ästen hochschreckten, die Kurve kratzten und im Dschungel Deckung suchten. Kleine grüne Reiher flappten verängstigt in die Uferbüsche.

Ein ungestümer Tatendrang stieg aus dem wirbelnden Fluß auf und bemächtigte sich der Iban. Wir hielten nur an, um die versteckten Benzinkanister wieder aufzunehmen, uns etwas Reis in den Mund zu schaufeln und die Stangen zu ersetzen, die Inghai und Dana eine nach der anderen zerbrachen, wenn sie den Bug von den Felsen fernhielten. Um die Strömung unter Kontrolle zu halten, fuhr Leon mit Vollgas, Stunde um Stunde.

»Ich bin nicht so feucht hinter den Ohren, wie ich aussehe«, verkündete James ohne besonderen Anlaß, als wir unsere neunzehnte Tonne Wasser aus dem Boot schöpften (tatsächlich wirkte er sauber, gut gespült und sehr müde), »und dies wird in Tränen enden.«

Spät am Abend jedoch wurden wir fröhlicher. Das erste Holzfällerlager kam auf dem rechten Ufer in Sicht.

»Halt!« schrie James. »Halt, ihr verrückten Hunde!«

Leon lenkte den Einbaum zum Landungssteg. James sprang mit unglaublicher Leichtigkeit aus dem Boot und mobilisierte eine Reihe unvermuteter Reflexe, die er wohl seit früher Kindheit nicht mehr genutzt hatte.

Er galoppierte über den Laufsteg wie eine arthritische Gazelle. »Irgendwo an diesem Ort«, sagte James, »muß einfach eine Zigarette sein – und vielleicht, nur vielleicht, auch eine Dose Bier.« Er rannte die Uferböschung hinauf, mit Beschleunigung; Wassertropfen sprühten aus Hemd und Hosen.

Ein Bulldozer machte ruckartig vor ihm halt. Der Fahrer lehnte sich aus seiner Kabine und schaute James verwundert an.

»Zigaretten! Bier!« schrie James und stellte damit seinen Status als *Homo sapiens* unter Beweis.

»Guinness Stout!« erwiderte der Iban-Fahrer mit herzhafter Zustimmung und wies auf eine Hütte oben links. »Guinness Stout!« wiederholte er und ließ seine gewaltige Maschine wieder losröhren.

Hinter James her rannten wir alle zu der Hütte. Die Iban überholten mich, übersprangen die Halteseile für die Baumstämme, umkurvten die geparkten Bulldozer.

Als ich den Laden erreichte, redete James auf einen kleinen, alten, verschreckten Chinesen hinter dem Tresen ein. »Zigaretten! Bier!« sagte er und rang nach Luft. Dieser spärlich bestückte, dumpfe, kleine Kaufladen schien ein Ort der Wunder zu sein. In den Regalen lagen bunte Packungen und Dosen mit Etiketten darauf, jede Menge zu essen. Und nirgends Fisch.

Der Chinese maß uns mit dem Blick, bückte sich sehr langsam und stellte einen leeren Karton auf den Tisch.

»Erstmal eine für den Anfang, wenn's beliebt«, sagte James, langte über den Kopf des Chinesen und holte sich ein Päckchen Gold Leaf.

Der Chinese griff nach seiner Rechenmaschine und begann nervös mit ihr zu spielen, indem er die Kugeln aus schwarzem Holz hin und her schob. James fand sein Feuerzeug, zündete es an, gab den Iban und dem Chinesen eine Zigarette – und dann fing er an, Guinness und Gold Leaf und Pfirsiche in Dosen und Ananasscheiben und geröstete Erdnüsse und Steak in Scheiben in den Karton zu schaufeln. Ehe ich mich versah, hatte ich einen Armvoll Dosenmais zusammengerafft. James bezahlte mit einem Bündel malaysischer Dollars aus seiner Gesäßtasche, auf denen sich schon mehrere Generationen von Pilzen ausgebreitet haben mußten. Der Chinese strahlte.

Wir schlenderten zurück zum Boot, vorbei an Bulldozern und Raupenschleppern, über einen orangegelben, plattgewalzten, toten Boden, vorbei an den gefällten Waldriesen, die in Haufen darauf warteten, ins Wasser gerollt und geflößt zu werden.

Von Mais aufgebläht, vollgestopft mit Pfirsichen, Ananas und Erdnüssen und abgefüllt mit Eastern Guinness fuhren wir, bis der Mond aufging, und dann, geleitet vielleicht vom traulichen Duft der heimischen Schweinescheiße, fand Leon den Bach, der zum Langhaus seiner Schwiegereltern führte. In ihrem Bilek gaben wir ihnen das restliche Guinness, versuchten Leons heroische Rettungstat im Wasserfall zu schildern und schliefen ein, wo wir lagen. Am nächsten Tag fuhren wir, nachdem Dana den großen Fischvorrat sorgfältig in drei Teile aufgeteilt hatte, zum Rajang und erreichten Kapit.

16

Mit den Rucksäcken stiegen wir schwitzend die Betonstufen des Piers hinauf, durchquerten das staubige Ödland, das achtjährige Chinesenjungen als Teststrecke für die Bruchfestigkeit ihrer neuen Fahrräder nutzten, grüßten Ella Fitzgerald (und den dünnen Mr. Fitzgerald) in unserem chinesischen Frühstückscafé und betraten die Betontreppe zum Rajang-Hotel. Von dem freundlichen, uralten, verkrümmten, haarlosen, fast tauben chinesischen Portier mit seinem einzigen Zahn begrüßt, fühlten wir uns wieder daheim.

Wir wurden wieder eingetragen, und unser Reservegepäck erwartete uns in zwei benachbarten Räumen im ersten Stock. Als wir oben ankamen und uns nach links wandten, zeigte sich durch eine offene Tür ein kahler Raum mit Toilettentisch und Spiegel, einem Kassettenrecorder, drei Betten und drei Mädchen.

»Hallo«, sagte James in seiner fröhlichsten Art, »und wie geht es Ihnen?«

Die Mädchen kreischten, dann kicherten sie und schlugen die Tür zu.

»Redmond«, sagte James, »als ersten haben sie dich gesehen.«

Als ich endlich die Tür zu meinem eigenen Zimmer hinter mir geschlossen hatte, nahm ich meine luxuriös sauberen Kleider aus dem Beutel, breitete sie auf dem Bett aus, leerte meinen Rucksack auf den Fußboden, zertrat ein halbes Dutzend entführter Ameisen mit dem Stiefel, knüllte meine Dschungelkluft zu einem klebrigen Bündel zusammen, warf es für die bedauernswerte chinesische Wäscherin neben die Tür und vergnügte mich lange Zeit damit, vor dem gesprungenen Spiegel über dem winzigen Waschbecken meinen Bart abzurasieren. Dann wickelte ich mich in das kleine Hotelhandtuch und schlenderte durch den Flur zur Duschkabine. Ich hängte mein Handtuch über die hölzerne Trennwand und begann mit dem mühsamen, aber wollüstigen Geschäft, die übliche, tiegelförmige rote Plastikkelle immer wieder mit kaltem Wasser aus dem kärglich fließenden Hahn zu füllen und über meinen Kopf zu kippen. Schließlich, als das Stück Hotelseife von Pflaumen- auf Erdnußgröße geschrumpft war, langte ich nach meinem Handtuch. Es war verschwunden. Ich öffnete die Augen. Es mußte auf den Boden gefallen sein. Ich ging in die Knie und schaute unter die Trennwand. Dort war es auch nicht. Der Mistkerl, dachte ich. Ich mußte ruhigbleiben und kurz nachdenken. Panik war nicht angezeigt. Ich blickte umher. Es gab nichts zu sehen. Die tiegelförmige rote Plastikkelle mußte als Lendenschurz herhalten.

Mit der einen Hand hielt ich mir die Schöpfkelle vor, mit der anderen stieß ich die Tür auf und schoß aus meiner Startbox heraus wie ein Sieger beim Derby. Aber es half nichts. Die Tür zum Zimmer mit den Mädchen war offen. Die Mädchen standen davor und kreischten vor Lachen. »Inglang!« heulten sie, als ich vorbeitobte, »Inglang!« Ich erreichte mein Zimmer – auch dort stand die Tür offen. Drinnen stand die alte, zerknitterte, ungerührte chinesische Wäscherin. Sie schaute mich an, als pflegten all ihre Kunden mit einem Lendenschurz in Gestalt einer tiegelförmigen roten Plastikkelle herumzulaufen. Sie verpaßte meinen Dschungelkleidern einen angeekelten Fußtritt, und dann hielt sie die Hand auf. »Oje!« dachte ich. »Sie will meine Schöpfkelle.« Ich gab ihr mit Zeichen zu verstehen, daß ich ihr Ansinnen als unvernünftig betrachtete. Dann hielt sie alle Finger ihrer abgearbeiteten Hände hoch, zweimal. Geld will sie, wurde mir erleichtert klar; und dann: Zwanzig Dollar will sie! Für eine Diskussion war ich schlecht gerüstet. Ich schob mich hinüber zu meinem Beutel und holte die Noten mit einer Hand aus meiner wasserfesten Brieftasche. Sie nahm sie ausdruckslos entgegen, hob die Kleider auf und ging unter Verbeugungen davon. Die Mädchen kicherten noch immer im Korridor, und ihre gurgelnden Laute, die ein wenig an die Rufe eines Kuckuckweibchens in einem englischen Sommer erinnerten, wurden von einem schrillen, nasalen, langgezogenen, hysterischen Keckern übertönt. Die ungerührte chinesische Wäscherin lachte sich kaputt.

Ich trocknete mich mit einem Paar langer Unterhosen ab, zog mir saubere Kleider an und ging hinunter ins Café an der Ecke, um Fenton umzubringen.

»Hallo«, sagte James und prustete in sein chinesisches Bier, »alles in Ordnung? Schön geduscht?«

»Du Mistkerl!«

»Die Mädchen haben mir zugesehen«, sagte James, »sie hielten es für eine fabelhafte Idee.«

Später am Nachmittag kam ein frisch eingekleideter Leon mit Siba und Edward ins Café, um uns ins Langhaus zu Danas Begrüßungsparty zu begleiten. Ich rannte hinauf in mein Zimmer, packte die Polaroid, all unsere restlichen Filme und Blitzlichter und zwei Flaschen Whisky in einen Beutel und schloß mich den anderen an. Wir tranken alle ein Bier, tauschten unsere Abenteuer aus und machten uns dann durch die Stadt auf den Weg.

»Also warum könnt ihr keinen Arzt zu den Kenyah bringen?« fragte James.

»Das ist ganz einfach zu beantworten«, sagte Siba, füllte seine Pfeife mit Erinmore, der einzigen Sorte Pfeifentabak, die Kapit erreicht, »wir haben das Geld nicht – wir können uns nur ein paar Hubschrauber leisten, und wir können uns auch nur ein paar Ärzte leisten. Wie du bemerkt hast, James, ist der Baleh ein schwieriger Fluß, nicht wirklich schiffbar. Und außerdem – genaugenommen sind diese Leute illegale Einwanderer. Wenn wir wollten, könnten wir sie hinauswerfen. Es ist ein Problem für meine Behörde. Aber meine Behörde hat dafür eine einfache Lösung: Unsere Gesetze bestimmen, daß jeder ein malaysischer Bürger ist, der in Malaysia geboren wurde – deshalb werden diese Leute in der nächsten Generation in unsere Zuständigkeit fallen. Und dann werden wir sie auch erreichen können. Wir sind ein neues Land, darfst du nicht vergessen. Die Radschas Brooke zivilisierten die Land-Dajaks um Kuching herum und dann die See-Dajaks, die Iban – jedenfalls ein paar von ihnen –, und jetzt bauen wir Schulen und Krankenhäuser für die Kayan und die Kenyah und all die anderen Stämme im Inland. Du wirst es sehen, wenn ihr hingeht – es gibt Schulen den ganzen Rajang und den Balu hinauf und auch ein oder zwei Krankenstationen mit Barfußärzten und ein kleines Krankenhaus in Belaga mit einem Hubschrauberlandeplatz, den wir von hier aus erreichen können.«

Siba wies auf den kleinen Landestreifen, an dem wir vorbeikamen, komplett mit Kontrollturm, Radiomast, zwei leichten Flugzeugen und einem Hubschrauber.

»Die Ärzte fliegen von dort aus zu allen Langhäusern, die sie erreichen können, einmal im Monat. Aber jetzt sagt die Regierung, die Zeiten seien schlecht, und es sei alles zu teuer, und deshalb müssen sie mit einem Besuch alle sechs Wochen zufrieden sein.«

»Das ganze Geld geht nach Westmalaysia, nach Kuala Lumpur«, sagte Edward düster. »Und außerdem, schau dich gut um, wenn du den Balui zu den Ukit hinauffährst, denn die ganze Gegend wird überflutet werden. Die Politiker werden reich – ein oder zwei Leute werden reich, wenn sie den Chinesen Konzessionen erteilen, unsere Wälder abzuholzen und das Holz den Fluß hinunter zu bringen; und nun werden sie einen Damm bauen und eine Leitung nach Japan legen und Elektrizität verkaufen und noch reicher werden. Du kannst sagen, was du willst, Siba – sehr bald wird es von unserem Land und unserem Dschungel nichts mehr geben. Nichts.«

»Natürlich muß der Damm gebaut werden!« sagte Siba. »Wie sollen wir sonst dafür zahlen, daß unsere Leute zivilisiert werden und Krankenhäuser haben und ein anständiges Leben führen können? Ich garantiere dir – wenn wir Brunei wären und an der Küste Öl fänden, könnten wir den Dschungel in Frieden lassen und jedem Bürger einen Farbfernseher geben. Aber es gibt kaum Öl. Es gibt Wasser, und es gibt Holz.«

»Ich arbeite in einem Holzfällerlager«, sagte Leon. »Ich kaufe davon meinen Außenbordmotor. Sehr schwer. Sehr gefährlich. Mein Freund fiel aus seinem Traktor. Er fuhr über einen Stumpf auf einem Berg. Er fiel herunter, und das Hinterrad ging über seinen Kopf. Sein Kopf ging auf. Wie Obst. All die Kerne flogen raus, der ganze Saft.«

»Warum kann der Dschungel nicht wieder wachsen?« fragte James. »Warum könnt ihr nicht einfach die Bäume nehmen, die ihr wollt, und den Rest stehen lassen?«

»Eure Wissenschaftler sagen, er würde tausend Jahre lang nicht wieder wachsen«, sagte Edward. »Es ist nicht wie die Rodung des Dschungels für den Reisanbau. Die Bulldozer töten die Erde. Der Regen wäscht die Erde fort.«

»Es wird eine Lösung geben«, sagte Siba, »wir werden eine Antwort finden.«

Als wir die Stadt verließen und in den Sekundärdschungel kamen, war ich überrascht, einen großen krähenähnlichen Vogel zu sehen, der von rechts auf uns zuflog, dicht gefolgt von zwei Hummeln. Die Hummeln flogen gerade und schnell hinterher, im gleichen Abstand, und hielten präzise ihre Formation.

»Schnell, James«, sagte ich, »schau dir das an – er wird von Bienen vertrieben, oder sind das Hornissen?«

Der Vogel flog direkt über uns hinweg.

»Das sind Federn, du Trottel«, sagte James, »das sind seine Schwanzfedern. Er trägt Federn am Hintern. Er geht zum Essen aus.«

»Es ist ein Kampat tiang für einen Iban«, sagte Siba, den mein Fachwissen belustigte, »für einen Engländer dürfte es ein Drongo sein. Die alten Iban mögen ihn, weil er gegen alle anderen Vögel kämpft und auch vor Adlern keine Furcht hat. Und die ungebildeten Iban schätzen Stärke und Mut höher als alles andere.«

Wir gingen den Pfad am Hügel entlang, vorbei an den Schweinen in ihren Pferchen, und kamen zu dem riesigen Langhaus. Vor die Eingangsstufen war eine Ibandecke an eine Stange gehängt worden, das Oberteil über ein Querstück gebreitet und das untere Ende mit zwei Stricken festgezurrt wie das Segel einer Galeone. Der gefärbte Hintergrund in sattem Rotbraun trug ein Muster aus stilisierten Fröschen, Fischen, Hirschen und Krokodilen, und unter den großköpfigen Geisterfiguren am Boden waren vier Gläser Guinness Stout eingewebt.

Siba und Edward blieben stehen und nahmen ihre Uhren ab. Leon zog das goldene Armband vom Handgelenk und steckte es in die Tasche.

»Du mußt deinen Ehering abnehmen, Redmond«, sagte Siba, »ein Mann ist gestorben, das Langhaus ist in Trauer; Gold ist tabu.«

»Es ist nur eine kleine Party«, sagte Leon. »Vierzig Tage lang keine großen Parties. Dann trinken wir Tuak, und alle Mädchen beschmieren ihre Hand mit Ruß vom Topf, und sie jagen die Männer, die sie mögen. Sehr ungezogen.«

Auf der Treppe seines separaten Hauses wartete Danas zahmer Gibbon.

»Hallo, und wie geht es Ihnen?« sagte James.

Der Gibbon zog eine Grimasse, sprang einen Pfosten hinauf und schiß vor Angst.

»Als ersten hat er dich gesehen«, sagte ich.

Wir zogen unsere Schuhe aus und betraten Danas großen Raum. Inghai und Dana begrüßten uns. Wir saßen im Kreis auf dem Boden, und Danas älteste Tochter brachte uns Gläser und einen Kessel voller Tuak auf einem Tablett.

Wir tranken mehrere Gläser Tuak, und dann wollte Dana unbedingt mit uns allen ein Armdrücken veranstalten, flach auf dem Boden liegend. Die guten Sitten verlangen es, daß der Häuptling und Gastgeber gewinnt, dachte ich erhaben. Aber dann blieb mir keine große Wahl: Dana hätte mir den Arm am Ellbogen abdrehen können, merkte ich, als würde er einem gebratenen Hühnchen einen Flügel abdrehen.

Der siegreiche Dana führte uns zum Essen hinein. Ein Kreis Schüsseln war auf dem Boden angerichtet.

Riesige Platten waren mit gebratenem Babi und Zwerghirsch und fettem Schweinefleisch gefüllt. James schaute sich das Bankett an und lächelte.

Dana sprach auf Iban zu Leon.

»Jams, mein sehr guter Freund«, sagte Leon, »der Tuai Rumah sagt, er ist traurig, daß es so wenig zu essen gibt.«

»Es ist ein heroisches Mahl«, sagte James.

»Und du sitzt hier«, sagte Leon und zeigte auf einen Platz mit einem besonderen Napf. Ich schaute genauer hin. Es war ein Haufen Reis und Sebarau.

James sah richtig elend aus.

»Ah, mein sehr bester Freund«, sagte Leon und legte ihm den Arm um die Schultern. »Wir machen einen Witz mit dir. Heute abend ißt du gebratenen Babi. Heute ißt du ein Essen, das du nie vergißt!«

Dana redete während der ganzen Mahlzeit; Leon lieferte uns ständig die Zusammenfassung seiner Ansprache, während sie weiterging. Es war der Bericht des Häuptlings, die offizielle Geschichte der Reise. Er hatte die Ältesten der anderen Langhäuser begrüßt; er war traurig, berichten zu müssen, daß der alte Soundso gestorben war; jemand hatte seinen Schwiegereltern seine Grüße entboten; hätten ihm die Chinesen nicht so schlechte Patronen verkauft, hätten wir viele Babi mit nach Hause gebracht, und wenn die Engländer nicht solche Affennarren wären, hätten wir auch sie heimgebracht; immerhin hatten wir einen Waran und Schildkröten getötet und zwei Körbe Fisch mitgebracht; der obere Baleh war schwer erreichbar, und wenn man dort hinkam, hatten die Kenyah viel gutes Land in Besitz genommen; aber der Dschungel war frisch, und das Wasser war klar, und es gab mehr Fisch und mehr Schweine, als irgend jemand in einem ganzen Leben fangen konnte; wir hatten die Geister nicht beleidigt, und sie hatten den Fluß anschwellen lassen, als wir sie darum gebeten hatten; wir waren auf den Bukit Batu Tiban geklettert und hatten dennoch keine Spur von den Ukit gefunden; schließlich mußte er James und Redmond für den Jagdausflug danken, und er fühlte sich verpflichtet zu sagen, daß sie kräftig ausgesehen und sich gut benommen hatten, aber daß sie überhaupt nichts vom Fluß wußten und nichts vom Dschungel.

»Badas!« schloß Dana. »Ngirup!«

Dann zogen wir uns in den großen Raum zurück, um Arrak zu trinken, und die Frauen nahmen unsere Plätze beim Essen ein. Ich holte die Flasche Johnny Walker Black Label heraus (im Fernen Osten hochgeschätzt), und wir tranken Whisky. Ich zog die Polaroid heraus und fotografierte alle, dazu machte ich Gruppenbilder von Danas Frau und seinen Töchtern und Enkelinnen.

Wir besuchten einen von Danas Schwiegersöhnen, der gerade auf Urlaub von den Ölfeldern in Brunei zurückgekommen war – mit einigem Gin. Wir tranken Gläser mit Gin. Dann kletterten wir sehr langsam die Stufen von Danas Haus zum Hauptlanghaus hinunter, wo wir Tuak tranken und Arrak und Orangensaft und so viel Wasser, wie wir von Leon kriegen konnten, zuerst bei seiner Familie, zusammen mit etwa fünfzig Besuchern, und dann bei Inghais Familie, zusammen mit fünfzig weiteren Besuchern. Ich glaube, ich zeigte Inghai, wie man die Polaroid benutzt; jedenfalls eilte er entzückt mit ihr davon, fotografierte alle und jeden und verbrauchte alle Filme und jedes Blitzlicht.

Dann krabbelten wir wieder den Abhang hinauf zu Danas Haus, auf Händen und Knien. Als wir zur Veranda kamen, starrte ich in das kleine schwarze

Gesicht des Gibbons. Wir waren beide auf einer Höhe. Er plapperte aufgeregt und ohne Angst; offensichtlich billigte er diese normalere Art der Fortbewegung, eine große Verbesserung gegenüber der entnervenden Angeberei, aufrecht herumzulaufen.

Dana sagte etwas zu Leon.

»Der Tuai Rumah«, sagte Leon, »er will wissen, wieviele Drinks.«

»Whisky«, sagte Siba.

»Arrak«, sagte Leon.

»Tuak«, sagte Edward.

»Wasser«, sagte Inghai.

»Orange«, sagte ich.

»Gin«, sagte James. »Sieben Drinks.«

»Sieben Drinks«, sagte Dana triumphierend mit einem perfekten englischen Akzent, fiel über die Kante seines Schlafkastens und landete mit einem Kopfsprung im Bett.

Am nächsten Tag rappelten wir uns gegen Mittag auf, fanden steif und mürrisch unseren Weg zurück ins Hotel und genehmigten uns eine lange Siesta. Am Abend brachte Leon Thomas hinauf in James' Zimmer, und wir gingen ins chinesische Café zum Essen.

Thomas war klein, hübsch und reserviert. Er trug Shorts und eine Trainingsjacke und hielt große Stücke auf sich. Er kam nicht aus einer betont demokratischen, lockeren Iban-Gesellschaft, sondern von den starr strukturierten Kayan mit ihren Rangordnungen. Seine gepflegten Hände, seine Reinlichkeit und später auch seine Weigerung, irgend etwas von unserem Gepäck zu tragen, verrieten seinen Status als Mitglied der Maren, der Oberklasse.

Nach dem Essen zogen wir uns alle in James' Zimmer zurück, um die Reise zu planen. Auf dem letzten Treppenabsatz zu unserem Korridor saßen schweigend ein paar Ibanjungen, sie wirkten ernst und erwartungsvoll.

»Heute nacht schießen sie ihre Speere ab«, verkündete Leon und blieb im Korridor zurück, wo der erregende Klang von Popmusik und Gelächter durch die Tür des Mädchenzimmers drang, elektrisiert von der Möglichkeit, ebenfalls seinen Speer abschießen zu können.

Wir zogen Leon herein, setzten uns auf James' Bett und Stuhl und Tisch, breiteten die Karten aus und wurden ernsthaft. Wir würden eher eine Prau als einen Einbaum brauchen. Die Stromschnellen des Balui konnten sicher nur mit der Kraft zweier großer Außenbordmotoren bewältigt werden.

»Und was ist mit dem Ausguck im Bug?« sagte James zu Thomas. »Wirst du das machen?«

Thomas drückte seine angerauchte Zigarette im Hotelaschenbecher aus, so sorgsam, als hätte er weiße Handschuhe getragen und wollte sie nicht beschmutzen.

»Nein«, sagte Thomas, »das ist nicht meine Arbeit.«

Einen grotesken Augenblick lang glaubte ich, James würde sich für seinen Fauxpas entschuldigen, untröstlich, daß er eine gesellschaftlich so abwegige Idee vorzubringen gewagt hatte.

»Und was ist deine Arbeit, deiner Meinung nach?«

»Ich werde für alles verantwortlich sein. Wir werden eine meiner Farmen besuchen. Ich werde euch meinen Leuten vorstellen, den Lahannan. Wir werden Parties haben. Wir werden Picknicks haben.«

»Picknicks?« sagte James verblüfft. »Picknicks?«

»Es ist eine Kayan-Sitte«, sagte Leon. »Zwei Lang-

245

häuser machen zusammen eine Party. Die Jungen finden die Mädchen, und die Mädchen finden die Jungen.«

»Kann Leon den Ausguck machen?«

»Nein«, sagte Thomas, »er kennt den Fluß nicht. Ich kenne eine Mannschaft. Die beste. Sie fahren auch die Beamten der Regierung. Wir werden sie in Belaga anheuern.«

Also rechneten wir aus, wieviel Benzin wir brauchten, um bis Rumah Ukit zu kommen, und die Zahl der Geschenke, die wir kaufen mußten, die Zigaretten und Sarongs und das Salz und Aginomoto und die Löhne für unser Team, und die Rechnung kam auf 3050 Dollar.

»Redmond«, sagte James, »es hilft alles nichts. Wir müssen den Smythies versteigern.«

Drei Tage später waren alle Vorräte eingekauft, unsere Pässe in Ordnung und der Rajang hoch genug gestiegen, um ein Tong kang, ein chinesisches Handelsboot, über die Pelagus-Schnellen zu bringen. Wir verließen das Hotel um vier Uhr morgens und liefen hinunter zur Pier. Wir nahmen unsere Plätze im offenen Laderaum ein, zwischen Benzinkanistern, zwei oder drei Außenbordmotoren und Kisten voller Jeans und T-Shirts, Guinness Stout und billigen Parangs, die für den Bazar von Belaga bestimmt waren. Der chinesische Steuermann schaltete den Suchscheinwerfer am Bug ein und startete den scheußlich lärmenden Diesel. Die Mannschaft machte die Leinen los, der Bug schob sich in die Strömung hinaus, und das Tong kang begann seine langsame, mühsame, stampfende Reise flußauf.

Die Sonne ging auf; die Dschungelufer des breiten, träge dahinfließenden Stroms zogen monoton vorbei, Stunde um Stunde, während die Maschine vor sich hin stampfte. Die Langhäuser waren groß und halb modernisiert, mit Betonwegen und Wellblechdächern. Wir machten bei den meisten halt, nahmen Passagiere auf und ließen andere aussteigen – Iban auf dem Heimweg vom Markt in Kapit, die ihre Stücke Wildschwein oder Zwerghirsch oder lebende Schildkröten in Säcken verkauft hatten, Kayan, die ihre Heimreise flußaufwärts fortsetzten. An jedem Landungssteg wartete ein chinesischer Ladenbesitzer, der Verwalter des Langhausladens, um mit unserer Mannschaft Waren und Dollars zu tauschen. Dazwischen lasen James und ich Victor Hugo, Leon und Thomas schliefen, der diensthabende Steuermann bemannte das Steuerrad in der kleinen, leicht erhöhten Kabine am Heck, und die dienstfreien Chinesen spielten. Sie saßen um eine Sperrholzplatte, die über die Kisten gelegt war, klatschten ihre Karten drauf, heimsten ihre Gewinne ein, lachten oder schrien, je nachdem, ob ihnen Fortuna hold oder abgeneigt war, berauscht vom Glücksspiel; sie spielten mit einer bewundernswert beständigen und konzentrierten Leidenschaft.

Ich erwachte mit einem heftigen Ruck, erschreckt vom Klang der Bootssirene. Der Steuermann, der so angestrengt nach vorne starrte, daß er der Eigentümer des Schiffes sein mußte, rief die Spieler zur Pflicht. Wir näherten uns den Pelagus-Schnellen. Die Mannschaft kümmerte sich um die wichtigsten Dinge zuerst, sammelte ihre abgegriffenen, gezinkten, schmutzigen Karten auf und warf sie über Bord. Dann prüften sie die Befestigung der Ladung, hängten Fender heraus, wiesen uns unsere Plätze im Laderaum an und nahmen ihre Positionen vorn und hinten ein.

Das Tong kang schütterte und verlangsamte seine Fahrt, als wir die ersten Schnellen erreichten. Der Steuermann drehte den Diesel auf; und nach einer Biegung tat sich vor uns eine lange S-Kurve schnell dahinschießenden Wassers auf, das sich zwischen Felstrümmern hindurchquetschte und mit Strudeln übersät war. Das Boot schlingerte und schwankte, der Chinese wirbelte sein Steuerrad herum, drosselte den Motor und gab Gas in schneller Folge; er manövrierte mit großer Geschicklichkeit, um in der Mitte der Strömung zu bleiben, und dann knirschten und platschten und stampften wir wieder in ruhiges Wasser.

»Einfach für ihn«, sagte Leon abfällig. »Reicher Chinese. Großes Boot. Großer Motor. Nicht wie der Baleh, was, Jams?«

»Viele Menschen sind hier gestorben«, sagte Thomas, um die Ehre seines Flusses zu verteidigen.

Spät am Abend kamen wir in Belaga an, einem winzigen Marktflecken mit einer L-förmigen Straße mit Läden, mit einem Rasthaus der Regierung, einer Schule weiter draußen, einem kleinen Krankenhaus, einem Hubschrauberlandeplatz und einem Basketballplatz am Flußufer. Wir nahmen Zimmer über einem chinesischen Café, aßen Zwerghirsch und schauten zu, wie Scharen chinesischer Kinder mit Schmetterlingsnetzen heuschreckengroße Zikaden jagten. Die großen grünen und schwarzen Insekten schwirrten in die Lampen, verloren die Richtung und schlugen sich an der Decke die Köpfe ein; ihre Flügel verhedderten sich, und sie krachten in das Regal mit den Bohnendosen, bekamen ihre Flügel nicht mehr sortiert und platschten in James' Bier hinab. Bei jedem Mißgeschick tickten die Zikaden wie Aufziehautos. James holte seinen Gefangenen mit spitzen Fingern aus dem Glas, und der protestierte mit einem Schnarren, das von einer Fußballrassel hätte stammen können.

»Sie schmecken gut«, sagte Leon, »wie kleine Fische.«

»Keine kleinen Fische mehr. Nicht diese Woche«, sagte James und entließ die Zikade in die Freiheit.

Am nächsten Morgen trugen wir unsere Rucksäcke hinunter zur Anlegestelle, wo unser Boot wartete. Es war ein breiter, geräumiger Einbaum mit hohen Seitenborden, einer Plane in der Mitte und einer erhöhten, überdachten Plattform dahinter für die beiden Steuerleute. Zwei starke Außenbordmotoren mit langen Bedienungshebeln waren im Heck angebracht. Der Kayan-Bootsmann war der erste fette Mann, den wir in Borneo sahen, ein schlechtes Vorzeichen. Und, schlimmer noch: Einer der Benzinkanister war in verdächtig wenige kleinere Gefäße umgefüllt worden.

Der zweite Maschinist, der Sohn des Bootsmanns, war ebenso aufgedunsen. Vielleicht, beruhigte ich mich selbst, waren sie nicht von gestohlenem Benzin fett geworden, das sie wöchentlich gegen sieben Schweinshaxen und jede Menge Griebenschmalz eingetauscht hatten, sondern sie waren einfach die direkten Nachkommen von Kam Diam, dem Beccari 1866 in Belaga begegnet war: »Häuptling eines der nächstgelegenen Dörfer am Baloi (Balui) ... Er unterschied sich von allen Kayans oder auch Dajaks, die ich bisher gesehen hatte, und war mit Sicherheit der stämmigste und fetteste Mann, den ich jemals in Borneo traf.«

»Sie haben uns schon in der Klemme«, sagte James und sah aus wie ein sehr alter Bluthund. »Sollen wir jetzt mit ihnen bis zum letzten kämpfen, oder sollen wir warten, bis sie etwas wirklich Unverzeihliches angestellt haben?«

»Ich glaube eher, wir sollten das langsam angehen«,

sagte ich. »Kayan-Karate ist wahrscheinlich wunderbar anzusehen, und angeblich sind sie die besten Ringer von Borneo. Aber ich will dir nicht dreinreden. Wenn du erst so alt bist wie ich, wirst du selbst erkennen, daß es Gelegenheiten gibt – ganz selten –, bei denen man, so schmerzlich das sein mag, zur Seite treten und den Jüngeren eine Chance geben muß.«

»Der da ist jedenfalls nicht mit drin«, sagte James und zeigte auf den Ausguck im Bug, der gerade das Boot abstieß. Dünn, kläglich und still saß der Kayan-Ausguck im Bug, mit gekreuzten Beinen, den Rücken uns zugewandt, und achtete auf die Strömung, während die Maschinen angeworfen wurden und wir unsere Fahrt den Fluß hinauf begannen. Seine Ohrläppchen waren durchbohrt, und auch in den oberen Hälften seiner Ohren gähnten Löcher, groß genug, um jeweils einen Eberzahn aufzunehmen. Wenn man von hinten durch seine Ohren schaute, konnte man die Bäume vor uns sehen, an beiden Flußufern.

»Bescheuertes altes Kringelohr«, sagte James und ließ seinem Ärger freie Bahn.

Wir waren nun tief im Kayan-Land, dem Land der Stämme, die Hose am meisten von allen bewunderte: »Sie sind ein kriegerisches Volk, aber nicht so grausam wie die See-Dajaks, gesetzter, konservativer und religiös und weniger gesellig. Sie lassen sich nicht leicht auf einen Streit ein; sie respektieren ihre Häuptlinge und gehorchen ihnen. Sie sind ebenso unternehmend wie die See-Dajaks, und wenn sie in Geist und Körper auch etwas langsam und schwerfällig sind, so zeigen sie handwerklich doch mehr Geschick als die anderen Stämme.«

Wir machten in Long Murum eine Pause, um Schweinefleisch und Reis zu essen, um mehr Wildschwein und Reis zu kaufen, um das moderne Langhaus zu bewundern und zu warten, während Thomas über wahrscheinliche, mögliche und utopische Entschädigungen durch die Regierung diskutierte, falls Long Murum und seine Felder überflutet wurden, damit der große Stausee entstehen konnte. Thomas hatte als Maren einen Anspruch auf so viele Tagewerke Arbeit von den Panyin und Hipui seines Volkes, der Lahannan-Kayan, daß er sein Leben der Muße widmen konnte oder der Politik oder dem Handel auf eigene Rechnung mit den Nomaden – oder dem Vergnügen, James, mich und Leon und unser Boot und unsere Mannschaft auf einem privaten Ausflug seinen eigenen Fluß hinauf zu begleiten.

Die Panyin und Hipui, die niederen Kasten des Kayan-Langhauses, dürfen es nicht verlassen, wenn es ihnen der Häuptling nicht erlaubt, aber es gibt auch noch eine vierte Kaste, die niedrigste von allen: die Dipen, die Sklaven. Als Abkömmlinge anderer Stämme oder Völker, die im Krieg oder bei Raubzügen gefangen wurden, werden die Dipen selbst wieder in zwei Kategorien unterteilt: Diener, die im Haushalt des Herrn leben, und die wenigen Glücklichen, die einen eigenen Haushalt begründen dürfen. Ihr Besitzer arrangiert zwar nicht mehr ihre Heiraten und schickt auch ihre Kinder nicht mehr, wohin er will, aber im Haushalt lebende Dipen können auch heute niemals für sich arbeiten. Sklaven mit eigenen Räumen oder eigenen Farmen jedoch können theoretisch ein paar Arbeitstage für ihre eigenen Felder erübrigen, wenn sie gesund bleiben und ihre Verpflichtungen gegenüber dem Häuptling und ihrem Maren-Herrn erfüllt haben.

Nach ein paar Guinness Stout in einem anderen modernen Langhaus, über dessen Geländern Opferstöcke mit daraufgesteckten Eiern für Bungan aufgereiht waren, nahm uns Thomas zu einer solchen Familie mit. Zumindest glaube ich, daß er das tat – das kleine Anwesen bestand aus einem gut gepflegten Pfefferfeld, einem winzigen zweiräumigen Langhaus und einigen Vorratsschuppen. Thomas bestand darauf, dies alles seien seine Gebäude und sein Land; aber als ich auf dem Steg Leon fragte, ob dies eine Siedlung von Dipen sei, nahm er mich am Arm und hielt mich zurück.

»Redmond«, sagte er und senkte die Stimme, »dies sind nicht unsere Leute. Wir sind hier Gäste, mein Freund. Dieses Wort, das du gebraucht hast – du hast es in einem Buch gelesen, wie?«

»Ja, das habe ich. Ich las es in Victor Kings ›Essays on Borneo Society‹. Er sagt, die Kayan halten Sklaven, und die Iban seien die geilste Rasse auf Erden.«

»Nein, mein Freund«, sagte Leon, »ich mache keine Witze mit dir. Benutze niemals dieses Wort. Jeder weiß, wer Dipen ist. Jeder kennt die Mütter und Väter aller Leute, aber du sagst es ihnen nie. Es sind arme Leute – vielleicht, ich weiß nicht. Dies sind Freunde von Thomas. Gute Leute. Wir sind ihre Gäste.«

Wir nahmen bei Thomas' Pächtern, die ihm mit äußerster Unterwürfigkeit begegneten, ein Glas Tuak und eine Zigarre aus Kayan-Tabak in einem Bananenblatt und machten uns wieder auf den Weg. Der Balui war noch immer breit und träge und voller Praus. Es gab keine Adler, keine Reiher, sehr wenige Eisvögel, und den ganzen Tag über hatten wir nur ein einziges Paar Nashornvögel gesehen.

An jenem Abend erreichten wir Rumah Lahannan. Der Pfad von der Landestelle führte an einer halbfertigen Prau vorbei, schlängelte sich an Vorratsschuppen für Reis entlang, an Kokospalmen, einem Kapokbaum und – ein Schritt in die Moderne – an einer Reihe Schweinepferche. Das Langhaus selbst war groß, gut gebaut, volkreich und geschäftig. Ein Schulhaus, komplett mit Spielplatz und einem Flaggenmast, stand am anderen Ufer.

Wir wurden von Thomas' Eltern und von seiner sehr hübschen, unverheirateten Schwester begrüßt. Thomas ging auf Besuch zu seinen Freunden in ihren Amins (dem Kayanwort für Bilek), und seine Schwester zeigte uns, nachdem sie eine Mahlzeit Fisch und Reis gebracht hatte, unsere Schlafplätze, einen separaten Raum neben dem Amin der Familie, der nach hinten einen Küchenanbau auf Stelzen hatte. Die Gemeinde selbst war so reich, daß das Flußwasser mit einem elektrischen Motor und benzingetriebenem Generator in einen Tank am Langhaus gepumpt wurde, von wo Leitungen in jeden Haushalt führten. Wir füllten unsere Wasserflaschen aus dem Wasserhahn in der Küche und legten unser Schlafzeug auf den Boden aus gespaltenem Bambus, mit einem Kissen aus einem zusammengerollten Hemd. Thomas' Schwester zeigte sich gegenüber Leon geradezu aufdringlich aufmerksam.

»Haben Sie genug gegessen?« fragte sie in hervorragendem Englisch. »Werden Sie es hier bequem haben?«

»Ich weiß noch nicht«, sagte Leon; seine Miene hellte sich auf, er begann zu prahlen und prüfte den Boden mit dem Fuß, als sei er nur an seidene Laken unter einem Federbett gewöhnt.

»Möchten Sie Kaffee?« fragte das Mädchen eifrig, beobachtete ihn mit ihren großen braunen Augen und ließ ihr langes schwarzes Haar mit einer Kopfbewegung über die Schultern fallen. »Wir haben ein bißchen Kaffee.«

»Später«, sagte Leon, ging zu seinem Korb, kauerte sich mit einer übertriebenen Zurschaustellung seiner Bein- und Hüftmuskeln nieder, zog seine Uhr heraus und band sie sich um. »Später nehmen wir Kaffee. Jetzt nehmen wir ein Bad. Dann spielen wir und singen. Dann sage ich Bescheid. Wenn ich nicht schlafe, komme ich und sage Bescheid.«

Das Mädchen legte die rechte Hand über die Augen, kicherte, machte auf ihren bloßen Füßen kehrt, hob den Sarong mit der linken Hand, trat über die Türschwelle und verschwand. Leon grinste, wieder ganz der alte.

»War das nicht ein bißchen dick aufgetragen?« sagte James.

»Dick aufgetragen?« sagte Leon.

»Etwas happig? Ein bißchen direkt? Hast du nicht ein kleines bißchen übertrieben?«

»Sie mag mich«, sagte Leon strahlend und packte ein sauberes weißes T-Shirt aus, vorne mit dem Aufdruck Guinness Stout, und hielt es hoch, damit wir es bewundern konnten.

»Du hast die junge Dame in Verlegenheit gebracht.«

»Jams, Jams, mein bester Freund«, sagte Leon, rollte ein Paar lange braune Hosen auseinander und nahm sich ein Handtuch. »Jetzt gehen wir im Fluß schwimmen. Wir seifen uns ein. Heute nacht finden wir dir ein Kayan-Mädchen.« Leon machte sich auf den Weg zur Tür.

»Wir finden dir ein kluges Mädchen, das nicht albern ist.«

Leon hielt in der Tür inne.

»Wir finden dir ein altes Kayan-Mädchen. Wir finden dir ein Kayan-Mädchen, so alt, daß sie keine Zähne mehr hat. Wir finden dir ein Kayan-Mädchen, so klug, daß sie keine Haare hat. Wir finden dir eine Witwe! Wir finden dir eine Großmutter!«

Leon, brüllend vor Lachen, schlug die Tür zu und rannte über die Veranda davon. James nahm ein Handtuch, machte einen Knoten hinein und jagte ihm nach. Es würde einiges los sein heute nacht.

Erfrischt vom Schwimmen und in sauberen Kleidern versuchte ich, auf meinem Stück Boden zu schlafen, aber der unheilverkündende Lärm einer sich sammelnden Menge im Amin nebenan machte die Flucht in den Schlaf unmöglich. Würden wir singen müssen? Würde ich noch einmal den Nagdiat versuchen müssen, den schmerzhaftesten Tanz auf Erden? Würde statt dessen vielleicht ein Striptease akzeptiert?

Thomas' Schwester kam uns holen. Sie trug einen dunkelgrünen Sarong und ein enges weißes T-Shirt, das ihren flachen Bauch, ihre kleinen Brüste und die kecken Brustwarzen mit liebevoller Sorgfalt hervorhob.

»Meine Mutter hat Kaffee gemacht«, sagte sie. Und zu Leon:

»Wirst du später tanzen? Einen Iban-Tanz?«

»Wenn du bitte sagst«, sagte Leon und grinste James dümmlich zu, »mache ich alles.«

Der Amin war voller Menschen, und die Luft war erfüllt von Rauch und Lärm. Männer und Frauen lehnten an den Wänden oder saßen in konzentrischen Kreisen mit gekreuzten Beinen auf dem Boden. Kinder rannten rein und raus, fielen übereinander, klammerten sich an die Beine ihrer Eltern. Thomas' Schwester zeigte uns unsere Plätze in der Mitte des Raums. Wir setzten uns hin und tranken unseren dicken, süßen Kaffee, und dann wurden Krüge mit Tuak gebracht. Junge Mädchen steckten uns Kayan-Zigarren in den Mund und entzündeten sie. Thomas brachte eine Flasche Whisky aus unseren Vorräten zum Vorschein, und der Bootsmann und sein Sohn reichten Dosen aus unserer Guinness-Kiste herum.

Eine intelligent aussehende Frau, etwa in den Dreißigern, kniete sich vor mich, neben ihr ein junges Mädchen. Das Gemurmel hörte auf. Die Frau schaute konzentriert auf den Boden und begann dann mit hoher Stimme zu singen.

»Sie begrüßt dich«, flüsterte Thomas, der rechts neben mir saß, »sie sagt, du bist den ganzen Weg von England gekommen, vom anderen Ende der Welt; sie sagt, du kommst von einem Land jenseits des Flusses, und dennoch hast du den Weg zu diesem armen Langhaus gefunden.«

Die Dichterin beendete ihren Gesang, der Ton löste sich in einer tiefen, langgezogenen Kadenz auf, die von allen Männern im Raum gesungen wurde, bevor sie ihren kraftvollen, klaren Monolog wieder aufnahm.

»Sie erzählt von den Helden dieses Ortes«, sagte Thomas, »und wenn sie ihre Geschichte beendet, mußt du den Tuak trinken, den sie dir geben wird, alles in einem Zug.«

»Wir sind gerade zu Homer gekommen und sitzen ihm zu Füßen«, zischte James sehr erregt.

Das Lied endete. Der Chor hallte in den Holzwänden nach. Ich nahm den Literkrug Tuak und leerte ihn, dem Ersticken nahe, in einem Zug. Die Männer brüllten Beifall.

Die Dichterin und ihre zweite Besetzung, immer noch auf den Knien, rutschten hinüber zu James. Dichter schauten einander an. Dann kicherten sich die beiden Frauen verlegen zu und begannen ein offensichtlich vorbereitetes Duett. Alle lachten und klatschten sofort, der hohe Gesang lag präzise über dem Lärmpegel.

»Sie ging niemals zur Schule«, sagte Thomas, »aber sie ist sehr klug. Sie ist berühmt bei allen Kayan. Wir Lahannan haben eine geschickte Sängerin. Sie sagt, daß James kahl ist, wie der Häuptling der Götter. Aber vielleicht ist er auch ein Berg wie der Kinabalu? Weil es den Haaren auf seinem Kopf wie den Bäumen auf einem Berg zu mühsam wurde, so nahe dem Himmel zu leben, rannten sie eines Tages alle hinab und suchten Zuflucht unter seinem Kinn, und ein oder zwei, die nicht so schnell rennen konnten, versteckten sich unter seiner Nase.«

James trank seinen Tuak mit geübter Leichtigkeit, und unter allgemeinem Applaus nahm jeder den seinen oder die nächste Dose Guinness oder einen Zug aus der Whiskyflasche.

Die beiden Sängerinnen kauerten sich dann vor Leon, der beklommen wirkte. Gesang und Chor begannen aufs neue, in der gleichen Melodie.

»Sie begrüßt auch Leon, aber bei ihm ist es anders«, sagte Thomas. »Sie sagt, er ist willkommen, weil er in Frieden kommt, ohne seinen Speer und ohne die Gewehre, die der Radscha ihm gab. Wir sind jetzt alle ein Volk. Wir müssen unsere Unterschiede vergessen. Der Krieg ist vorbei. Und jetzt, sagt sie, mußt du auch das Lied verzeihen, weil die Sängerin betrunken ist. Das sind nicht ihre Worte.«

Der letzte Chor klang aus und erschütterte den Bambusboden.

»Welcher Krieg? Worüber redest du?« fragte ich.

»Nicht jetzt«, sagte Thomas scharf und stand auf. »Ich erzähle es dir ein anderes Mal.«

Die Party zerfiel in kleine Gruppen. Kringelohr, der sich einen ganzen Kessel Tuak besorgt hatte, kam aus irgendeinem Grund herüber und setzte sich mir gegenüber. Er schenkte zwei Gläser ein, prüfte, ob sie voll genug waren, ließ sie klingen, bot mir eins an und nahm das andere. Wir waren, so merkte ich zu meinem Schrecken, mitten in einem Wett-Trinken.

Vier Gläser später waren die Ohren unseres Ausgucks so rot wie Tulpen, und die Löcher in den Ohrläppchen schienen zu tanzen und kleine Kreise zu beschreiben. Es war Zeit, Schluß zu machen. Ich stellte mein frisch gefülltes Glas vor ihn hin und machte mit Gesten meine bedingungslose Kapitulation deutlich. Kringelohr entblößte seine unregelmäßigen Zähne zu einem Lächeln, leerte beide Gläser, schmatzte mit den Lippen, schüttelte mir die Hand, legte sich ein oder zwei Sekunden in voller Länge auf den Boden, sprang dann auf und verließ den Raum, als finge der Abend jetzt erst an.

Ich streckte die Beine, rieb mir wieder Gefühl in die Waden und Knöchel und stand sehr langsam auf. Ich stieg die Planken hinauf, schob mich an einer Kinderschar vorbei, die ganz oben auf dem Ruhepunkt saß, und als die Wippe sich auf die andere Seite senkte, schoß ich aus der Tür und gegen das Geländer der Veranda. Ein gutgekleideter junger Kayan hielt mich fest am Arm.

»Guten Abend«, sagte er in hervorragendem Englisch, »wollen Sie ein bißchen Luft schnappen?«

»Ja, ich glaube, das will ich«, sagte ich und sog die Luft in großen Zügen ein.

Er fand meine Hand und schüttelte sie. »Wie geht es

Ihnen? Ich bin, was Sie vielleicht den Dorfschulmeister nennen würden.«

»Sie lehren da drüben?« fragte ich dumm und zeigte im Dunkeln auf das andere Ufer. »In der Schule?«

»Das stimmt«, sagte er freundlich, »aber ich schlafe hier im Langhaus. Ich bin ein Kayan. Ich studierte in Kuching, aber nach dem College müssen wir alle ein Jahr im Oberland lehren. Ich denke, das ist eine gute Lösung, nicht wahr? Haben Sie irgendwo studiert?«

»Ja, ich habe in Oxford studiert.«

Der Schullehrer drehte sich um, lehnte sich neben mir an das Geländer und starrte in die tropische Nacht. »Ich wäre furchtbar gern nach Oxford gegangen«, sagte er leidenschaftlich. »Für mich wäre es die Himmelsstadt. Und stellen Sie sich nur vor, mein Freund, vor zwei oder drei Jahren, vor ganzen zwei oder drei Jahren hätte ich vielleicht die Chance gehabt. Ich hätte immer studiert, den ganzen Tag. Und ich hätte vielleicht als erster abschneiden und ein Stipendium gewinnen können. Aber jetzt hat England kein Geld, und Mrs. Thatcher kann sich uns nicht mehr leisten. Unsere Regierung war wütend, mein Freund, sehr wütend, als sie sagte, von uns könnte niemand mehr auf Ihre Universitäten gehen. Sagen Sie ihr, das war nicht klug. Mit der Zeit werden wir Ihr Land vergessen. Bald wird kein Englisch mehr in unseren Schulen gelehrt werden. Nur Bahasa. Ganz Malaysia wird moslemisch werden. Bereits jetzt, um Sie zu ärgern, kauft unsere Regierung ihre Autos, ihre Polizeiwagen, ihre Schiffe in Japan – und jetzt lassen wir hier auch einen Damm bauen.«

»Es tut mir leid«, sagte ich, »aber wir sind nicht mehr reich.«

»Nein, mein Freund, mit Reichtum hat das nichts zu tun, es ist eine Haltung. Sie haben sich entschieden, daß

Sie mit uns nichts mehr zu tun haben wollen. Was kostet schon ein Stipendium mehr oder weniger? Aber dennoch machte es all unsere jungen Lehrer glücklich, einfach die Möglichkeit.«

Weiter hinten auf der Langhausveranda, im Lichtkegel einer Kerosinlampe, die an einem Balken hing, saßen James und Leon inmitten einer Gruppe junger Männer und Mädchen. Sie sangen ein wunderbar schwungvolles Lied.

»Sehen Sie«, sagte mein trauriger Gefährte, »sogar die Lieder sind auf Bahasa-Malaiisch. Dies hier ist ein alter Brauch. Die Missionare wollten ihm ein Ende machen. Das Mädchen singt einen Vers und dann der Junge. Man muß ihn beim Singen erfinden. Wenn die Worte sich nicht reimen oder du nichts zu sagen weißt, mußt du etwas ausziehen. Die Mädchen haben mehr einzelne Teile an, deshalb sind sie im Vorteil. Aber die Jungen geben sich mehr Mühe, weil sie gern zusehen, wie die Mädchen sich ausziehen. Und manche Mädchen, mein Freund, tun einfach so, als wüßten sie nichts zu sagen oder als seien ihnen die Reime ausgegangen, weil sie so gerne die Jungen sehen, wie sie ihnen beim Ausziehen zusehen. Aber, lassen Sie mich das sagen, ist die beste Möglichkeit, eine neue Sprache zu lehren. Meine Schüler lernen schnell. Ich mache sie alle zu Dichtern, jeden einzelnen.«

Da der Tuak noch immer in meinem Magen rumorte und sich zu Butter schlug, beschloß ich, daß ich mich noch nicht den jungen Dingern anschließen wollte. Vielleicht war es wirklich klüger, ein bißchen zu warten, zum Beispiel so lange, bis James seine Hosen verloren hatte.

»In dem Begrüßungslied, das die Frau uns vorgesungen hat«, sagte ich, »übersetzte mir Thomas, sie habe über den Krieg gesungen. Sie sagte, daß Leon jetzt ein Freund sei, daß der Krieg vorüber sei. Haben sich einige der Iban den Japanern angeschlossen? Was war da los?«

»O nein – das haben Sie ganz falsch verstanden«, sagte der Schullehrer, lehnte sich wieder an das Geländer und schaute hinaus in die Dunkelheit. »Als Harrisson und die Engländer und die Australier mit den Fallschirmen im zentralen Hochland absprangen, im Lande der Kelabit, schlossen sich die Kelabit ihnen an und dann die Kayan und dann die Iban, und alle zusammen töteten wir die Japaner. Aber das war nur ein Gefecht. Es kam und ging vorbei. Für uns war der richtige Krieg 1863. Die Iban waren seit Jahren unserem Land nähergekommen, nahmen Köpfe, griffen alle schwachen Stämme an, machten Raubzüge gegen die Melanau-Völker am Rajang. Soweit es uns betraf, kämpften die Engländer für die Iban und nicht andersherum. Und was die Melanau anging, wenn sie überhaupt jemandem verpflichtet waren, dann waren es die Radschas von Brunei. Deshalb töteten sie 1859 in Kanowit zwei Männer unseres Radschas James Brooke, Charles Fox und Henry Steele. Sie dachten, es würde ihnen eine Lehre sein, daß die Iban und die Engländer fortgehen würden, daß sie uns in Ruhe lassen sollten. Aber sie sind nicht fortgegangen, und deshalb mußten Sawin und Sakalei und Talip, die Melanau-Häuptlinge aus Kanowit, sich mit ihren Völkern am Rajang verstecken; und sie dachten, sie wären sicher. Aber die Iban und die Engländer warteten. Fünf Jahre lang haben sie gewartet.

Und dann zog Charles Brooke, der zweite englische Radscha, gegen uns. Er bewaffnete die Iban und seine eigenen Malaien mit Gewehren – und er zog gegen uns mit 15 000 Mann in 500 Kriegskanus. Er war ein schrecklicher, grausamer, schweigsamer Mann, mein Freund – wie immer er auch in Ihren Geschichtsbüchern beschrieben sein mag. Er ließ es zu, daß die Iban die Melanau umbrachten – er ließ sie die Langhäuser niederbrennen und die Reisschuppen; er ließ sie all die alten Krüge und Gongs stehlen, er ließ sie die Köpfe der Krieger nehmen und ihre Frauen und ihre Kinder. Es war das größte Gemetzel, das Borneo jemals erlebt hat. Die Melanau-Häuptlinge suchten bei uns Zuflucht. Sie kamen zu uns, um ihr Leben zu retten, und wir versprachen ihnen Schutz. Aber was konnten wir tun? Wie konnten wir gegen Gewehre kämpfen, mit Speer und Blasrohr? Selbst im Dschungel konnte man Ihren Charles Brooke nicht in einen Hinterhalt locken. Er kämpfte wie ein Vogel. Er stellte seine Armee wie ein Vogel auf – er ging in die Mitte mit seinen neuen Gewehren und seinen Malaien, den Augen und dem Schnabel, und die Iban rückten vor wie die ausgestreckten Flügel des Falken, und unsere Krieger waren von allen Seiten umzingelt und bekamen die Köpfe abgeschnitten. Deshalb zogen wir uns hinter die Pelagus-Schnellen zurück, und dann flohen wir hinter die Bakun-Schnellen, und wir verloren all unser reiches Land am oberen Rajang, und dieser Teil des Flusses wurde umbenannt in Balui. Aber das war noch nicht das Ende – Ihr Radscha schickte einen gefangenen Kayan mit einer Fahne und einer Kanonenkugel zu uns. Er schickte ihn zu einem großen Kayan-Häuptling, Ojong Hang. Wenn wir die Fahne zurückschickten, könnten wir mit den Iban Frieden schließen. Wenn wir die Kanonenkugel zurückschickten, würde Charles Brooke wiederkommen. Ojong Hang, anders als Ihr Radscha, mein guter Freund, war ein echter Führer. Er wußte, er mußte sich die Hände selbst schmutzig machen und konnte das nicht die Iban für sich tun lassen. Er wollte seine eigenen Krieger nicht entehren, und er wollte nicht noch mehr von unseren Frauen und Kindern sterben lassen. Deshalb rief er alle Kayan zu einer Versammlung zusammen. Und bei der Versammlung bat er die Häuptlinge Sakalai und Talip, sie sollten zu ihm kommen. Sie knieten vor ihm nieder; sie wußten, was er tun mußte, diese Männer, die zu uns gekommen waren, um ihr Leben zu retten, und die sich auf unseren Schutz verlassen hatten. Vor allen Menschen zog er seinen Parang. Er schlug ihnen die Köpfe ab. Er schickte die Köpfe an Ihren Radscha. Er schickte die Fahne zurück. Später schickte er auch Häuptling Sawin, weil er glaubte, er würde verschont. Aber Ihr Radscha ließ ihn töten, von einem Malaien. Der Malaie stieß ihm einen Kris zwischen die Schultern, in das Herz. So war das, mein Freund – deshalb sang die Frau ihr Lied für die Iban. Die Iban leben auf unserem Land und auf dem Land der Melanau. Verrückt, nicht wahr? Wie sie sagt – das ist alles schon lange her. Tatsächlich sind es jetzt 120 Jahre. Und wir haben es nicht vergessen. Und das werden wir auch niemals tun.«

Der rhythmische Gesang ging weiter, jeder Vers endete in Gelächter. James und Leon hatten ihre Hemden verloren, und vor jedem Mädchen lag das eine oder andere Armband auf dem Boden. Die Lampe über ihren Köpfen, in Bewegung geraten durch das Stampfen und Klatschen, warf die pendelnden Schatten der Dachbalken hinaus über den Schweinepferch und die Reishütten, über eine Bambuspflanzung und die Stämme der Kokospalmen hinauf. Allmählich schien das Licht zur Ruhe zu kommen, doch statt dessen begann das Langhaus sehr sanft in der Nachtluft zu schaukeln.

»Sind Sie in Ordnung?« sagte der Schullehrer, seine Stimme wirkte gedämpft; grundlos tanzte sein Kopf auf seinen Schultern.

»Nein, bin ich nicht. Danke. Ich glaube, ich bin betrunken. Ich glaube, mir wird schlecht.«

»Ich bin auch betrunken«, sagte er freundlich. »Genaugenommen sind alle betrunken. Ich habe Tuak getrunken und Arrak und Whisky und Guinness Stout. Das ist kein Grund, nicht mehr zu reden, nur weil Sie betrunken sind. Wir haben ein ernsthaftes Gespräch.«

»Das weiß ich.«

»Wir sind gebildete Männer«, sagte er, nahm meinen Arm und hebelte ihn auf und nieder, um seine Worte zu unterstreichen, »Trunkenheit ändert daran gar nichts. Wir sprechen über die Geschichte unserer Länder, und ich glaube, das sollten wir auch fortsetzen.«

»Mir wird schlecht.«

»Natürlich. Uns allen wird schlecht, wenn wir zuviel trinken. Aber mein lieber Freund, ich bitte Sie, nehmen Sie das doch nicht so ernst.«

»Bitte. Wo kann ich mich erbrechen?«

»Da drüben«, sagte er und wies zum dunklen Ende der Veranda. »Wenn Sie unbedingt unseren Gedankenaustausch beenden wollen, werde ich mich den Sängern anschließen, wenn Sie nichts dagegen haben. Wissen Sie – da drüben« (er zeigte über den Fluß) »bin ich ein alter Schullehrer, aber auf diesem Ufer bin ich ein junger Kayan. Ich mag es auch, wenn die Mädchen sich ausziehen. Ich werde den anderen sagen, Sie werden später zu uns herüberkommen und singen. Erbrechen Sie über das Geländer. So mache ich das. Und Sie werden feststellen, daß die Hühner am Morgen alles aufgepickt haben. Kayan-Hühner, mein Freund, mögen Tuak sehr.«

Ich hielt mich am Geländer fest und tastete mich ans Ende des Langhauses. Ich saß am Rande der Plattform, in sicherer Entfernung von der Trockenmatte für den Reis, und begann mich zu erbrechen. Beim vierzehnten Würgen – vom Zwölffingerdarm bis zur Speiseröhre ein einziger Brechreiz –, als ich gerade überlegte, ob der pulsierende Strom meinen Kehldeckel davontragen werde, stieß mich etwas in den Rücken. Es war ein alter Hund. Vielleicht fühlte auch er sich nicht ganz wohl. Er ließ sich neben mir nieder und legte mir den Kopf auf die Schenkel. Er war räudig und schmutzig, und sein Fell war rauh, als ich es streichelte. Ich legte mich für einen Augenblick zurück auf die Planken und schlief ein.

17

Unmittelbar vor der Dämmerung wachte ich auf, mein Kopf auf dem Hals des alten Hundes. Irgend jemand schien mir in der Nacht einen Stößel ins Kleinhirn geschmuggelt zu haben und benutzte nun die Innenseite meines Schädels als Mörser. Der Hund stand auf, schüttelte den Kopf, streckte sich und humpelte über die Veranda. Ich machte mich langsam auf den Weg, um unsere Tür zu suchen, erinnerte mich an ihren zerbrochenen Riegel und fand meinen Rucksack, wo ich ihn an die Wand gelehnt zurückgelassen hatte. James hatte sich schnarchend zusammengerollt, aber Leons Platz war leer. So leise wie möglich öffnete ich den Medikamentebeutel, nahm drei Codeinphosphatpillen, warf vier Alka Seltzer in meinen Becher und leerte meine Wasserflasche darüber. Ich ließ die Kruste des Erbrochenen von den Zähnen abweichen und füllte die Flasche am Hahn auf. Ein Hahn krähte.

Hinter der hölzernen Trennwand, die die Küche vom Raum abteilte, lag Leon flach auf dem Rücken und schlief. Neben und über ihm lag Thomas' Schwester, ihren Kopf auf seiner Brust, ihr langes schwarzes Haar über seine groben Tätowierungen gebreitet. Ihr rechter Arm streckte sich hoch zu seiner linken Schulter, ihre Hüfte lag über seinen Genitalien. Sie atmeten tief in gemeinsamem Rhythmus. Selbst ihre Kleider wirkten glücklich; der grüne Sarong und Leons neues T-Shirt und seine Hosen lagen durcheinander in einem Haufen zu ihren Füßen. Ich stand einen Augenblick da und schaute auf die braune Kurve des Mädchenrückens, ihre magere Schulter, ihre rechte Brust an Leons Rippen, das lange Dreieck ihrer Beine, die Rundungen und Höhlungen ihres muskulösen Hinterteils, eine Narbe in der rechten Kniekehle. Und dann kroch ich davon, fühlte mich wie der älteste Voyeur der Welt, gequält von einem Kopfschmerz, den nicht einmal ich verdient hatte, und ich beschloß, schwimmen zu gehen und meine Wasserflasche im Fluß zu füllen.

Nach dem Frühstück fuhren die Kayan-Mädchen und -Jungen und ihr Schullehrer in einer Flotte von Kanus über den Fluß zur Schule, und wir machten uns auf den Weg, um die Ukit zu finden.

Die Uferhänge wurden steiler, der Dschungel dichter, aber es gab wenig Anzeichen von Vögeln. Kringelohr, von unserem Wett-Trinken unverschämt wenig mitgenommen, kauerte im Bug. Die fetten Maschinisten, Vater und Sohn, bedienten die Außenbordmotoren im Heck. James und ich ließen uns unter der Plane nieder, um ›Die Elenden‹ zu lesen, und Leon und Thomas schliefen. Wir hielten für unsere Mahlzeit aus Schweinefleisch und Reis an einem Kayan-Langhaus, das luxuriös mit erhöhten Plankenwegen zwischen den Vorratsschuppen ausgestattet war, einen chinesischen Laden hatte und ein am Verandapfosten angebundenes Rennkanu – möglicherweise das Siegerboot bei der nächsten Belaga-Regatta oder eine Erinnerung an Hoses große Friedenszeremonie von 1899, als ehemals feindliche Stämme in Booten mit jeweils siebzig Kriegern zu einem Rennen über vier Meilen auf dem Baram gegeneinander antraten.

Leon, ungewöhnlich ruhig, saß abseits, ich setzte mich zu ihm.

»Also, was ist letzte Nacht passiert?« fragte ich.

»Du hast dich betrunken«, sagte Leon und schob

sich einen Brocken Schweinefett in den Mund, »du hast dich betrunken wie ein Mann, der noch im Zimmer seiner Mutter lebt. Du hast dich betrunken wie ein Schuljunge. Du hast Lärm gemacht wie ein Babi, wenn er in der Erde nach Essen wühlt.«

»Ich glaube, du hast auch ein bißchen Lärm gemacht.«

»He? Was ist los?«

»Nach dem Singen.«

»James hat alle Lieder gewonnen. Die Mädchen ließen ihn sein Hemd ausziehen, aber dann ließ er sie ihren ganzen Schmuck ablegen. Sie sind sehr jung, sehr albern, sehr schön. Ich habe verloren. Malaiische Lieder sind sehr schwierig. Wir haben uns auch betrunken. Ich habe meine Hosen verloren, aber meine Unterhosen habe ich behalten.«

»Die ganze Nacht? Bist du sicher?«

»Wo hast du geschlafen, Redmond?« sagte Leon und begann zu grinsen, nahm einen riesigen Brocken Reis in die eine Hand und einen halbgaren Brocken glibberiges Schweinefleisch in die andere.

»Ich schlief auf dem Ruai, und dann habe ich mir ein bißchen Wasser aus dem Hahn geholt.«

»Aus dem Hahn, wie? Ich dachte, in die Küche kämst du nie. Ich dachte, wir sind sicher. Waren wir aber nicht. Du machst Lärm wie ein Babi, und du hast eine Nase wie ein Hund. Sie ist ein sehr ungezogenes Mädchen. Sie schläft nicht. Sie kommt und sagt es mir. Sie sagt einige Worte zu mir. Sie mag mich sehr.«

»Du bist ja auch ein toller Bursche – aber in Wirklichkeit haben sie es nur auf deine Uhr abgesehen.«

»Wenn ich ein Ukit-Mädchen finde«, sagte Leon und ließ Schweinefett aus beiden Enden seines Zehn-Zoll-Grinsens triefen, »wenn ein Ukit-Mädchen mich sehr mag, dann gehen wir zum Boot, und ich nehme sie nach Belaga und dann nach Kapit und dann nach Sibu und dann zum Meer, und dort haben wir Ruhe zusammen, weit weg von Redmond.«

Später am Nachmittag kamen wir nach Rumah Ukit. Morsche Stufen führten von der Landungsstelle hinauf, und oben stand ein junger Ukit. Er war elegant gekleidet in Baumwollhosen und einem T-Shirt, aber dennoch unterschied er sich von allen Leuten, die wir auf Borneo getroffen hatten. Er war kleiner, blasser, wachsamer; seine Augen waren enorm. Und er nahm mich am Arm.

»Könnten Sie uns bitte tatsächlich bereits, Sir«, sagte er, »die Sieben-Schritte-Disco beibringen?«

»Ich war noch nie in einer Disco.«

»Nein, Sir«, sagte er und starrte mir fest in die Augen, »Sie verstehen mich tatsächlich nicht. Wir glauben hier, daß Sieben der neueste Schritt ist.«

In diesem Augenblick kam James mit dem Rucksack auf dem Rücken die Treppe hoch, gefolgt von Leon und Thomas.

»Guten Tag«, sagte James, »und wo ist das Problem?«

»Tatsächlich, Sir«, sagte der Ukit, »können auch Sie uns die Sieben-Schritte-Disco beibringen – wenn es Ihnen nichts ausmacht.«

»Ich war noch nie in einer Disco«, sagte James und nieste überrascht in seinen Bart.

»Das scheint nicht der entscheidende Punkt zu sein«, sagte ich. »Und außerdem wärst du wahrscheinlich fabelhaft.«

»Jams wird es dir nicht verraten«, sagte Leon vertraulich zu dem Ukit, »aber er ist der größte Dichter in

Inglang. Er kennt alle Lieder. Er kennt alle Tänze. Den ganzen Tag tut er nichts anderes.«

»Nun dann, Sir, ist das tatsächlich erledigt«, sagte der Ukit. »Sie werden bei meiner Schwester wohnen und uns die Sieben-Schritte-Disco beibringen. Wir werden essen, und wir werden Spiele machen. Wir haben bereits ein Band mit Musik, und wir haben einen Recorder. Haben Sie Batterien?«

»Wir haben die beste Batterie der Welt«, sagte Leon voller Stolz. »Wir haben eine Batterie von der Armee von Inglang.«

»Dann, Sir, würden Sie vielleicht uns bereits folgen?« sagte der Ukit.

Von der Regierung unterhalten oder nicht: Rumah Ukit war nach Iban- oder Kenyah- oder Kayan-Begriffen keine besonders große Siedlung. Es gab sehr wenige Reisschuppen (und wahrscheinlich wurde auch nur sehr wenig Reis angebaut). Das Langhaus selbst wirkte trotz neuer Fensterrahmen, Wellblechdach und importierter Planken aus dem Sägewerk halb verlassen. Es war in mehrere Abschnitte unterteilt, und kleinere Häuser standen hier und da auf Stelzen. Die Ukit, Jäger und Sammler, hatten sich offenbar dem geregelten Leben eines Bauern nicht angepaßt, noch nicht einmal dem gelegentlich nomadischen Leben beim Anbau von Bergreis. Sie mochten nach Rumah Ukit kommen, um ihre Produkte zu tauschen – Wildschwein, Hirsch, Sago oder Kampfer – oder vorübergehend eine Wohnung bewohnen, damit die Kinder zur Schule nach Belaga geschickt werden konnten, aber ihr Geist und ihre außerordentlichen Fähigkeiten wurden offensichtlich nach wie vor im tiefen Primärdschungel trainiert.

Eine kleine Gruppe Mädchen, die unter einer Hütte

gesessen und im Schatten Rattanmatten gewebt hatten, winkten uns zu, riefen und kicherten.

»Ukit-Mädchen«, sagte Leon, warf sich in die Brust und rückte seinen lächerlichen Homburg-Schlapphut zurecht.

»Die Ukit machen die besten Matten in Borneo«, sagte Thomas. »Heute abend werden sie für uns beim Picknick kochen.«

»Werden Sie uns junge Leute tatsächlich alle zu einem Picknick mitnehmen?« fragte unser Ukit-Führer.

»Ganz bestimmt«, sagte James.

Wir gingen hinüber zu den Mädchen. Unser Ukit gab die Neuigkeit bekannt. Die Mädchen lachten und rollten ihre Matten zusammen. Die kleinste und hübscheste, mit großen Augen wie ein Hase im kurzen Gras, schaute James prüfend an.

»Machst du ein Baby hier?« fragte sie.

»Erst nach dem Tee«, sagte James und zupfte sich nachdenklich am Bart.

»Du bringst uns Englisch bei?« beharrte sie. »Du bleibst?«

»Okidoki«, sagte James.

Das Mädchen nahm einen außerordentlich verwirrten Ausdruck an, zog die Brauen hoch und warf den Kopf zurück, um das lange schwarze Haar aus den Augen zu schütteln.

»Wie nennst du das?« sagte sie plötzlich und zeigte, wie ich dachte, genau auf meine Leistengegend.

»Was ist daran falsch?« sagte ich und schaute verdutzt an mir herunter.

»Alles«, sagte James, schloß die Augen, bedeckte sie mit der Hand und schüttelte sich vor Lachen, bis sein Rucksack tanzte.

»Beine«, sagte Leon, »es wird Beine genannt.«

»Du hast Dollars für drei Beine?« sagte das Mädchen, und ihre Miene hellte sich auf.

»Was?« sagte ich verblüfft.

»Es ist ein Pulver«, sagte Thomas, »ein Pulver für Kopfschmerzen, das die Chinesen verkaufen. Sie fragen dich hier ständig danach.«

»O Gott«, prustete James, »Redmond dachte, sie wären hinter seinem dritten Bein her.«

»Tatsächlich, Sir«, sagte unser Führer, »würden Sie mir folgen? Ich werde Ihnen zeigen, wo Sie schlafen. Dann werde ich meinen Freunden Bescheid sagen. Dann werde ich Ihnen den Recorder bringen, und Sie können uns Ihre Batterien geben, wenn Sie mögen.«

Wir kletterten einen dünnen gekerbten Pfahl hoch, fünf Meter, bis zu einer kleinen Reihe von Hütten vor und neben dem Hauptlanghaus. Ein Mädchen, vielleicht um die Zwanzig, begrüßte uns. Tief erschüttert suchte ich sofort nach einem sicheren Winkel, in den ich meinen Rucksack werfen konnte.

»Armer alter Redmond«, sagte James, noch immer übermütig, »sei wieder gut – bald machst du Disco, und dann machst du ein Baby.«

»Redmond«, assistierte ihm Leon, »macht einen neuen Tanz! Er fällt über seine Füße!«

»Ich werde nicht hier schlafen«, verkündete Thomas würdevoll, »ich werde im Zimmer des Häuptlings schlafen.«

»Moment mal«, sagte James, »sind das nicht wirklich schlechte Manieren? Sollten wir nicht auch im Raum des Häuptlings schlafen? Und warum hat man uns noch nicht zur Begrüßung gebeten? Und was ist mit den Geschenken für ihn?«

»Ich werde mich um die Geschenke kümmern«,

sagte Thomas affektiert. »Sie brauchen sich keine Sorgen zu machen. Amüsieren Sie sich nur.«

»Ich mache mir Sorgen«, sagte James. »Was geht hier vor?«

»Bitte, Sir«, sagte unser Führer bekümmert, »Sie bleiben hier. Wir sind hier alle jung. Wohnen Sie nicht bei den alten Männern. Wir lachen über sie.«

»Lachen warum?« fragte James.

»Weil sie alt sind«, sagte unser Führer. »Und außerdem, tatsächlich, weil sie unwissend sind. Sie glauben, daß die Erde flach ist, während sie in Wirklichkeit rund ist. Wie ein Ball. Aber nun, Sir, werden Sie mit mir kommen, und wir werden ein Picknick machen.«

Wir krabbelten vorsichtig den langen dünnen Pfahl hinab und liefen auf einem anderen Weg durch die Siedlung. Hinter einer Hütte fächelte eine Frau in mittleren Jahren ein kleines Feuer und bereitete eine Zitronenpaste, die dann auf ein Bananenblatt geschmiert und zur Erhöhung des Kauvergnügens um eine halbe Betelnuß gewickelt wird. Unter einer anderen Hütte ließ ein jüngerer Ukit einen Streifen Rattan durch ein neues Blasrohr wandern und prüfte immer wieder die Bohrung, indem er die zwei Meter Hartholz gegen das Licht hielt und hindurchlinste wie durch den Lauf einer Schrotflinte.

Fünf Mädchen und vier Jungen hatten sich bei der Prau versammelt. Thomas holte unsere fetten Bootsleute und Kringelohr aus ihrem Quartier im Hauptlanghaus, und wir fuhren flußauf zu einer Landzunge. Die Mädchen kochten Reis und brieten Babi, und James befragte die Jungen. »Was tut ihr den ganzen Tag?« fragte er unseren Führer. »Seid ihr noch in der Schule?«

»Nein, Sir, ich habe tatsächlich die Schule verlassen«, sagte der Ukit, während er mit entnervender Genauigkeit Kiesel nach einem Felsen im Fluß warf. »Ich tue nichts. Die alten Männer sagen, ich und meine Freunde sollten Reis anbauen oder wir sollten mit ihnen in den Dschungel gehen und Kampfer finden und Tiere mit dem Blasrohr jagen. Aber ich wünsche in einem Holzfällerlager zu arbeiten oder in Europa. Ich würde sehr gerne, Sir, Ihre Disco besuchen.«

»Warst du schon einmal in einer Disco?«

»Nein, Sir, aber ich glaube, es gibt eine Disco in Kuching.«

»Warst du schon einmal in Kuching?«

»Nein, Sir, niemand von uns war in Kuching. Wir waren in Belaga, zur Schule.«

»Der Ukit-Mann«, sagte Leon, »ist der größte Jäger von Kampfer. Er weiß, wann man den Kampferbaum umhauen muß. Er träumt von Mädchen, und er hat viel Glück. Er raucht nicht, und dann findet er die Bäume. Er schneidet sie ein – ein, zwei, drei Schnitte. Er nimmt die Seite des Baums heraus. Er kratzt es alles aus. Aber manchmal ist es nicht schwer. Manchmal schneidet er den Baum, und es ist alles weiß und klebt an seinen Fingern wie der Saft von seinem Speer. Dann rennt er nach Hause und tötet seine Frau. Es bedeutet, sie hat andere Männer. Es ist wahr.«

»Nein, Sir, das ist nicht wahr«, sagte der junge Ukit sehr beleidigt. »Das ist falsch. Wir sind gebildete Männer. Wir glauben das nicht. Nur die alten Männer hier glauben das. Sie sind alle dumm. Und deshalb, tatsächlich, haben wir beschlossen, nicht mit ihnen zu gehen. Sie denken auch, der Himmel paßt auf die Erde, wie ein umgedrehter Kochtopf. Sie täuschen sich.«

»Sie haben wahrscheinlich in vielen anderen Dingen recht«, sagte James, »in allen möglichen anderen Dingen, die genauso wichtig sind.«

»Das glauben wir nicht«, sagte der junge Ukit, und seine Gefährten nickten zustimmend.

»Morgen werden wir ein sehr großes Picknick haben«, sagte Thomas, als die Mädchen mit dem Essen kamen. »Morgen werden wir viele Fahrten nach Rumah Daro machen und alle jungen Kayan herbringen.«

Wieder in der Hütte, steckte Leon unsere Armeebatterien in den Kassettenrecorder, und der erwachte zu grauenvollem Tun. Die Pop-Musik ereiferte sich wie üblich über irgendein kleines Problem.

Thomas ging los, um die Einladungen zur Party zu überbringen. James setzte sich in eine Ecke und versank in sich selbst. Leon lag flach auf dem Boden und rührte sich nicht. Die neun jungen Ukits und unsere Gastgeberin umringten mich.

»Bitte, Sir«, sagte unser Führer und umklammerte unnötig fest meinen Arm, »werden Sie uns bereits die Sieben-Schritte-Disco lehren?«

»Das kann ich nicht«, sagte ich und lächelte aufgeräumt, »aber James ist ein wunderbarer Tänzer. Er kennt alle Tänze. Er ist der beste Tänzer in ganz England. Den ganzen Tag tut er nichts anderes. Er kann auf einer Garnspule eine Pirouette drehen. Er macht alles.«

»Ich habe ein schlimmes Bein«, sagte James.

»Nein, Sir«, sagte der Ukit zu mir, »ich denke tatsächlich, daß Sie uns nicht verstehen. Wir wollen die Sieben-Schritte-Disco lernen.«

Leon kicherte.

»Fragt Leon«, sagte ich und versuchte, mich in die Ecke zu drücken, »er wird es euch beibringen. Allen Mädchen wird er es beibringen.«

»Ich bin sehr alt, sehr müde. Ich schlafe jetzt«, sagte

Leon, schloß die Augen und grinste sein dümmstes Grinsen.

»Das ist wahr«, sagte James und verbarrikadierte sich hinter seinem Rucksack. »Er ist sehr müde.«

»Sehen Sie, Sir«, sagte der Ukit, »Ihre Freunde möchten tatsächlich nicht gestört werden. Sie haben uns tatsächlich bereits gesagt, daß Sie der Häuptling der Sieben-Schritte-Disco sind. In Europa haben Sie Preise gewonnen.«

Leon rollte sich auf dem Boden. Es war ein Komplott.

»Ihr Mistkerle!« sagte ich.

»Aber, aber«, sagte James.

»Nun, nun«, sagte Leon.

Die Ukit ließen mich los, traten einen Schritt zurück und schauten erwartungsvoll. Es war nichts zu machen.

»Ich hab dich bei den Krullehaaren, Baby«, sang der Popstar, oder irgend etwas dergleichen. Ich hob abwechselnd die Beine. Ich hob den rechten Arm, wedelte ein bißchen herum, und dann, mit ausgestrecktem Finger, bezeichnete ich die genaue Position der Moskitos an einer imaginären Zimmerdecke. Diesen Prozeß wiederholte ich mit meinem linken Arm. Dann, unter größten Schwierigkeiten, kombinierte ich all diese motorischen Manifestationen eines bevorstehenden Nervenzusammenbruchs und fügte, inspiriert, weitere Belege explodierender Synapsen hinzu und schüttelte meinen Kopf wie ein Schäferhund, wenn er aus dem Wasser kommt. Die Ukit ahmten jede Bewegung nach, perfekt. Und so kam der spastische Sieben-Schritte-Wackler nach Zentral-Borneo.

»Wenn das ein Discotanz ist«, sagte Leon und setzte sich auf, »ist er verflucht albern.«

»Das Schwierige daran ist«, sagte James, »ihn die ganze Nacht durchzuhalten.«

Wir holten uns drei Flaschen Whisky aus den Rucksäcken und schickten Leon zum chinesischen Laden, um sechs Kisten Guinness Stout zu kaufen. Die jungen Ukit hüpften auf und ab, ganz von selbst. Vielleicht wurde der Abend ja doch noch ganz vergnüglich. Unsere Gastgeberin entzündete zwei Kerosinlampen, die am Dachbalken hingen.

Ältere Mitglieder des Stammes kamen allmählich hinzu, drängten sich auf der kleinen Plattform vor der Tür und schauten den Kapriolen ihrer gebildeten Nachkommen zu.

»Wenn Sie mögen«, sagte unser Führer, »müssen Sie die alten Leute auffordern, zu unserer Party zu kommen. So ist die Sitte.«

Also baten wir unsere Gäste herein, und sie setzten sich an die Wände, die Rücken gegen die Bohlen gedrückt, die Beine ausgestreckt.

Leon schaffte schließlich mit viel Hilfe das ganze Guinness den Pfahl hoch und verteilte die Flaschen. Die alten Frauen, mit schlaffen und runzligen Brüsten, aber noch immer leuchtenden Augen, hielten ihre Literflaschen mit der einen Hand und holten mit der anderen ihre Betelnußdosen und Zigarrenschachteln aus den Röcken. Die alten Männer reichten den Whisky herum. Der Raum begann sich mit beißendem Qualm zu füllen.

Leon suchte sich das hübscheste Ukit-Mädchen und stürzte sich mit ihr in den spastischen Wackler. Unser Führer, vom Tanzen müde, setzte sich neben uns.

»Wo kommen eure Leute her?« sagte James. »Habt ihr immer hier gelebt?«

»Nein danke, Sir«, sagte der Ukit, »wir sind im Krieg in die Kayan-Länder gekommen.«

»In welchem Krieg?«

»Der große Krieg, als die Iban von Kapit den Baleh hochkamen, um unsere Köpfe zu nehmen. Als die Iban gegen die Kayan kämpften.«

»Und wart ihr damals Nomaden? Habt ihr immer als Nomaden gelebt?«

»Sir, wir sind gebildet. Aber unsere Väter sind Nomaden. Viele unserer Leute sind noch Nomaden. Sie leben im Dschungel. Sie bauen sich Hütten aus Blättern im Dschungel, und sie gehen jagen, bis sie alle alten Schweine und alle alten Affen im Umkreis von einer Tagesreise – oder zwei oder drei – getötet haben. Dann ziehen sie weiter. Sie töten niemals zu viele von den Frauen der Affen oder der Schweine, nicht wie die Iban. Deshalb haben sie immer genug zu essen. Sie wissen, wie man im Dschungel lebt. Manchmal gehen sie nach Kalimantan. Sie gehen überall hin. Aber es ist sehr schwer, sehr ungebildet. Es ist nichts für uns.«

Der junge Ukit nahm einen langen Zug aus seiner Zigarre, stieß den Rauch mit einem schweren Seufzer aus und fixierte dann James mit seinen enormen, hervortretenden, intensiv blickenden Augen.

»Würde ich einen Job in Ihrem Land finden, James? Würde ich einen Job in England finden? Sagen Sie es mir!«

»Es ist sehr schwierig«, sagte James überrascht, »es gibt auch bei uns nicht genug Jobs. Sie reichen nicht für alle.«

In diesem Augenblick kam von draußen ein langer, klagender Schrei, gefolgt von einer Reihe schriller Rufe. Mehrere Frauen sprangen auf und verschwanden durch die Tür; Leon nahm eine Lampe vom Haken, und James und ich folgten ihm hinaus auf die Plattform. Unter uns befaßten sich die Frauen bereits mit jemandem, der stöhnend auf dem Boden lag.

Wir kletterten hinab und traten in den Kreis. Eine junge Frau lag auf dem Rücken zwischen Abfall und Schweinemist, warf ihren Kopf hin und her, stöhnte vor sich hin und hielt sich mit den Händen die Seiten.

»Sie hat schreckliche Schmerzen«, sagte James und starrte auf ihre verzerrten Züge. »Sie muß von diesem lausigen Pfahl gestürzt sein. Wahrscheinlich hat sie sich die Rippen gebrochen.«

Eine Frau kniete nieder und hielt den zuckenden Kopf in ihrem Schoß.

»Hol den Arzneikasten«, sagte James, »und sag irgend jemandem, der Englisch versteht, daß er herkommen soll. Und dreh den verdammten Lärm ab.«

»Was ist mit dem Morphin?« sagte ich.

»Nein, Redmond, ich weiß ja, daß du es unbedingt benutzen willst. Aber du hast es noch nie getan. Wahrscheinlich würdest du sie umbringen.«

Ich kletterte den Pfahl wieder hoch, griff mir unseren Führer, fand die Schmerzmittel und stellte den Kassettenrecorder ab. Als ich wieder unten war, hatte jemand ihn schon wieder angestellt.

James nahm die Schachtel mit Pillen, gab der Frau zwei, holte eine Flasche Guinness aus seiner Hosentasche, öffnete sie mit seinem Trinkerwerkzeug, dem Taschenmesser, und hielt der Frau beim Schlucken den Kopf fest. Dann trugen vier Frauen sie über den Platz zu einer einsamen Hütte auf der anderen Seite. Ein alter Mann schaute ungerührt zu, als die verletzte Frau in ihre Schlafstätte gelegt wurde.

»Sag ihm, er soll ihr noch zwei davon geben, wenn sie aufwacht«, befahl James, »und sag ihm, wenn es ihr am Morgen nicht besser geht, werden wir sie nach Belaga ins Krankenhaus bringen.«

Wir ließen unseren Führer bei den Frauen zurück und gingen wieder zur Party. Das Tanzen und Trinken war wilder als zuvor, und die Musik viele Dezibel lauter. Die Mädchen bestanden darauf, daß wir mit ihnen den Wackler tanzten.

Unser Führer kam zurück. Wir nahmen ihn mit in unsere Ecke und setzten uns.

»Nun?« fragte James. »Wie geht es ihr? Was ist ihr passiert?«

»Sie sagt, ihre Knochen tun ihr hier weh«, sagte der Ukit und rieb sich die Rippen, »sie sagt, die Medizin, die Sie ihr gegeben haben, ist sehr gut, sehr stark. Die alten Frauen schickten mich weg, Sir. Sie sagen, tatsächlich, daß sie jetzt ein Baby kriegt. Es sollte noch drin bleiben. Aber es kommt heraus. Da ist jetzt sehr viel Blut, glaube ich.«

»Jesus Christus«, sagte James, »dann werden wir am Morgen nach Belaga fahren.«

»Das dürfen Sie nicht tun«, sagte der Ukit, »das ist nicht Ihre Angelegenheit. Das geht Sie nichts an.«

»Warum nicht? Was meinst du damit?«

»Nun, Sir, tatsächlich haben Sie uns versprochen, daß Sie uns morgen zu einem Picknick mitnehmen.«

»Aber sie könnte sterben«, sagte James erstaunt.

»Sie haben es uns versprochen«, sagte der Ukit stur, »Sie müssen Ihr Versprechen halten.«

»Aber siehst du nicht, daß jetzt alles anders ist?« sagte James mit vorgehaltenen Armen und geöffneten Händen, um seine Worte zu unterstreichen. »Sie ist gestürzt, als sie zu unserer Party kam. Wir sind für sie verantwortlich. Wir müssen ihr Leben retten. Das ist doch ganz einfach!«

»Nein, Sir. Sie stürzte, weil sie eine malaiische Frau ist. Sie traf meinen Freund in Belaga. Sie kam her, um hier zu leben, weil sie einen Ukit heiratete. Sie ist an unsere Sitten nicht gewöhnt. Sie stirbt. Und sie ist eine Frau.«

»Jams«, sagte Leon, »wenn wir nach Belaga gehen, wird das das Ende unserer Reise sein. Es wird kein Benzin mehr geben. Wir werden nicht zurückkommen.«

»Hör mal«, sagte James, plötzlich wütend, und boxte mit der rechten Hand in die Luft. »Ich werde das auf keinen Fall zulassen. Ich werde mir nicht den Tod dieser Frau aufs Gewissen laden, nur um euch auf irgendein Picknick mitzunehmen. Das ist ja absurd. Das mache ich nicht mit.«

»Sie haben Ihr Versprechen gebrochen«, sagte der Ukit voller Abscheu, stand auf, drehte den Kassettenspieler voll auf und tanzte mit dem Rücken zu uns los.

Unsere Gastgeberin tauchte aus ihrer dunklen Ecke am Fenster auf. Sie kauerte sich neben James und legte ihm die Hand aufs Knie.

»Ich höre dich, Tuan«, sagte sie. »Du guter Mann. Ich habe dir zugeschaut. Jetzt mache ich dir viel Reis. Mein Mann, er hat mich verlassen. Er ist den Fluß hinuntergegangen. Bitte, Tuan, gibst du mir Geld für drei Beine? Ich habe Kopfweh, immer, die ganze Zeit.«

»Dafür haben wir Pillen«, sagte ich und wollte den Vitaminbeutel herausholen.

Sie griff sich mit der freien Hand an die Stirn.

»Nein, nicht Medizin des weißen Mannes«, sagte sie, »nicht Orang Puteh-Pillen. Drei Beine.«

James gab ihr fünf Dollar, und sie verschwand in die Küche.

Unten hämmerte es plötzlich laut und beharrlich

gegen die Stelzen der Hütte. Der Fußboden, auf dem wir saßen, bebte unter der Erschütterung.

»Mein Gott«, sagte James halb im Scherz, »jetzt bringen sie uns um.«

Die jungen Ukit schrien sich etwas zu und begannen mit übertriebenem Eifer zu tanzen. Eine Gruppe von Männern in mittlerem Alter, in Lendenschurzen, wunderschön tätowiert, nickte uns ein hastiges Adieu zu und sprang aus dem Fenster. Das Hämmern wurde schneller und mit jedem Schlag heftiger.

»Was ist los?« fragte James. »Um Himmels willen, was ist los?«

»Es ist sehr schlimm«, zischte Leon angstvoll, mit aufgerissenen Augen; er wußte nicht, was er tun sollte, schaute zuerst zum Fenster, dann zur Tür, »es gibt Ärger.«

»Achten Sie gar nicht darauf, Sir«, sagte unser Führer, »es sind nur die alten Männer. Sie sind unwissend, und tatsächlich mögen sie unsere Disco nicht. Sie wollen schlafen. Aber heute nacht tanzen wir.«

»Dann dreh das verdammte Ding ab«, sagte James und sprang mit überraschender Geschwindigkeit auf den Kassettenrecorder zu. Er warf ihn um und fummelte an den Knöpfen. Das Band flog zu Boden, die Musik hörte auf. Das Hämmern verstummte.

»Bitte, Sir, bleiben Sie hier. Ich werde den alten Männern sagen, sie sollen sich benehmen«, sagte unser Führer, verließ den Raum und stieg den Pfahl hinab. Alle anderen, außer der Gruppe junger Ukit und einem alten Jäger, verließen den Raum elegant durch das Fenster, schoben sich über ein Sims nach links und verschwanden in die Nacht.

Von unten kam erregtes Stimmengewirr, der Lärm

eines Handgemenges, ein Rumsen gegen die Stelzen; und dann war alles still.

Unser Führer kehrte zurück, mit dunklem Gesicht, Brust und Rücken mit tief rotbraunen Flecken bedeckt, seine Augen voller Tränen. Er sprach hastig auf Ukit. Er zitterte vor Schreck oder Wut oder beidem. Seine Freunde versuchten ihn zu besänftigen, die Jungen hielten ihn fest an den Armen, und die Mädchen legten ihre Hände auf seinen Rücken und seine Schultern. Die kleine Gruppe stand bewegungslos da, zusammengedrängt unter dem Licht der Lampe, und unser Führer begann sich zu beruhigen und regelmäßiger zu atmen.

»Sie stießen mich«, sagte er. »Sie wollten nicht zuhören. Glauben Sie mir, Sir, wenn ich meinen Speer bei mir gehabt hätte, wäre alles anders abgelaufen. Einmal in meinem Leben würde ich gerne eine dunkle Tat tun. Ich würde gerne sehen, wie ihnen das Blut aus der Leber spritzt.«

»Machen Sie sich nichts daraus«, sagte ich, »in Oxford passiert das ständig. Die Aufseher schlagen die Studenten immer zusammen, wenn eine Disco nach Mitternacht weitergeht.«

»Redmond«, sagte James, »mach keine blöden Witze. Beruhige dich. Okay?«

Da mir plötzlich klar wurde, daß dies unser erster und letzter Abend unter den am wenigsten erforschten aller Dschungelnomaden sein würde, holte ich den Smythies und Lord Medways ›Säugetiere von Borneo‹ aus meinem Rucksack. Ich öffnete den Smythies und legte ihn auf den Boden. Die Gruppe löste sich auf und setzte sich im Kreis um uns herum.

»Kennt ihr alle diese Vögel?« fragte ich.

Unser angeschlagener Führer blätterte die Seiten durch.

»Nein, Sir, tatsächlich kennen wir jungen Männer sie nicht. Aber dieser alte Mann hier«, er wies auf den alten Jäger, der friedlich an der Wand saß, neben sich mehrere Flaschen Guinness, »er wird sie kennen, jeden einzelnen. Er ist jetzt alt. Er ist dumm. Aber in seiner Jugend, mit dem Blasrohr, war er der größte Jäger aller Ukit. Es heißt unter uns, Sir, daß er so schnell rennen konnte, daß er die Vögel im Fluge fing.«

Unser Führer nickte, und der alte Mann schlurfte herüber und setzte sich vor uns nieder. Seine Ohren waren durchbohrt, und auf den Schultern war eine Reihe von Sternen und Rondellen eintätowiert. James goß einen doppelten Scotch in einen Becher und stellte ihn vor seinen rechten Fuß, ich schob den Smythies vor seinen linken. Er schüttelte den Kopf bei der Abbildung des Warzenkopfes, aber dann verzog sich sein Gesicht langsam zu einem ledrigen Lächeln. Er blätterte die Seiten mit nachdenklichem Entzücken um und murmelte in seiner Sprache die Namen aller Vögel seiner Wanderjahre vor sich hin.

Sehr aufgeregt öffnete ich die ›Säugetiere von Borneo‹ bei Medways Fotografie des sich suhlenden Borneo-Nashorns und legte das Buch neben den Smythies. Der alte Mann erstarrte. Sein Daumen landete mit einem Bums auf der Seite. Er wandte sich an unseren Führer, mit wachem Blick und angespannten Muskeln, und sprach mit wilder Intensität.

»Er möchte Ihnen sagen, Sir«, sagte unser Führer, »als er jung war, als er ein Mann war wie wir, bei dem Berg, der als Tiban bekannt ist, tötete er acht von diesen mit seinem besten Speer.«

Unsere Suche war zu Ende.

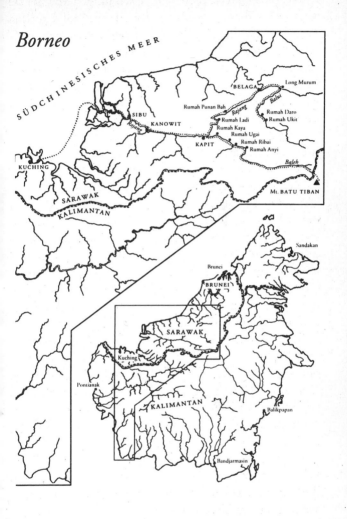

Graham Greene im dtv

Ein Mann mit vielen Namen
Roman
dtv 11429

Orient-Expreß
Roman
dtv 11530

Ein Sohn Englands
Roman
dtv 11576

Zwiespalt der Seele
Roman
dtv 11595

Das Schlachtfeld des Lebens
Roman
dtv 11629

Das Attentat
Roman
dtv 11717

Die Kraft und die Herrlichkeit
Roman
dtv 11760

Der dritte Mann
Roman
dtv 11894

Das Herz aller Dinge
Roman
dtv 11917

Jagd im Nebel
Roman
dtv 11977

Unser Mann in Havanna
Roman
dtv 12034

Der stille Amerikaner
Roman
dtv 12063

Jack London im dtv

Lockruf des Goldes
Aus der Wildnis Alaskas gerät der Goldsucher Burning Daylight in den Finanz- und Börsendschungel New Yorks, wo sich sein Leben grundlegend ändert.
dtv 871

König Alkohol
Ein faszinierender, stark autobiographisch gefärbter Roman: »Ich ahnte nicht, daß alles Tun in dieser Welt der Männer mit dem Alkohol verknüpft war.« dtv 899

Der Seewolf
Voller Abscheu und doch fasziniert erlebt ein schöngeistiger Literat den brutalen Robbenfängerkapitän Wolf Larsen, in dessen Hände er nach einem Schiffbruch geraten ist.
dtv 1027

Wolfsblut
»Wenn je ein Geschöpf der Feind seiner Gattung wurde, so war es Wolfsblut. Er gab keinen Pardon und verlangte auch keinen.« Die berühmte Tiergeschichte über das Leben eines Außenseiters und Mischlings, der mehr Wolf als Hund ist. dtv 1298

Der Ruf der Wildnis
Die realistische Beschreibung des Lebens von Menschen und Tieren unter extremsten Bedingungen in dieser klassischen Hundegeschichte gilt als unübertroffen.
dtv 1563